marc steinel

MARIA HAT GEHOLFEN

Roman
Nach einer wahren Geschichte

tredition

© 2023 Marc Steinel

Druck und Distribution im Auftrag des Autors:
tredition GmbH, Heinz-Beusen-Stieg 5, 22926 Ahrensburg, Deutschland

ISBN
Paperback 978-3-347-97337-4
Hardcover 978-3-347-97338-1
e-Book   978-3-347-97339-8

Das Werk, einschließlich seiner Teile, ist urheberrechtlich geschützt. Für die Inhalte ist der Autor verantwortlich. Jede Verwertung ist ohne seine Zustimmung unzulässig. Die Publikation und Verbreitung erfolgen im Auftrag des Autors, zu erreichen unter: tredition GmbH, Abteilung "Impressumservice", Heinz-Beusen-Stieg 5, 22926 Ahrensburg, Deutschland.

www.maria-hat-geholfen.de

Für Sissi Schwarovski

Prolog

Den Geruch von verbranntem, menschlichem Fleisch würde Dekan Geromiller nie vergessen. Er kannte ihn noch aus dem Krieg. Jetzt waren alle Erinnerungen wieder da. Nach über 75 Jahren.

Behutsam schob er mit seinem Fuß ein Stück verkohltes Holz zur Seite. Was es mal gewesen war, ließ sich nicht mehr feststellen. Das Feuer hatte zu heftig gewütet.

Dass es schlimm war, hatte ihm die Polizei schon mitgeteilt, als sie ihn um vier Uhr morgens aus dem Bett geklingelt hatte. Aber dass nahezu alles zerstört worden war, hatte er nicht erwartet.

Geromiller, 97 Jahre, galt als Fachmann für die Kunstschätze und Heiligtümer des Bistums. Nun sollte er also eine erste Einschätzung des entstandenen Schadens abgeben. Nur deshalb durfte er den Tatort betreten. Alle anderen Gebäude im Umkreis waren einsturzgefährdet und weiträumig abgeriegelt. Bloß nicht noch mehr kaputtmachen, dachte er sich, als er vorsichtig weiterging.

Dieser süßliche Geruch…

Er hatte es nicht eilig. Oder wollte er nur den Moment hinauszögern, vor dem er die größte Angst hatte? Wollte er nur einfach seinen letzten Hoffnungsschimmer nicht verglimmen sehen?

Die anderen Zerstörungen waren ihm nicht so wichtig. Kunstschätze, ja klar, aber auch ersetzbar.

Im Grunde genommen ging es ja schon immer nur um diese eine unbezahlbare Kostbarkeit. Seit Jahrhunderten stand sie an ihrem festen Platz im Schrein. Um sie herum war alles errichtet worden. Erst die Kapelle, dann die ganze Stadt.

Geromiller hielt kurz inne, bevor er den hinteren Raum betrat. Gleich würde er sehen, ob wenigstens noch ein kleines Stück das Feuer überstanden hatte. Etwas, um das man wieder eine Kapelle errichten konnte. Irgendwas musste ja noch im Schrein hinter dem Schutzglas liegen. Im schlimmsten Fall eben nur noch verkohlte Reste.

Er wagte nicht geradeaus zu schauen und ließ seinen Blick zunächst nur über den Boden schweifen. Erst war er sich unsicher, aber dann erkannte er doch die geschmolzenen Silberherzen zwischen dem anderen Schutt. In ihnen waren ursprünglich die echten Herzen der Wittelsbacher und auch das des Grafen Tilly aufbewahrt worden. Durch die Hitze waren sie offensichtlich erst aufgeplatzt und dann geschmolzen.

Daher also der süßliche Geruch.

Der Gottesmann nahm all seinen Mut zusammen und blickte geradeaus in den Schrein.

Was er sah, ließ sein Herz kurzzeitig aufhören zu schlagen.

Dekan Geromiller wurde zum ersten Mal in seinem Leben Zeuge eines wirklichen Wunders:

Der Schrein war leer.

1

Dass er einmal das ganz große Ding drehen sollte, war so nicht vorauszusehen. Bisher verlief Armin B.s Leben relativ unauffällig: Er wuchs in einem normalen Elternhaus auf, hatte eine normale Kindheit, überstand irgendwie die Pubertät und machte sein Abitur.

Mit einem Notendurchschnitt von 3,9 war es das mit Abstand schlechteste Abitur seines Jahrganges, worauf Armin bei passenden Gelegenheiten immer wieder stolz hinwies.

Wirklich stolz war er darauf natürlich nicht, aber es wäre für ihn sicher auch kein Grund gewesen, darüber nachzudenken, ein möglicherweise perfektes Verbrechen zu begehen. Das kam erst später.

Er studierte kurz Psychologie, fing eine Lehre als Bauzeichner an, danach Prothesenbauer, Erzieher und Einzelhandelskaufmann. Den Hinweis darauf, dass all diese Berufe in keinerlei Beziehung zueinander stünden, begegnete Armin mit dem Argument, dass er schließlich sämtliche Ausbildungen nach exakt drei Monaten abgebrochen hatte und von daher eine gewisse Kontinuität in seinem Leben zu erkennen sei.

Seine Eltern wiederum fanden das Ganze nicht so lustig, da sie Großes mit ihrem Sohn vorhatten. Er sollte es schließlich mal besser haben als sie und wahlweise etwas „Anständiges" oder „Solides" oder „Seriöses" aus seinem Leben machen.

Armin beschloss Künstler zu werden.

Er kaufte sich eine Profi-Staffelei sowie einen Satz sauteurer Ölfarben. Leider genügte aber die Qualität der Ölfarben seinen Ansprüchen nicht, und so gab er das Unternehmen „Künstler" nach einem halben Jahr wieder auf und suchte nach neuen Herausforderungen.

Weitere Jahre vergingen, ohne dass etwas Nennenswertes passierte.

Eher durch Zufall landete Armin B. dann irgendwann bei BRMPFT. BRMPFT war ein großes Softwareunternehmen, das sich auf CAD-Programme spezialisiert hatte. Sein Freund Gerhard arbeitete dort als Programmierer und verdiente ein Schweinegeld. Armin, der gerade nicht wusste, was er sonst machen sollte, ließ sich überreden, sich bei der Firma auf den Job des Associate Consultants zu bewerben.

Leider hatte er nicht die geringste Ahnung von Computern und von CAD-Programmen sowieso nicht. Als Associate Consultant hatte er noch nie gearbeitet und auch sonst hatte er keinerlei Qualifikationen vorzuweisen. Eigentlich hatte er überhaupt keine Vorstellung davon, was ein Associate Consultant macht.

Er wurde eingestellt.

Armins Leben wurde nun also seriös, anständig und genau so, wie es sich seine Eltern gewünscht hatten.

Also furchtbar langweilig.

Das hätte auch alles gerne so bleiben können, wenn es nach Armin gegangen wäre.

Wenn ihn jemand gefragt hätte, hätte er ohne Umschweife gesagt: „Auch wenn ihr mein Leben langweilig findet – mir gefällt es, ich muss nicht reich, wichtig und berühmt sein. Ich will einfach nur so mein langweiliges Leben vor mich hinleben, arbeiten, Steuern zahlen und irgendwann sterben. Für mich passt das so. Lasst mich bitte einfach in Ruhe. Danke."

Aber man fragte Armin nicht. Und man ließ ihn auch nicht in Ruhe. Das Unheil begann, als es an seiner Tür läutete und er völlig unbedarft aufmachte.

Wenn er gewusst hätte, in was er da reingezogen wird, hätte er nicht aufgemacht.

Wenn ihm jemand gesagt hätte, dass er gejagt wird, wie Osama bin Laden, dass er die katholische Kirche in die schlimmste Krise stürzen würde, dass eine liebenswerte Kleinstadt in Flammen aufgeht, die GSG 9 aufgelöst und Deutschlands Bündnisfähigkeit für die NATO in Frage gestellt wird, hätte er nicht aufgemacht.

Wenn ihm jemand gesagt hätte, dass danach nichts mehr so sein würde wie vorher, hätte er nicht aufgemacht.

Nein, er hätte nicht aufgemacht.

Er wollte das alles nicht.

Aber das spielt jetzt überhaupt keine Rolle mehr.
Denn in Wirklichkeit kam alles noch viel schlimmer.

2

Der Sonntag begann für Armin B. wie die meisten Sonntage der letzten Jahre. Er wusste zu diesem Zeitpunkt nicht, dass es der letzte Sonntag sein sollte, den er später zum „alten" Teil seines Lebens zählen würde. Der Teil, in dem alles noch einigermaßen normal war.

Gegen Mittag trieben ihn die Kopfschmerzen aus dem Bett. Mühsam schleppte er sich ins Bad und schwor sich, nie wieder Alkohol zu trinken.

Irgendwas lief schief in seinem Leben. Eigentlich war ihm immer beigebracht worden, dass man von Montag bis Freitag arbeitet, um sich dann am Wochenende von den Strapazen zu erholen. Bei ihm war es umgekehrt. Er arbeitete zwar von Montag bis Freitag, aber die Erholungsphase in seinem Wochenablauf war ebenfalls von Montag bis Freitag. Diese fünf Tage brauchte er, um sich von seinen Wochenendeskapaden zu regenerieren.

Selbige begannen meist am Freitagabend und endeten am Sonntag, wenn er bei Sonnenaufgang völlig zugelötet ins Bett fiel.

Im Bad angekommen betrachtete er sein zerknittertes Gesicht im Spiegel und stellte mal wieder fest, wie durchschnittlich er war:

1,80m groß, 73kg schwer, Haare dunkel und eher kurz. Aussehen durchschnittlich, Verdienst durchschnittlich, Anzahl der Freunde durchschnittlich. Eigentlich war alles an ihm durchschnittlich. Mit einer Ausnahme:

Sein Erfolg bei Frauen. Der war unterdurchschnittlich.

Er begann sein Sonntags-Ritual: Toilette, Zähneputzen, Duschen. Danach den Schwur wiederholen, nie wieder Alkohol zu trinken, um sich anschließend erst mal im Badmantel an den Wohnzimmertisch zu setzen.

Der frische Kaffee weckte langsam die Lebensgeister in ihm.

Armin legte Einstürzende Neubauten auf. Seiner Meinung nach – neben Fräulein Menke – die wichtigsten Vertreter der Neuen Deutschen Welle. Klingt ein bisschen wie die Baustelle schräg gegenüber, stellte er fest und drehte leiser. *Langsam werde ich alt,* dachte Armin.

3

Den restlichen Sonntag gammelte Armin im Wohnzimmer auf der Couch herum und sah sich zur Entspannung einen Zombi-Film an, als es plötzlich klingelte.

(Später bezeichnete Armin diese Klingeln als den Anfang vom Untergang und dass er die Tür öffnete, als den größten Fehler seines Lebens.)

Wer konnte das sein? Genervt stand er auf und ging zur Tür. Er traute seinen Augen nicht, als er öffnete.

Vor ihm stand Rony.

Armin brauchte ein paar Sekunden, bis er seine Sprache wiederfand: „Rony, das gibt's ja nicht. Wo kommst du denn her?"

Rony grinste ihn an: „Ich bin zurück in München. Hab` bei deiner Mutter vorbeigeschaut, und die hat mir deine Adresse gegeben."

Rony war der beste Freund seiner Jugend. Im Alter von 11 bis 16 waren sie unzertrennlich. Eine Jugendfreundschaft, wie aus dem Bilderbuch. Zwei Jungs die zusammen durch Dick und Dünn gehen, um die Welt zu erobern.

Man teilte sich freundschaftlich die ersten Pornohefte (damals noch ohne Internet etwas Besonderes), und durchlitt gemeinsam die ersten Drogenexperimente. (Rauchen von getrockneten Bananenschalen und Nelken). Selbstverständlich trank man auch gemeinsam zum ersten Mal heimlich Alkohol (Weißbier aus der Flasche).

„Mensch Rony! Ich pack's nicht!" Sie fielen sich in die Arme. „Komm rein du alter Sack!"

Armin trat einen Schritt zur Seite, zeigte Richtung Wohnzimmer und ließ Rony vorausgehen.

Es wurde nie offen ausgesprochen, aber irgendwie war Rony immer der Anführer von den beiden, er hatte immer das letzte Wort. Rony war einfach in jeder Hinsicht überlegen.

Er war cooler, witziger, stärker und selbstbewusster. Außerdem sah er besser aus. Armin musste sich von seiner Mutter die Haare schneiden lassen, während Rony stolz seine lange Mähne spazieren trug. Damals konnte man sowas noch als lange

Mähne bezeichnen. Heute schauen die meisten Menschen peinlich berührt zu Boden, wenn jemand tatsächlich so eine Fokuhila-Matte auf dem Kopf hat.

Rony trug seine Haare immer noch so.

„Hey Rony, deine Haare schauen ja voll scheiße aus", war alles, was Armin sagen konnte, als er seinem Freund folgte.
Erinnerungen wurden wach. Armin musste bei Anbruch der Dunkelheit daheim sein, während Rony sich draußen langweilte, weil er als einziger nicht daheim sein musste.
Armin trug die Klamotten anderer Kinder auf, während Ronys' Mutter ihrem Sohn einen Iron-Maiden-Aufnäher auf die Jeanskutte nähte.
Armin ging hinten, Rony ging vorne. So war das damals, so war es jetzt. All diese Erinnerungen waren sofort wieder da.
„Schuhe kann ich anlassen, oder?", fragte Rony und schlenderte, ohne eine Antwort abzuwarten, voraus ins Wohnzimmer.
In ihrer Jugend verbrachten sie die meisten Nachmittage zusammen und waren jedes Mal, wenn sie sich trafen, mindestens einmal auf der Flucht. Das Leben war aufregend, die Zukunft lag ihnen zu Füßen und die Träume waren die von zwei Teenagern.
Trotzdem geschah das, was häufig geschieht:
Die Beziehungen zu Mädchen wurden wichtiger, die Freundeskreise neu sortiert, die Wege trennten sich. Rony zog nach Aachen („Ist näher zur holländischen Grenze, hehehe.") und sie verloren sich aus den Augen.
Armin hatte sich oft gefragt, was aus Rony geworden war?
Tatsächlich meldete Rony sich auch deswegen nicht, weil er ein paar Jahre wegen Geldfälscherei im Gefängnis saß. Nicht dass man sagen konnte, er wäre prinzipiell kriminell gewesen. Einer armen Rentnerin trug er 500.- hinterher, die sie verloren hatte. Niemals hätte er eine alte Frau bestohlen. Andere Dinge, wie zum Beispiel Geld zu fälschen, sah er hingegen locker und sein Kuraufenthalt in der JVA schien seine Einstellung zu solchen Dingen auch nicht weiter negativ beeinflusst zu haben.

Jetzt ging er vor ihm. Immer noch den Schalk im Gesicht, immer noch den frechen Blick, immer noch die personifizierte Aufforderung irgendeinen Schwachsinn anzustellen.

„Hey Rony, also damit hab` ich jetzt echt nicht gerechnet. Wow. Was treibt dich zurück nach München?"

„Ach, Aachen ist langweilig geworden. Keine Perspektive mehr. Kein Job, keine Kohle, keine Wohnung."

„Und du glaubst du findest in München eine Wohnung?" Armin sah ihn verwundert an.

„Naja, ich wohn jetzt erst mal bei Muttern. Wollte hier was Neues aufziehen. Etwas mit Zukunft. Nochmal so richtig durchstarten. Verstehst?"

„Ja … äääh … klar. Ein Geschäft oder sowas? Firma gründen? Nagelstudio aufmachen?"

„Quatsch. Mehr was Cooles. Eher so'ne Nummer, die meinen Fähigkeiten entspricht. Wie früher halt. Dachte mehr an was Lukratives. Dealen oder so. Suche noch einen Partner."

Armin gefiel Ronys prüfender Blick nicht und er beschloss, das Thema in eine andere Richtung zu lenken:

„Lass uns erst mal was trinken. Magst du lieber Bier oder Wein? Wobei mir gerade einfällt, dass ich eh nur Bier habe. Also Bier, OK?"

„Wein."

Armin ging zum Kühlschrank und kam mit zwei Bier zurück.

„Da."

Der Abend endete dann, wie solche Abende immer enden. Mit „weißt-du-noch-?" - Geschichten, und „was-ist–eigentlich-aus-dem-Dingsbums-du-weißt-schon-geworden?"-Fragen. Mit Berichten aus dem letzten Jahrzehnt (wie schnell doch die Zeit vergeht), und mit dem Schwur sich nie mehr aus den Augen zu verlieren.

4

Am nächsten Morgen schleppte Armin sich leicht verkatert in die Arbeit. Eigentlich ging er gerne zu BRMPFT. Krankfeiern ging gar nicht. Er wusste, dass der Job in dieser Firma seine letzte Chance gewesen war, in der Gesellschafft Fuß zu fassen.

Armin war ständig bemüht, seinen Arbeitsplatz nicht zu gefährden. Von Beginn an. Natürlich wusste er, dass der erste Eindruck zählt und so gab er sich in den Wochen nach seiner Einstellung größte Mühe, alles richtig zu machen. Innerhalb kürzester Zeit war er mit den grundlegenden Funktionen des CAD-Programms vertraut und konnte schon bald mit Fachausdrücken nur so um sich werfen.

Denn auch das wusste er: Wenn man ernst genommen werden will, muss man am besten in einer Sprache sprechen, die möglichst wenig Menschen verstehen. Prinzipiell fand Armin das zwar vollkommen schwachsinnig, aber sicherheitshalber beschloss er, dieses Spiel mitzuspielen.

Schon bald hatte er firmenintern den Ruf, ein echter Fachmann zu sein und wurde oft zu Rate gezogen, wenn es um Anforderungen, Erweiterungen oder Verkaufsstrategien ging.

In Wirklichkeit war er alles andere als ein Fachmann, schaffte es aber immer, im richtigen Moment zustimmend zu nicken, belanglose Fragen zu stellen oder einfach gar nichts zu sagen. Sein Aufgabenfeld erweiterte sich ständig, bis

irgendwann niemand mehr wusste, worin seine eigentliche Beschäftigung überhaupt bestand.

Die Folge davon war leider auch, dass er gelegentlich zu Tätigkeiten herangezogen wurde, die sonst keiner machen wollte. Armin konnte sich diesen Anforderungen natürlich nicht widersetzen, da er von seinem Job bei BRMPFT vollkommen abhängig war.

„Na, Armin, da hast du ja ab Freitag eine tolle Aufgabe!" Sein Kollege Gerhard grinste ihn höhnisch an.

„Aha. Was denn?"

„Sag bloß der Himmelsack hat dich noch nicht informiert?"

Himmelsack war der Oberboss vom BRMPFT und duldete keinen Widerspruch.

„Nein, worüber hätte er mich denn informieren sollen?" Etwas Unangenehmes lag in der Luft.

„Naja, du hast ab Freitag eine Spezialkundin, die du schulen sollst." Gerhards Grinsen wurde langsam unerträglich.

„Jetzt red' schon. Was ist los? Was für eine Spezialkundin soll ich schulen? Kommt Heidi Klum zu Besuch?"

„Nein, viel besser. Sie heißt..."

Gerhard genoss die Situation zutiefst.

„Mann, du nervst. Jetzt sag schon: Wer kommt?"

„Sie heißt An... An..." Gerhard bekam vor Lachen einen Hustenanfall, bemühte sich dann aber doch sich zusammenreißen. „Sie heißt Angelique", presste er mühsam heraus, während er den nächsten Lachanfall unterdrückte.

Armin wurde bleich.

Er kannte nur eine Angelique, und die war in der Firma bekannt wie ein bunter Hund. Immer wieder wurde sie durch verschiedene Abteilungen gereicht, auf der Suche nach einem Aufgabenfeld, dem sie gewachsen war.

Meist gab sie von selbst auf, da sie an den kleinsten Anforderungen scheiterte, doch schaffte sie es fast immer, vorher noch irgendjemanden aus ihrem Umfeld in einen Nervenzusammenbruch zu treiben. Mit Angelique zusammen zu arbeiten war die absolute Höchststrafe.

Angelique war der Typ Mensch, der keinerlei Probezeit übersteht, ja normalerweise nicht mal zu einem Vorstellungsgespräch eingeladen wird. Warum sie trotzdem immer mal wieder in verschiedenen Abteilungen der Firma auftauchte, hatte einen ganz einfachen Grund:
Sie war die Tochter vom Oberboss Himmelsack.

5

Die Aussicht Angelique unterrichten zu müssen, trübte Armins Stimmung nachhaltig. Schlechtgelaunt traf er pünktlich um 19 Uhr zum Babysitten bei seiner Nachbarin Eva ein.

Eva war alleinerziehend, seit sie vor zwei Jahren ihren Mann Jörg zum Teufel gejagt hatte, da sie seine kriminellen Machenschaften nicht mehr mittragen wollte.

Jörg war Konzertveranstalter und absolut unseriös. Eva wollte, dass ihre Tochter Fanny in geordneten Verhältnissen groß wird, und hielt es deshalb für das Beste, ihrem Mann den Stuhl vor die Tür zu stellen.

Jörg wiederum fand das gar nicht so schlimm, da er seine Aufmerksamkeit nun verstärkt seiner italienischen Assistentin Mathilda Bologna zuwenden konnte. Natürlich kümmerte er sich weiterhin um das Kind, und auch die Scheidung verlief relativ unblutig. In erster Linie ärgerte Eva sich sowieso nur, dass sie und Fanny Jörgs' saudummen Nachnamen angenommen hatten: Sparklefrosch.

Eva war schon ausgehfertig als Armin kam und gab ihm noch schnell die letzten Instruktionen für den Abend: Wann Fanny im Bett sein muss, keine Süßigkeiten, Zähneputzen nicht vergessen und Licht aus.

„Ach, und hier, das ist für dich." Eva schob Armin einen Umschlag über den Tisch. „Jörg veranstaltet ein Heavy Metal Festival oder sowas ähnliches in Altötting. Er hat mir die zwei Freikarten dagelassen, als er das letzte Mal die Kleine zurückbrachte. Ich kann diese Langhaarigen-Musik nicht leiden. Vielleicht hast du ja Verwendung dafür?"

Armin konnte Musik auch nicht leiden, bei der die Gitarristen in Leggings auf der Bühne standen und zwanzigminütige Solos spielten, wollte aber nicht unhöflich sein und bedankte sich artig.

Eva war gerade erst ein paar Minuten weg, als es an der Tür läutete. Armin ging an die Sprechanlage:

„Ja bitte?"

„Hallo Herr Sparklefrosch, wir kennen uns zwar nicht, aber wäre nicht gerade das ein guter Grund, dass wir uns mal über Gott unterhalten?"

Armin konnte die Logik dieser Aussage zwar nicht nachvollziehen, aber dass es sich um Zeugen Jehovas handelte, war offensichtlich. Scheinbar hielten sie ihn für den Hausherrn.

Zu den Zeugen Jehovas hatte Armin ein sehr spezielles Verhältnis: Mit zwölf Jahren gingen Rony und er zu einer älteren Dame, die mit den Wachturm-Heftchen am Straßenrand stand. Armin verwickelte die Frau in ein kurzes Gespräch, während Rony ihr von hinten ein Chinaböller mit extra langer Zündschnur zwischen die Füße legte.

Die Explosion war dann doch etwas heftiger als erwartet und die beiden Jungs glaubten kurzzeitig, die Zeugin würde tot umfallen.

Seit damals hatte Armin ein schlechtes Gewissen gegenüber den Zeugen Jehovas. Vielleicht konnte er durch ein Gespräch mit ihnen Buße tun?

„Ja, wenn sie meinen, können sie schon hochkommen, aber ich habe leider wirklich nur zwei Minuten Zeit."

„Aber das macht doch nichts", flötete die Stimme einer anderen Frau unten in die Sprechanlage. „Hauptsache wir reden über Gott."

Armin drückte den Türöffner.

Im selben Moment bekam er Zweifel, ob das schlau war, aber er hatte gleichzeitig eine Idee, wie man das Gespräch mit den zwei Zeuginnen vielleicht etwas unterhaltsamer gestalten konnte.

„Hey Fanny …", rief er hinter sich in die Wohnung "… komm mal her, ich zeig dir was." Fanny kam angelaufen. Sie hatte schon ihren rosaroten Schlafanzug an und schleifte ihren Teddybär hinter sich her.

„Pass auf Fanny, da kommen jetzt gleich Leute hoch, die denken ich bin dein Vater. Wir tun jetzt so als wärst du meine Tochter, OK? Du musst gar nix machen, nur dastehen, verstanden?"

Fanny hatte eigentlich überhaupt nichts verstanden, blieb aber da und erwartete neugierig die späten Gäste.

Sie standen im Türrahmen, als die zwei Frauen die Treppe hochkamen. Die eine war etwa Mitte Fünfzig und schon etwas abgeklärter, während die jüngere offensichtlich neu in der Gemeinschaft war, und noch diesen Tatendrang ausstrahlte, den frisch konvertierte oft haben. Beide trugen graue Faltenröcke.

„Schön, dass sie mit uns über Gott reden wollen. Es ist immer gut, wenn man über Gott redet und gemeinsam in der Bibel liest." Sie fuchtelte mit der Bibel vor Armins Gesicht herum.

„Ja wissen sie …", fing Armin an, „… ich bin ein sehr gläubiger Mensch. Gott bedeutet mir sehr viel."

„Oh das ist aber schön." Die jüngere war begeistert. „Da haben wir ja schon ganz viel gemeinsam."

„Ja und das hier ist meine Tochter …", sprach Armin weiter, während er seine Hand auf Fannys Schulter legte und sie etwas zu sich herzog „… ich liebe sie über alles. So wie nur Eltern ihre Kinder lieben können. Ich würde mein Leben für sie opfern."

Diesmal reagierte die ältere Zeugin. „Ach, das ist doch schön, oder? Elternliebe geht wirklich über alles, gell?"

„Ja und hier hätte ich jetzt eine Frage an sie: Wir glauben alle an Gott. Sie und ich. Wir alle sagen, dass wir das ernst nehmen ..." Die beiden Frauen nickten beipflichtend.

„... aber offensichtlich glauben wir an verschiedene Götter." Armins ließ den Satz kurz nachwirken.

„Ich würde mein Leben für mein Kind opfern, und sie würden ihr Kind für ihren Glauben opfern, wenn ich das richtig verstanden habe, oder? Soweit ich informiert bin, würden sie ihre eigenen Kinder lieber sterben lassen, bevor sie eine Bluttransfusion genehmigen würden. Das stimmt doch, oder?"

Armin war froh diese Frage endlich mal aus erster Hand beantwortet zu bekommen und lächelte die zwei Frauen freundlich an.

„Schau Fanny ..." er zog die Kleine noch näher zu sich „... so schauen Menschen aus, die ihre eigenen Kinder für ihren Glauben opfern."

Er deutete auf die beiden Zeuginnen Jehovas, denen die Münder offenstanden.

„Aber das Schöne ist ...", fuhr Armin fort, „... dass die zwei Damen uns das jetzt erklären können, weil es ja sicher sinnvoll ist seine Kinder verbluten zu lassen, wenn Gott das so will, oder?"

Fanny bekam Angst und suchte hinter Armins Beinen Schutz.

„Aber ... äh ... es ist doch auch nicht OK, wie viele Menschen gerade in diesem fürchterlichen Bürgerkrieg da in Nahost sterben. Da schicken Eltern ihre Kinder in den Kampf, um zu töten ...", versuchte die ältere wieder etwas Oberwasser zu bekommen, aber Armin fiel ihr ins Wort:

„Da haben sie natürlich total Recht, aber das hat doch jetzt nichts mit meiner Frage zu tun. Fakt ist, dass ihr Glauben

Bluttransfusionen verbietet und sie lieber ihre eigenen Kinder sterben lassen würden, als sie mit Bluttransfusionen zu retten. Das stimmt doch, oder?"

Die beiden Frauen sahen sich völlig entgeistert an.

„... äh ... ääääh ... Gott liebt doch alle Kinder. Darum wollen wir ihnen ja auch den wahren Glauben beibringen."

„Wem? Mir oder den Kindern?"

„Allen Menschen. Alle Menschen sollen von Gott erfahren."

„Außer die Kinder, oder? Weil die lassen sie ja verbluten, gell?" Armin war jetzt wieder ganz freundlich und lächelte die zwei Frauen an, was diese noch mehr verwirrte als das, was er gerade gesagt hatte.

„Im ewigen Reich Gottes stirbt niemand, da ja den Gläubigen das Himmelsreich offensteht", bemühte sich die Jüngere, das Gespräch wieder in eine vernünftige Bahn zu lenken.

„Das ist schön zu wissen ...", Armin machte eine beschwichtigende Geste mit den Händen, „... aber in ihrem Himmel ist ja leider nur Platz für genau 144.000 Seelen, wie ich kürzlich erfahren habe. Wie viele von den Plätzen sind eigentlich schon vergeben? Und wenn keine mehr frei sind, was passiert dann mit den Kindern, die ihre Eltern haben verbluten lassen? Kommen die dann in die Hölle?"

Armin war ernsthaft interessiert.

„Ich glaube die zwei Minuten sind jetzt um." sagte die Ältere. „Wir wollen sie nicht länger stören." Damit drehten sie sich um und verschwanden so schnell sie konnten.

Das war übrigens das erste und einzige Mal in der Geschichte der Zeugen Jehovas, dass sie ein Missionierungsgespräch von sich aus beendeten.

Natürlich war keinem der Beteiligten zu diesem Zeitpunkt klar, dass der Besuch der Zeugen Jehovas zusammen mit den Freikarten für das Hardrockfestival bald die Inspirationsquelle für eines der größten Verbrechen seit der Erfindung der Schulterpolster sein sollten.

Fanny war inzwischen in ihr Zimmer gelaufen und saß verängstigt auf ihrem Bett. Den Kuschelbär an sich gedrückt sah sie Armin mit großen Augen an. „Lassen die echt ihre Kinder sterben?"

„Äh ... naja ... also ... äh ... das ist etwas kompliziert. Das erklär ich dir später mal. Aber du brauchst wirklich keine Angst zu haben, sie werden dir nichts antun. Versprochen."

„OK, dann lass uns jetzt was spielen." Sie nahm seine Hand und führte ihn zum Barbiehaus.

Das war der Augenblick, vor dem es Armin schon die ganze Zeit gegraust hatte. Nicht, dass er nicht gerne mit Fanny gespielt hätte. Er mochte die Kleine und fand es ganz nett mit ihr noch ein bisschen Zeit zu verbringen, bevor er sie ins Bett brachte. Aber was denn spielen? Wie denn? Mit Barbiepuppen? Was spielt man da? Hätte Fanny ein paar Knarren
gehabt oder wenigstens ein Panzer-Quartett – das wäre noch irgendwie gegangen. Aber Barbie?

Sie drückte ihm eine männliche Figur in die Hand und sah ihn erwartungsvoll an.

„Äh... und jetzt?"

Fanny hielt ihre Lieblingsbarbie hoch.

„Ist doch klar: Du bist in mich verliebt und willst mich heiraten. Außerdem bist du ein Prinz. Aber du musst mich erst erobern und ganz nett zu mir sein."

Schlimmer ging's nicht.

Armin hatte eine bessere Idee: Er nahm den runden Deckel vom Mülleimer in die Hand und flog mit ihm durchs Zimmer, während er dauernd UFO-Geräusche von sich gab.

„So und nun greifen die UFOs an und schießen mit ihren Laserkanonen auf Barbies Haus, wo jetzt der Dachstuhl explodiert!"

Mit einem lauten WUMM-Geräusch hob er den Dachstuhl ab und legte ihn zur Seite. Armin kam in Fahrt.

„Und jetzt kommen die Dinosaurier, die die Barbie fressen wollen." Er nahm sich den Kuschelbären vom Bett, der gerade noch Fannys seelische Stütze und Schutz war. Jetzt sollte er auf einmal als Dinosaurier herhalten, und ihrer Lieblingsbarbie die Eingeweide herausreißen.

„Nein, das ist doch total doof!" protestierte Fanny.

„Ich will sowas nicht spielen. Das macht keinen Spaß! Die blöden UFOs und der Dinosaurier kommen weg, und die beiden fahren jetzt mit der Kutsche spazieren."

Fanny holte eine Kutsche mit rosaroten Pferden unterm Bett hervor. So sollte dieser Tag also ausklingen: Verliebter Prinz spielen und in einer Kutsche mit rosaroten Pferden spazieren fahren.

„Na gut", gab er nach. Einen Augenblick lang überlegte Armin noch vorzuschlagen, dass die Kutsche eine Schlucht hinunterstürzen und explodieren könnte, ließ es dann aber bleiben.

Kurz bevor Fanny ins Bett ging, haben die beiden dann tatsächlich noch geheiratet.

6

Der erste Eindruck, den Angelique Himmelsack bei Armin hinterließ, war möglicherweise nicht der beste, aber doch zumindest sehr einprägsam.

„Hallo, ich bin Angelique, aber eigentlich nennen mich alle Angel", kam sie zur Tür herein gestolpert. „Wie Engel auf Englisch", schob sie überflüssigerweise hinterher.

Armin sah sie verdutzt an.

Angel, wie sie sich selbst nannte, entsprach dem gängigen Schönheitsideal der plastischen Chirurgie. Ihre aufgespritzten Lippen gingen zusammen mit den Resultaten des offensichtlich großzügigen Einsatzes von Botox eine eher unvorteilhafte Symbiose ein.

Diese führte dazu, dass ihre Mundwinkel permanent leicht nach oben gezogen wurden. Armin fühlte sich an eine Pornodarstellerin erinnert, deren Namen ihm aber gerade entfallen war.

„Das ist echt total süß, dass du mich sozusagen unter deine Fittiche nimmst", fuhr sie fort.

„Wie du vielleicht schon gehört hast, bin ich ja die Tochter von deinem Chef, aber das hat gar nix zu bedeuten. Tu einfach so, als wenn ich jemand ganz normales wäre, OK? Alles ganz easy, hihihi."

Armin überlegte krampfhaft, wie er so tun sollte, als ob sie jemand ganz normales wäre? Er wollte irgendeine Höflichkeitsfloskel loswerden, aber Angel trällerte schon weiter:

„Schau, wen ich uns mitgebracht habe", sagte sie, während sie nach unten zeigte.

„Das ist Sissi."

Er schaute nach unten. Dort stand ein völlig unförmiger Hund. Überall quollen wurstartige Speckrollen heraus, die untere Zahnreihe stand waagrecht aus dem Maul, in der Mitte schienen zwei Beine zu fehlen und es war der einzige

Hund, den Armin je gesehen hatte, der den Eindruck erzeugte zu schielen.

Ob er einer bestimmten Rasse angehörte, konnte Armin nicht feststellen. Mit so etwas kannte er sich nicht aus. Allerdings hielt er es für ausgeschlossen, dass sich irgendwo auf der Welt ein Mensch finden würde, der sich freiwillig mit der Zucht solcher Scheußlichkeiten beschäftigen würde.

Sissi würdigte Armin mit keinem Blick.

„Sissi ist total süß ...", dozierte Angel weiter, „... und auch wahnsinnig intelligent!"

Armin blickte zu Sissi und dann wieder zu Angelique.

„Eigentlich heißt sie Sissi von Schwarovski mit ganzem Namen. Sie ist nämlich adelig. Aber es langt, wenn man einfach Sissi zu ihr sagt." Sie beugte sich nach unten und tätschelte ihren Kopf. „Gell, Fräulein Schwarovski?"

Armin folgte Angels Blick Richtung Hund und was er da zu erkennen glaubte, jagte ihm einen Schauer über den Rücken.

Schnell sah er wieder hoch.

„... Äh ... ja ... äh ... schön, dass ihr da seid." Es war das erste Mal, dass er zu Wort kam.

„Ich bin ja schon informiert worden, dass du ... äh ... ihr die nächsten Tage bei mir seid. Herzlich willkommen. Ich bin der Armin." Er schüttelte ihre Hand, die sie ihm wie einen nassen Waschlappen entgegenhielt.

„Am besten, wir fangen gleich an, da es ja eine ganze Menge Stoff ist, den wir zu verarbeiten haben." Das stimmte zwar nicht, aber er wollte auf diese Weise vermeiden, dass es zu viele Privatgespräche gab. Er zeigte auf den Platz neben sich, so dass sie zusammen vor dem großen Bildschirm saßen.

„Ist gut ... und Sissi kommt am besten in unsere Mitte, gell Sissilein?" Angelique fing an, in ihrer Tasche zu kramen. „Mutti hat sogar deine Lieblingsdecke dabei. Fräulein

Schwarovski ist nämlich eine feine Dame und legt sich nicht einfach so auf jeden Boden. Gell, Herzipuppilein? So eine verwöhnte kleine Prinzessin bist du."

Sie nannte sich selbst in Bezug auf diese Kreatur also auch noch Mutti. Armin fing an, nervös auf seinen Fingernägeln herumzukauen. Der einzige Trost war, dass der unappetitliche Vierbeiner wenigstens eine eigene Decke dabeihatte, und so sein Fußboden nicht verseucht wurde.

Nachdem Angel umständlich die Decke unterm Tisch ausgebreitet hatte, trottete Sissi Schwarovski schwerfällig auf ihren Platz, setzte sich und glotzte gelangweilt zwischen Armin und Angelique durch.

Armin wollte mit einem kurzen Blick kontrollieren, ob der Hund auch weit genug von seinen Beinen weg war, um wirklich jegliche Berührung auszuschließen, als er es erneut sah: Er hatte sich nicht getäuscht.

Aus Sissi Schwarovskis' Maul hing links ein etwa zehn Zentimeter langer Speichelfaden heraus, der in einer Art Kugel endete.

Kurz vor der Kugel wurde er etwas dünner, was den Eindruck erweckte, als müsse er jeden Moment reißen und der etwa ein Zentimeter große Tropfen würde zu Boden fallen.

Armin erinnerte das Ganze an eine ausgezuzelte Weißwurstpelle, in die man einen Golfball gesteckt hatte. Durch das Gewicht, des Schleimklumpens ganz am Ende fing der Faden bedrohlich an zu schwingen und Armin überlegte, wie weit die Kugel nun fliegen würde, falls das Ganze irgendwann reißen sollte.

Aber die Weißwurstpelle riss nicht und der Golfball schwang einfach weiter bedrohlich hin und her.

„Gell, du findest sie auch zum Verlieben?"

Angel stieß Armin neckisch in die Seite. Dann streckte sie ihren Kopf nach unten, um Sissi zu kraulen.

Schmerzhaft wurde Armin seine Situation bewusst: So einen Job wie hier bei BRMPFT würde er nie wieder finden. Er war absolut abhängig von seinem Chef und somit auch von dessen peinlicher Tochter und deren beknackten Hund.

„Hat Sissilein einen neuen Verehrer gefunden? Na, da wird Fräulein Schwarovski ihrer Mutti doch nicht untreu werden ... hihihi."

Der Hund drehte den Kopf zu seinem Frauchen, was dem Speichelfaden einen starken Schwung verlieh. Sportlich schwang er nach oben, einmal quer über das Maul und auf der anderen Seite wieder nach unten. Da hing er nun merklich verkürzt hinab, während er oben quer über die Hundeschnauze verlief, und Armin an einen weißgelben Regenwurm erinnerte.

Hauptsächlich um sich selbst abzulenken, schlug Armin vor, mit dem Unterricht zu beginnen.

„Wie man einen Computer anschaltet, weißt du ja vermutlich", versuchte er es mit einem Witz.

„Äääh ... also, um ganz ehrlich zu sein, ich bin da nicht so der Fachmann auf dem Gebiet. Vielleicht fangen wir wirklich ganz am Anfang an."

Oh je, das kann ja heiter werden, dachte Armin gerade, um im selben Moment festzustellen, dass es möglicherweise doch nicht heiter werden würde. Sissi hatte eine Duftmarke gesetzt.

„Ach, das hab' ich ganz vergessen zu sagen, dass Sissi Blähungen hat. Sie hat gestern frischen Lachs von mir bekommen und den scheint sie nicht so gut zu vertragen. Tut mir leid, aber wenn sie das hat, geht das immer schnell vorüber. So nach drei bis vier Tagen ist alles wieder gut. Hast du Bauchweh Sissilein?" fragte sie unter den Tisch, von dem Ausdünstungen aufstiegen, die Armin den Schweiß auf die Stirn trieben. Schnell hechtete er zum Fenster und riss es auf.

„Nein, lass das Fenster lieber zu, sonst verkühlt sich mein Hasilein noch", trällerte Angel. „An den Geruch gewöhnt man sich sowieso mit der Zeit. Schau wie sie schaut." Sie deutete auf den Hund. „Ihr ist das jetzt total peinlich. Sie ist nämlich wahnsinnig intelligent und spürt, was sie angerichtet hat. Gell mein kleines Stinkilein?"

Armins Blick wanderte von Angelique zu Sissi und zurück, während die Begriffe „peinlich" und „intelligent" in seinem Kopf nachhallten.

„Sorry, auch wenn du die Tochter von meinem Chef bist: Ich bestehe darauf, dass wir das Fenster aufmachen, wenn hier drinnen dein Hund mit seinen Lachsverdauungsproblemen kämpft. Ich bin da echt ein bisschen empfindlich."

„Also gut, von mir aus. Wenn du darauf bestehst. Aber wenn der Hund krank wird, bist du daran schuld. Nur damit das klar ist!" Sissi-Mutti war sichtlich eingeschnappt.

„Alles klar. Dann können wir ja jetzt mit dem Unterricht beginnen, oder?"

„Gut, fangen wir an. Also, wie schaltet man so einen Computer ein?"

Eine Woche noch, dachte Armin. *Eine ganze Woche noch.*

7

Am Abend waren Armin und Rony im Johannis Cafe verabredet.

Zu ihrer Freude war der Tisch hinten im Eck noch frei und so lümmelten sie sich hin und bestellten erstmal eine Runde Bier.

„Ich hab' mir neulich mal so ein paar Gedanken gemacht, und bin darauf gekommen, dass sich das ganze Leben eigentlich um

die Frage dreht, ob man eher so NoNoNo sein will, oder lieber Anton aus Tirol?", fing Armin plötzlich an.

„Was für Drogen hast du vorhin nochmal genommen?", fragte Rony.

„Also, es ist doch so: NoNoNo von Dawn Penn ist doch das totale Hammerlied. Eins der zehn Lieder für die einsame Insel, absolut großartig, oder?"

Beipflichtendes Nicken.

„So, und was hat die Frau damit verdient? Ich glaube nicht viel. Wird kaum zur Existenzsicherung beigetragen haben."

„Respekt hat sie verdient", antwortete Rony „Maximum Respekt sogar. Wenn man so ein Lied geschrieben hat, kann man glücklich sterben. Dann hat man es geschafft. Dann war das Leben sinnvoll, würde ich sagen."

„Aber das ist ja genau das, worauf ich hinaus will", sagte Armin. „Alle zollen ihr Maximum Respekt und so, aber sie kann wahrscheinlich ihre Zahnarztrechnung nicht zahlen."

„Worauf willst du hinaus?"

„Dass sich eben das ganze Leben um die Frage dreht, was man eigentlich will? Ein tolles Lied schreiben, mit Maximum Respekt, Schulterklopfen aber ohne nennenswerten finanziellen Erfolg, so wie NoNoNo, oder lieber das Gegenteil? Ein Kacklied wie Anton aus Tirol, aber fett Kohle."

„Also, ich bräuchte zurzeit eher Kohle als Schulterklopfen. Von daher würde ich mich für die „Anton aus Tirol"-Variante entscheiden." Rony bestellte noch zwei Bier.

„Wie gesagt, ich bin ja gerade noch auf der Suche nach einer Geschäftsidee. Wie wäre das eigentlich mit Konzertkarten fälschen? Haben wir früher doch immer gemacht. Du hast doch bestimmt einen guten Drucker bei dir in der Firma, und ich dachte mir ..."

„Vergiss es ...", unterbrach Armin ihn, "... erstens haben nicht „wir" Konzertkarten gefälscht, sondern du, und zweitens habe ich im Gegensatz zu dir einen Beruf und werde nicht anfangen auf meine alten Tage kriminell zu werden."

Armin fiel wieder ein, wie sie sich im Alter von 13 Jahren auf dem Oktoberfest erfolglos als Dealer versuchten. War auch so eine tolle Idee vom Rony. („Im Hofbräuzelt sind nur Amis. Die kaufen jeden Scheiß.") Warum die Amis kein Interesse hatten, angebliches Haschisch von Minderjährigen zu kaufen, konnte nie geklärt werden.

Um Rony von seinen kriminellen Ideen abzulenken, schlug Armin eine Rauchpause vor. Schnell wurden die Gläser erhoben und zwei, inzwischen leicht angetrunkene Männer machten sich auf, Richtung Ausgang. Inzwischen war der Laden recht voll geworden, und man musste aufpassen, das Bier heil mit nach draußen zu bringen.

Auf dem Weg zur Tür kamen ihnen vier schwarz gekleidete Gestalten entgegen. Offensichtlich zwei Pärchen, und wohl Stammgäste. Kaum erblickte der Kellner hinter dem Tresen die Gruppe, fing er ungefragt an, vier Pornovodka zu machen. Armin fragte sich, wie cool man sein muss, um so einen Status zu erreichen?

Die Frischluftwatschen vor der Tür, sorgte kurzzeitig für einen klaren Kopf, um dann den Alkohol umso stärker wirken zu lassen. Ein paar Meter weiter standen zwei attraktive Frauen, was den beiden natürlich keine Ruhe ließ.

„Hey, wir ziehen jetzt die Zebrastreifennummer ab, OK?" raunte Rony Armin ins Ohr. Armin hatte Rony von der Zebrastreifennummer erzählt, die er vor ein paar Jahren mit seinem Freund Mathias entwickelt hatte. Sie musste immer wieder herhalten, wenn man jemand kennenlernen wollte.

Im Grunde war es ganz einfach: Man bezog fremde Menschen in eine Wette ein. Man ging zu einer Person oder Gruppe und spulte folgenden Text ab:

„Entschuldigung, wenn ich störe, aber wir haben gerade eine Wette am Laufen. Mein Freund behauptet, dass ihr die Lösung von folgendem Rätsel nicht kennt: Es gibt hundert berühmte Straßen, tausend berühmte Gebäude und 10.000

berühmte Bilder auf der Welt. Aber nur einen berühmten Zebrastreifen. Wo ist der? Ich behaupte, jeder kennt ihn. Bitte enttäuscht mich nicht."

Die Angesprochenen fühlen sich in der Regel geschmeichelt, nach ihrer Meinung gefragt zu werden und in das Rätsel eingebunden zu sein. Schon ist man im Gespräch.

Als sie die „Zebrastreifennummer" zum ersten Mal testeten, gewann Armin jedes Mal. Egal ob ein Tisch mit jungen Leuten, eine Gruppe Opernbesucher, ein einzelner Radfahrer oder ein paar besoffene Punks. Alle wussten die Lösung.

Nur ein einziges Mal hatte Mathias Glück, weil sich die zwei Polizeianwärter, die sie ansprachen, nicht einigen konnten. „Stefan, ich glaub' der meint den am Eifelturm."

„Olli das ist doch Quatsch. Das ist 100% einer in München."

Die beiden Polizeischüler ahnten zu diesem Zeitpunkt natürlich nicht, dass Armin, der vor ihnen stand, später dafür verantwortlich sein sollte, dass sie weltberühmt wurden.

Rony ging also auf die zwei attraktiven Frauen zu und begann die Show abzuziehen:

„Entschuldigt, wenn ich euch kurz störe: Ich habe hier mit meinem Freund gerade eine Wette am Laufen, weil er denkt, ihr kennt die Lösung von dem Rätsel nicht und ich behaupte aber ...", er spulte seinen Text ab.

„Soll das jetzt eine Anmache sein, oder was? Zebrastreifen?" Die kleinere von den beiden verdrehte genervt die Augen. „Das ist ja wohl die ganz billige Nummer, oder?"
Die zwei Kronen der Schöpfung drehten sich demonstrativ weg.

Ohne etwas zu sagen, machten sich Rony und Armin auf den Weg zurück nach drinnen.

„Wahnsinn, waren das blöde Zicken ..." fing Rony an, kaum, dass sie am Tisch saßen. „... und was deine Zebrastreifennummer betrifft: Die funktioniert ja super."

„Ich weiß schon, warum ich das Thema „Frauen" abgehakt habe. Die nerven nur rum und machen Stress ..." versuchte Armin die peinliche Situation vor der Tür kleinzureden. „... und wenn man sie heiraten will, muss man in einer Kutsche mit rosa Pferden rumfahren."

Rony blickte ihn verwirrt an, fragte aber nicht weiter nach.

Einige Biere und Schnäpse später beschlossen die beiden Freunde heimzugehen. Draußen standen wieder die zwei hübschen Mädchen und unterhielten sich gerade mit zwei Neuankömmlingen.

Als sie an ihnen vorbei torkelten, konnte Armin nur verstehen, wie die eine sagte:

"… und meine Freundin behauptet, dass ihr nicht in der Lage seid zu erraten welchen Zebrastreifen ..."

Da die letzte Tram seit zwei Stunden weg war, fragte Rony Armin, ob er bei ihm pennen könne.

Konnte er natürlich, und so schwankten die beiden weiter Richtung Bordeauxplatz. In der Wörthstraße zog Rony plötzlich Armin in einen Hinterhof. Er beugte sich über ein Blumenbeet und stammelte los:

„Manoman, ich glaub' so blau war ich schon ewig nicht mehr." Dann musste er sich übergeben.

„Du verträgst ja gar nichts", konnte Armin gerade noch lallen. Dann beugte auch er sich über den Rosenstrauch.

8

Am nächsten Morgen schleppte sich Armin mit den stärksten Kopfschmerzen aller Zeiten zur Arbeit, während Rony schnarchend auf dem Sofa lag.

Auf dem Weg in die Firma wurde ihm klar, dass dies einer der schlimmsten Arbeitstage seines Lebens werden würde.

Zu allem Überfluss war Oberboss Himmelsack auch noch schlecht gelaunt, die Schulung mit seiner Tochter Angelique war der reinste Horror und Sissis Blähungen machten die Sache auch nicht leichter.

Als Armin sich endlich auf den Heimweg machen konnte, war es draußen schon dunkel. Völlig erschöpft wartete er am Aufzug vor seinem Büro. Plötzlich hörte er das Klackern von Damenschuhen den Gang entlangkommen. Er mochte das Geräusch und drehte sich um.

„Nicht erschrecken ...", ein freundliches Gesicht lächelte ihn an „... ich bin's nur: Die Sabine vom Marketing."

„Äh, hallo Sabine vom Marketing." Armin hatte sie noch nie gesehen. Offensichtlich war sie neu hier. Ihr Gesicht gefiel ihm. Ihre halblangen, blonden Haare waren zu einem Pferdeschwanz gebunden. Blond gibt natürlich immer Bonuspunkte.

"Ich bin nicht erschrocken. Ich mag nur das Klackergeräusch von deinen Schuhen und wollte wissen, zu wem es gehört?"

„Dann ist ja gut. Also, schönen Abend noch."

„Danke, ebenso." Verwundert blickte er ihr nach.

Mit drei klackernden Schritten war sie durch die Glastür verschwunden.

Beim ersten Schritt war es Armin, als würde ihm jemand mit einem Gummihammer auf den Kopf schlagen.

Beim zweiten Schritt fühlte es sich an, als würde ein rosafarbener Schwamm sein Gehirn ersetzen.

Beim dritten Schritt hörte das Universum auf, sich zu bewegen.

Armin hatte sich verliebt.

9

Trotz Angelique Himmelsack und Sissi Schwarovski ging Armin ab sofort wieder gerne in die Arbeit. Der Tiger in ihm war erwacht. Er hatte endlich ein Ziel:

Die Sabine vom Marketing kennenlernen. Näher kennenlernen. So nah wie nur irgend möglich kennenlernen.

Nur wie? Mit der Marketingabteilung hatte er beruflich so gut wie gar nichts zu tun. Eigentlich kannte er auch niemanden, der dort arbeitete.

Er musste also auf den Zufall hoffen, und selbigen zu seinem Eintreffen auf die Sprünge helfen. Das Einzige, was ihm zunächst dazu einfiel war, lange vor dem Aufzug herumzustehen und zu hoffen, dass die Sabine vom Marketing vorbeiklackerte. Das tat sie aber nicht, und die Kollegen fingen schon an sich zu wundern, warum Armin nie einstieg, wenn sich die Aufzugstüren vor ihm öffneten.

Langsam wurde es peinlich und er musste sich etwas Neues einfallen lassen.

Die Schulungen mit Sissi-Mutti, wie er sie im Geiste nur noch nannte, waren zum Glück von gelegentlichen Besprechungen mit Kollegen unterbrochen. Hier ging es meist um Systemanforderungen und Entwicklungsfortschritte der Software. Armin schlug vor, doch eine Arbeitsgruppe mit der Marketingabteilung zu bilden, die er ganz selbstlos auch gerne organisieren würde.

Auf die Nachfrage, was denn die Marketingabteilung mit Systemanforderungen der Software zu tun habe, wusste er keine Antwort und die Idee wurde nicht weiterverfolgt.

Hinter seinem Rücken fingen die Kollegen an zu tuscheln: Erst steht er verwirrt vor dem Aufzug rum, dann will er sinnlose Arbeitsgruppen organisieren und auch sonst wirkt er seit neuestem etwas neben der Kappe. Der Unterricht mit

Angelique Himmelsack hinterließ offensichtlich erste Spuren in Armins Psyche.

Aber er hatte Glück:

Ein paar Tage nach seiner Arbeitsgruppenpeinlichkeit stand er gerade hilflos mit seinem Tablett in der Kantine, als sein Kollege Gerhard ihn zu sich rief:

„Hey Armin, setz dich doch zu uns!" Er bot ihm einen Platz an. Wie ferngesteuert lief er zu Gerhards Tisch und setzte sich neben ihn. Ihm gegenüber saß die Sabine vom Marketing.

„Darf ich vorstellen? Das ist die Sabine vom Marketing, und das hier ist der Armin, von dem keiner weiß, was er eigentlich macht", witzelte Gerhard und deutete beide nacheinander mit seiner Gabel an.

„Wir kennen uns schon. Vom Aufzug letzte Woche", sagte Sabine freundlich.

Armin rutschte fast das Herz in die Hose. Sie konnte sich an ihn erinnern. Tatsächlich! Ein warmer Schauer durchflutete ihn. Jetzt bloß nicht nervös werden. Ganz cool bleiben und nichts anmerken lassen, lautete die Devise.

„Ach ja genau. Die Dame mit den Klackerschuhen. Sehr angenehm." Plötzlich war gar nichts mehr angenehm. Armin fiel auf, dass er vorhin am Klo seine Frisur nicht überprüft hatte. Er wollte schon seit Wochen zum Frisör. So blöd wie zurzeit habe ich seit dem Kindergarten nicht mehr ausgeschaut, dachte er sich. Und dann auch noch sein Hemd! Total unmodisch und vermutlich mit Fleck am Kragen. Wie lange hatte er das eigentlich schon an?

Glücklicherweise kamen aber weder seine Frisur, noch sein möglicherweise bekleckertes, unmodisches Hemd zur Sprache und so entstand doch eine nette, ungezwungene Unterhaltung und Armin saugte alle Informationen auf, die er bekommen konnte.

Die Sabine vom Marketing war der absolute Traum.

Sie war atemberaubend, bezaubernd, charmant, damenhaft, erotisch, freundlich, geheimnisvoll, hinreißend, intelligent, jugendlich, klug, liebenswert, mitfühlend, natürlich, originell, phantasievoll, quirlig, reizend, schön, traumhaft, umwerfend, verführerisch, wunderbar, xy-ungelöst und zauberhaft.

Sprich: Die tollste Frau der Welt. Mindestens.

Zumindest soweit Armin das völlig unvoreingenommen beurteilen konnte. Und dann hatte sie auch noch im April Geburtstag. Erst jetzt fiel Armin auf, wie unglaublich sexy Frauen sind, die im April Geburtstag haben. Was für ein toller Monat!

Sie war neu in der Firma, kam ursprünglich aus Bamberg, lebte aber schon länger in München.

Sie liebte Jazz. Armin fand Jazz furchtbar.

Auf jeden Fall bis vor fünf Minuten. Wenn er jetzt darüber nachdachte, wurde ihm klar, dass er eigentlich schon lange mal seinen musikalischen Horizont in Sachen Jazz erweitern wollte. Es muss ja nicht gleich antiautoritärer Freejazz sein. Jetzt freute er sich auf Abende mit Sabine, in denen sie gemeinsam Jazz hören würden. Eigentlich schien alles perfekt zu passen.

Bis auf eine Kleinigkeit:

Die Sabine vom Marketing hatte einen Freund.

Seit sechs Jahren.

Sie war sehr glücklich mit ihm.

10

Am nächsten Tag trafen sich Armin und Ronny im Cafe Fortuna. Das Cafe Fortuna ist ein typisches, kleines Szenecafe mit zwei Ebenen und Platz für vielleicht 15 Gäste. Unten sind die Bar und der Thekenbereich mit Platz für maximal zwei Angestellte. Oben ist Platz für ein paar kleine Tische, den Zigarettenautomaten und die Toiletten.

Der Geruch im Fortuna ist immer gleich: Es riecht nach Kaffee und Kuchen.

Hier also trafen sich unsere Freunde zu Kaffee und Kuchen.

Rony bestellte erst mal zwei Bier.

Nachdem diese schnell ausgetrunken waren, stellte Armin fest, dass es auch ganz lustig sein kann, schon um 14 Uhr mit dem Biertrinken anzufangen und bestellte gleich noch eine Runde.

Die Sache mit der Sabine vom Marketing (er konnte an nichts Anderes denken) wollte er nicht sofort auf's Tablett bringen, da das doch etwas zu uncool gewesen wäre, und deswegen erzählte er erst mal von seinem Erlebnis mit den Zeugen Jehovas.

"Unglaublich, was Menschen für ihren Glauben tun, oder? Dass jemand sein ganzes Geld für Gott opfert, ist ja schon völlig idiotisch, aber auch noch die eigenen Kinder..." Rony konnte nur den Kopf schütteln.

„Ich glaub', da brauch ich einen Schnaps."

Dann fing er an zu grinsen: "Den Deppen hast du es aber ordentlich eingeschenkt, was? Gratuliere!", beglückwünschte er seinen Freund und erhob das Glas.

Armin konnte sich nicht so richtig mitfreuen. Seine Gedanken waren bei einem anderen Thema:

„Sag mal, Ronny, hast du immer noch so einen Schlag bei den Frauen?"

In ihrer Jugend war Rony immer der Weiberheld. Während Armin verzweifelt nach einer Freundin suchte, schienen Rony die Mädchen scharenweise hinterherzulaufen. Während Armin noch nicht mal unter den Pulli eines Mädchens vorgedrungen war, hatte Rony angeblich schon mal Sex gehabt. Zwar nur einmal, aber immerhin.
Rony sah ihn kurz verblüfft an, fand dann aber schnell zu seiner Großmäuligkeit zurück.
„Klar. Warum? Läuft's bei dir immer noch nicht?", stichelte er in alter Freundschaft, und grinste schadenfroh.
„War klar, dass von dir wieder nur irgendwelche Gemeinheiten kommen. Dafür hat man ja Freunde, dass sie einen in Notsituationen im Stich lassen, oder?"
„Notsituation?" Jetzt war Rony plötzlich bei der Sache. Er verschränkte die Hände hinter seinem Kopf, lehnte sich zurück und sah seinem Freund in die Augen:
"Also, was ist passiert? Wie heißt die Notsituation? Schieß los."
Armin war froh endlich über das wichtige Thema reden zu können.
„Die Notsituation heißt Sabine, arbeitet seit Neuestem bei mir in der Firma, ist die tollste Frau im Universum und hat einen Freund."
„Hm ..." Rony sah ihn gequält an „... dass die Notsituation einen Freund hat, macht die Sache nicht gerade einfach, oder? Ist sie wirklich so toll, die Sabine Notsituation?"
„Toller."
„Also, so richtig toll?"
„Nein, toller als richtig toll."
„Noch toller?"
„Ja, noch toller. Sogar noch tollerer."
„Also, mega-toll?"
„Nein noch viel toller. So giga-mega-ultra-toll. Mindestens!"

„Also, wenn sie so toll ist, dann muss sie ja echt toll sein", fasste Rony die bisherigen Erkenntnisse zusammen.

„Eben." Armin sah Rony erwartungsvoll an. Sein Freund musste ihm jetzt einfach helfen.

„Und ich soll dir jetzt helfen?"

„Ja genau."

„Wie denn?"

„Indem du mir sagst, was ich machen muss, damit die tolle Sabine erkennt, dass auch ich ein wahnsinnig toller Hengst bin."

„Du?"

„Ja ich! Wer den sonst?" Armin wurde leicht wütend.

„Was ist denn ihr Freund für einer?"

„Keine Ahnung. Ich weiß eigentlich gar nix über den."

„Also, pass mal auf ..." Rony beugte sich nach vorne und sah Armin ins Gesicht.

Jetzt war die Zeit für seinen großen Auftritt gekommen.

Dem guten, alten Freund, der es mit den Mädels leider noch nie so richtig hinbekommen hat, musste endlich mal jemand die Welt erklären.

„Also, pass mal auf, es ist doch so: Jeder Mensch hat auf dem Heiratsmarkt einen bestimmten Wert. Der wird durch Aussehen, Status, Bildung, Reichtum, Alter etc. definiert. Und wenn du dir die Pärchen anschaust, die so rumlaufen, wirst du feststellen, dass da immer ein gewisses Gleichgewicht herrscht. Klar kann der alte Fettsack mit Pickeln eine hübsche, junge Freundin an der Seite haben.

Aber nur, wenn er schweinereich oder ziemlich mächtig ist. Am besten beides. Wichtig ist, jetzt mal herauszubekommen, wo deine Stärken sind? Und damit schlägst du dann deinen Widersacher an Sabine Notsituations Seite in die Flucht. Kapiert?"

„Mann, du erzählst mir jetzt gerade echt nix Neues. Ich dachte du hast da vielleicht einen Trick auf Lager. Sowas wie: Du musst der Sabine in der Mittagspause einen Gänseblümchenkranz flechten, ihr in der Kantine vor aller Augen auf den Kopf legen und eine Zauberformel ins Ohr flüstern. Dann ist sie unsterblich in dich verliebt. Ich würde auch eine Katze schlachten und irgendeiner Gottheit opfern, falls das was bringt."

Armin hielt kurz inne und schien zu überlegen, bevor er fortfuhr: „Oder, nein doch lieber einen Hund, fällt mir gerade ein."

„Mensch Armin, dass das bei dir mit den Weibern nie funzt wundert mich echt nicht. Das Einzige, was dir einfällt um sie zu erobern, ist sie in hochnotpeinliche Situationen zu bringen, oder Katzen für sie zu schlachten?"

„Nein, das stimmt so nicht ganz", unterbrach Armin ihn. „Ich würde keine Katzen schlachten. Ich habe mich korrigiert. Ich würde Hunde schlachten, habe ich gesagt. Nein, das stimmt auch nicht ganz. Keine Hunde. Hund habe ich gesagt. Hund. Ich würde einen Hund schlachten. Einen ganz bestimmten."

Rony sah in gequält an. "Also willst du jetzt für Frau Notsituation einen Hund schlachten, oder willst du es so machen, wie ich es dir sage? Bitte entscheide dich jetzt, weil sonst könnten wir evtl. auch das Thema wechseln."

Er hatte Recht. Man kann das Herz einer Frau nicht erobern, indem man einen Hund für sie schlachtet. Nicht mal, wenn der Hund Sissi Schwarovski heißt.

Es musste einen anderen Weg geben. Und wenn jemand wusste, wo dieser Weg war, dann war es Rony. Ihm musste er vertrauen. Er kannte sich aus mit den Frauen. Was Rony sagte, hatte Hand und Fuß. Armin würde seinem Rat befolgen. Ganz klar.

Er würde es machen, ohne Wenn und Aber. Für die Sabine Notsituation vom Marketing würde Armin nämlich alles machen. Alles!

„OK. Schieß los. Du hast jetzt meine volle Aufmerksamkeit." Erwartungsvoll sah er Rony an.

„Gut. Also zunächst mal: Wo sind deine Stärken?"

„Wie Stärken?"

„Na du weißt schon. Deine Pluspunkte halt. Also, wie schaut's aus? Bist du reich?"

„Nee, natürlich nicht. Aber arm bin ich auch nicht. Ich schaffe es jeden Monat 75.- Euro auf die hohe Kante zu legen und kann ansonsten ohne große Einschränkungen leben."

Rony war langsam genervt: „75.- Euro ... jeden Monat ... wow, Armin, Respekt! Ich glaub wir müssen ein anderes Terrain betreten. Wie schaut's aus mit Macht? Deine Stellung in der Firma? Karriere? Untergebene?"

„Ich habe keine Untergebenen. Auch keine Karrieremöglichkeiten im eigentlichen Sinn. Ich bin so ein Sonderfall. Im Grunde genommen ist nicht so ganz klar, was ich in der Firma mache."

„Klingt ja supi, Armin. Damit beeindruckst du sie sicher sehr. Wie schaut's aus mit sportlich und so? Waschbrettbauch?"

Armin zeigte auf seinen angehenden Bierbauch:
"Nicht wirklich."

„Schwarzer Gurt in Karate vielleicht? Mal irgendeine Meisterschaft gewonnen?"

„Ich hab' mal in der fünften Klasse im Skilager beim Abschlussrennen den zweiten Platz gemacht. Fast wäre ich sogar Erster geworden, aber man hat mir das falsche Wachs für meine Skier gegeben, um mich zu sabotieren."

„Echt? Das ist ja unglaublich spannend." Rony verdrehte genervt die Augen. „Dann können wir uns ja jetzt anderen Themen zuwenden: Zum Beispiel haben die hier gerade einen Schnaps im Angebot, den ich ..."

„Du Arsch, hör auf dich über mich lustig zu machen. Das hier ist nicht witzig. Ich dachte du hilfst mir, und dafür lade ich dich auf das Altöttinger Heavy Metal Festival ein. Das ist doch ein fairer Deal, oder?"

Armin legte die zwei Freikarten auf den Tisch, die er von Eva bekommen hatte.

„Du tust immer so, als wärst du der große Checker, aber wirklich Weiterführendes kommt von dir auch nicht, oder?"

Rony nahm eine Karte in die Hand und betrachtete sie aufmerksam. Die Sache schien interessant zu werden.

„Armin, ich will dir ja wirklich helfen, aber solange du für deine Angebetete nur Katzen..."

„Hunde" unterbrach ihn Armin.

„Hunde schlachten..."

„Nein doch nicht Hunde. Hund hab' ich gemeint."

„Verdammt jetzt halt mal die Klappe! Solange du nur einen Hund schlachten möchtest und ansonsten in Selbstmitleid zerfließt, weil du vor Jahren im Skilager um den ersten Platz betrogen wurdest, solange wirst du die Alte nie bekommen, kapiert?"

„Sag nicht Alte zu ihr! Die ist nicht so eine!"

„OK entschuldige bitte. Ich meinte natürlich Frau Supermega-toll-Angebetete-Notsituation. Passt das? Können wir fortfahren?"

„OK, ich bin ja schon still."

„Gut, also was sonst? Spielst du ein Instrument? Musiker laufen immer noch top bei den Mädels."

Die Geschichte mit den Musikern, die alle Mädchen haben können, war schon in ihrer Jugend ein wichtiges Thema. Es war in der Zeit vor Dieter Bohlen. Damals, als Popstar noch kein Schimpfwort war.

Armin war in der Lage Smoke on the Water auf der tiefen E-Saite zu spielen, währen Rony schon ganz selbstsicher How many Roads zustande brachte. Zumindest die erste

Hälfte davon. Das reichte auf jeden Fall um eine Band zu gründen. Über den zukünftigen Bandnamen war man sich schnell einig: Radioactive Destroyers.

Als Vorband würde man KISS nehmen, hatte Rony bestimmt, oder, falls die keine Zeit hätten, dann halt AC/DC, konnte Armin noch mit Mühe durchsetzen.

In Ermangelung einer weiteren Gitarre, eines Übungsraumes oder irgendwelcher Mitmusiker ist das Projekt Popstar dann leider doch im Sande verlaufen.

„Ich kann auf der tiefen E-Saite „Smoke on the Water" spielen, wie du weißt."

„Armin bei der nächsten Antwort dieser Art, zahlst du einen Schnaps, damit das klar ist, OK? Also weiter: Kannst du sonst irgendwas? Einrad fahren? Jonglieren? Feuer spucken?"

„Ich kann mit meiner rechten Hand unter der linken Achsel unanständige Geräusche machen", fiel Armin dazu ein.

„Für diese Antwort gehört dir eigentlich die Fresse poliert, du Nanohirn, kapiert? Aber in Anbetracht, dessen, dass ich jetzt eine Runde Schnaps auf deine Kosten bestellen kann, verzeihe ich dir. Also fassen wir zusammen:

Du gehst morgen Früh zu deiner Angebeteten ins Büro und erzählst ihr unter Tränen, wie du in der fünften Klasse im Skilager nur Zweiter geworden bist. Dann legst du ihr den Hund zu Füßen, den du für sie geschlachtet hast. In der Mittagspause überraschst du sie in der Kantine, wo sie gerade mit ihrem Chef in ein wichtiges Gespräch verwickelt ist. Du mischst dich ungefragt ein und erklärst allen Anwesenden, dass du keinerlei Funktion in der Firma hast. Dann legst du ihr den Gänseblümchenkranz auf den Kopf und flüsterst ihr die Zauberformel ins Ohr. Jetzt hast du sie eigentlich schon in der Tasche. Um den Sack endgültig zuzumachen, zeigst du ihr deinen Bierbauch und machst unanständige Geräusche unter deiner Achselhöhle. Nun ist sie rasend vor Verlangen nach dir, aber du legst noch einen drauf: Armin the Rockstar spielt Smoke on the Water für Fräulein Notsituation. Vor allen Leuten. Auf der tiefen E-Saite. Mitten in der Kantine. Wow!!"

Rony hatte sich schon richtig in Rage geredet, als der Schnaps kam, den er während seiner Rede mit Fingerzeichen bestellt hatte.

„Also dann ...", er erhob sein Glas, „... auf Madame Notsituation!"

Armin sah ihn betreten an. Er hatte sich mehr erhofft, als nur blöde Sprüche.

Rony spürte das und wurde wieder etwas ernster:

„Also pass auf, mit Geld, Macht oder besonderen Fähigkeiten kommen wir hier nicht weiter. Ich will ja nicht sagen, dass du scheiße ausschaust, aber George Cloony bist du auch nicht, oder? Also brauchen wir was ganz Anderes. Etwas, das dich aus allem heraushebt. Du musst was machen, das sie total beeindruckt. Irgendwas komplett Verrücktes, verstehst du? Du musst etwas..."

Plötzlich hielt Rony inne: Er blickte auf die Freikarten. Seine Augen weiteten sich erst und wurden dann zu Schlitzen. Er beugte sich vor, zog Armin zu sich heran und wurde ganz ernst als er flüsterte:

„Verdammte Scheiße, Armin. Lass mich kurz überlegen. Ich glaube, ich habe eine Idee!"

Er lehnte sich wieder zurück und schien hochkonzentriert nachzudenken. Man spürte förmlich das Rattern der Zahnräder in seinem Kopf. Er heckte etwas aus. Armin kannte ihn lange genug, um zu wissen, dass jetzt gleich eine große Idee zum Vorschein kam.

Armin kannte ihn aber auch lange genug, um zu wissen, dass diese große Idee im Zweifelfall der totale Schwachsinn ist.

Leider war Armin aber leicht angetrunken und schwer verliebt, weshalb keinerlei Warnlichter bei ihm aufleuchteten.

Dass keinerlei Warnlichter bei ihm aufleuchteten, wenn Rony eine großartige Idee hatte, war ihm zum letzten Mal mit dreizehn Jahren passiert:

Damals kam Rony auf die Idee, eine Maus am Fallschirm von einem Hochhaus zu werfen. Der Fallschirm funktionierte zwar, aber die Maus bekam einen Herzinfarkt und war schon tot als sie unten ankam.

Seit diesem Vorfall wurden Ronys' Ideen immer sehr sorgsam geprüft, aber heute versagten alle Schutzmechanismen in Armins Hirn. Er konnte einfach nicht vernünftig denken.

Rony beugte sich zu ihm und fing an zu flüstern:

„Pass auf Armin, du hast mir doch von den Zeugen Jehovas erzählt und was Menschen alles für ihren Glauben bereit sind zu tun. Außerdem hast du mir gerade die Freikarte für das Altöttinger Heavy Metal Festival geschenkt. Des Weiteren brauchen wie eine heldenhafte Tat und zumindest ich auch etwas Geld. Wenn wir das alles zusammenführen, kommt eine Aktion heraus, die so großartig ist, dass die Sabine dahin schmelzen wird, wenn sie davon erfährt. Dann kann ihr komischer Freund einpacken und sie wird für immer dein sein. 100% garantiert!"

Rony zwinkerte geheimnisvoll.

Armin war so neugierig, dass er zum dritten Bier vorsichtshalber noch einen Schnaps dazu bestellte. War ja sowieso im Angebot.

„Also los. Raus mit der Sprache. Was ist deine Idee? Willst du Eintrittskarten für das Festival fälschen, oder was?"

„Hör zu Armin, ich kann dir das jetzt nicht einfach so erzählen. Ich habe gerade den totalen Geistesblitz gehabt. Die Geschichte ist richtig groß. Das ist nicht so Klein-Klein, wie es sonst so deine Art ist. Das hier wird die Riesennummer verstehst du? Du darfst nur erfahren um was es geht, wenn du 100% mitmachen willst."

Armin fiel zwar auf, dass es einer gewissen Logik entbehrte, erst 100% zusagen zu müssen, dass man etwas mitmacht, um dann zu erfahren, bei was man eigentlich mitmachen soll, aber wenn es die einzige Methode war, an Sabine heranzukommen, musste er dieses Wagnis eingehen. Logisch.

„Klar mach ich mit. Wenn ich damit die Sabine beeindrucke..."

„Das sei dir garantiert. Aber langsam: Wie du weißt, wollen Frauen immer das Besondere haben. Geld, Macht und all den Scheiß haben wir nicht im Angebot. Aber was Frauen wirklich anmacht ist, wenn man etwas total Kriminelles, Revolutionäres und Verwegenes macht. Ich verstehe das auch nicht, aber es ist wahr. Jeder Serienmörder im Knast bekommt hunderte Heiratsanträge. Kannst du überall lesen."

„Also, ich soll jetzt Serienmörder werden, lebenslang in den Knast gehen und dann der Sabine einen Brief schreiben: „Hallo Sabine, ich bin wegen dir Serienmörder geworden, weil Rony hat gesagt, dass du darauf stehst, und mich jetzt heiraten willst. Ich wäre dann soweit. Dein Armin." Sorry, Rony das ist der größte Schwachsinn seit Langem. Der nächste Schnaps geht auf dich."

„Quatsch, so mein ich das nicht. Ich wollte dir doch nur klarmachen, dass Frauen auf so kriminelles Zeug abfahren. Auch auf so revolutionäres Zeug. Was meinst du wieviel Frauen gerne mal mit Che Guevara..."

„Ich bin aber nicht Che Guevara", unterbrach Armin ihn. „Geht's vielleicht ‚ne Nummer kleiner? Oder muss ich gleich eine Weltrevolution anzetteln? Ich sag dir eins: Wenn das irgendwas mit Blutvergießen und so'n Dreck ist, bin ich raus aus der Nummer."

Armin wurde langsam sauer. Er hatte auf irgendeinen Trick mit Gänseblümchenkranz und Zauberspruch gehofft, und jetzt sollte er auf einmal mit einem Maschinengewehr durch den Dschungel kriechen und die Weltrevolution anführen.

„Mann, beruhig dich mal!" Rony legte ihm beschwichtigend die Hand auf den Arm.

"Nix Blutvergießen und Weltrevolution. Viel besser! Armin, wir machen das ohne Verletzte, minimalster Sachschaden, null Risiko, richtig fett Kohle und extremsten Heldenfaktor. Die Sabine Notsituation wird begeistert sein!"

Rony klang sehr überzeugend als er fortfuhr.

„Eins muss klar sein: Die Sache wird voll professionell durchgezogen. Von Anfang bis Ende. Danach teilen wir die Kohle, sehen uns erst mal eine Zeitlang nicht, und lassen Gras über die Sache wachsen. Du wirst niemanden erzählen, wer bei der Aktion dein Partner war, verstanden? Was du der Sabine sonst erzählst, ist mir egal. Aber erst, wenn ich mit meinen Millionen im Ausland bin. Wenn du jetzt einschlägst, bist du im Geschäft. Dann werde ich dich einweihen und der Point of no Return ist erreicht. Dann ziehen wir die Nummer durch. Kapiert? Das wird eine richtige Anton aus Tirol Nummer inklusive NoNoNo-Faktor, um es in deinen Worten auszudrücken. Mindestens. Überleg es dir gut."

Wie bereits erwähnt, war Armin aufgrund seines inzwischen zweiten Biers, dritten Schnapses und der Frau Notsituation geschuldeten Unfähigkeit klar zu denken, nicht wirklich in der Lage abzuschätzen, auf was er sich einließ. Abgesehen davon hätte er es ja auch schlecht abschätzen können, da er immer noch nicht wusste, welchen Plan Rony überhaupt hatte.

Trotzdem: Er beugte sich über den Tisch, ergriff Ronys Hand, blickte ihm bedeutungsschwanger in die Augen und flüsterte nur: „Bin dabei."

Ronys Augen blitzten freudestrahlend auf. Er hatte seinen Freund überzeugt. Er beugte sich vor und flüsterte:

„OK Partner, ab jetzt gibt es kein Zurück mehr. Pass gut auf: Ich habe folgenden Plan: Wenn in Altötting das Heavy Metal Festival stattfindet, ist die ganze Stadt voller Menschen. Aber keine christlichen Pilger, sondern nur besoffenen Hardrock Fans, die rumgrölen und Stress machen. Da sind die Bullen voll beschäftigt. Wir nutzen die Situation aus, klauen die schwarze Madonna und tauchen mit ihr in dem ganzen Trubel unter."

Rony grinste bis über beide Ohren und sah seinen Freund auffordernd an. „Was hältst du davon?"

Armin war weniger begeistert: „Was soll ich denn mit dieser blöden Schwarzen Madonna anfangen? Zu ihr beten, dass mich die Sabine toll findet? Sie der Sabine schenken? Glaubst du ich kann sie damit beeindrucken? Die hat als Kind schon nicht mit Barbiepuppen gespielt, hat sie mir erzählt. Rony das ist doch Quatsch."

„Sag mal, du bist ja echt eine intellektuelle Monokultur!" fauchte Rony seinen Freund an. „Denk mal zwei Zentimeter weiter! Wir schenken die Madonna natürlich nicht deiner Sabine. Wir erpressen damit die Kirche du Spatzenhirn. Die zahlen locker 10 Millionen dafür und wir machen fifty-fifty. Ich hau mit meinem Anteil ab, und du hast Geld und eine Super-Story, die du deiner Sabine erzählen kannst. Die findet das natürlich total verwegen und verlässt sofort ihren Langweilerfreund für dich, kapiert?"

Armin schaute seinen Kumpel an. Er hatte Recht. Die Idee war mindestens genial. So wie Rony das darstellte, musste es funktionieren. So konnte er die Sabine vom Marketing erobern. Nur so!

Seine Stimme versagte fast, als er leise wiederholte, was er vorhin schon einmal gesagt hatte: „Bin dabei."

Es war die dümmste Entscheidung seines Lebens.

11

Stefan Vollmerer wippte entspannt auf seinem Stuhl vor und zurück. In seinem Mundwinkel hing eine Zigarette. Leider durfte er sie in seiner Dienststube nicht anzünden, aber sie sah auch so ziemlich cool aus.

Seine Füße lagen auf dem Bürotisch und er blickte versonnen aus dem Fenster, während durch die halboffene Tür die üblichen Geräusche einer Polizeidienststelle hereinwehten. Zärtlich streichelte er seine Dienstwaffe und dachte nach. Über sein Leben im Allgemeinem und seine Karriere im Staatsdienst im Besonderen.

Für Stefan Vollmerer war von Anfang an klar, wohin ihn sein Weg bei der Polizei führen würde: Nach oben. Ganz oben. Er würde die Leitung des BKA übernehmen. Oder vielleicht doch lieber was Größeres? Europol? Interpol? Nun, das konnte er sich ja alles in Ruhe überlegen. Er hatte das Leben noch vor sich. Aber er spürte, dass er zu Höherem berufen war. Nein, er spürte es nicht nur, er war sich sicher. Manchmal, wenn er abends im Bett lag, malte er es sich aus:

Islamistische Kinderschänder haben zwei Kinder in ihre Gewalt gebracht. Die alarmierte GSG 9 kommt erst in einer Stunde. Alle Hoffnung liegt nun auf ihm. Er muss handeln, sofort.

Vollmerer stürmt in das Haus. Eine Maschinengewehrsalve wird auf ihn abgefeuert. Er wird getroffen. Aber nur ein Streifschuss am Oberarm. Streifschuss am Oberarm kommt immer super. Ist nicht wirklich schlimm, schaut aber gefährlich aus und ist so voll heldenmäßig. Da kann eine schöne Frau dann den Saum ihres Rockes abreißen und einen Verband improvisieren. Hat bei John Wayne auch immer geklappt.

Vollmerer hechtet zur Seite. Im Flug feuert er einen gezielten Schuss ab. Der erste Terrorist ist außer Gefecht gesetzt. Mit einem Karatekick öffnet Vollmerer eine Tür und findet das erste Kind, angekettet in einem Zimmer.

Mit einer Büroklammer öffnet er das Sicherheitsschloss, schnappt sich das verängstigte Mädchen und springt mit ihm aus dem Fenster. In dem Moment explodiert etwas genau hinter ihm. Schützend umklammert er das Kind, während eine Feuerwalze aus dem Fenster über sie hinwegfegt.

Um Haaresbreite entkommen! Ein Pressefotograf drückt genau in diesem Moment ab. Das Bild wie Vollmerer mit dem Mädchen aus dem Fenster springt, während hinter ihm der Feuerpilz in dem Himmel steigt geht um die Welt.

Vor dem Haus steht völlig verängstigt das zweite Kind. Vollmerer hechtet zu ihm, greift es sich und rennt weiter Richtung Notarzt.

Das zweite Bild des Pressefotografen.

Kurz darauf explodiert genau an dieser Stelle eine Handgranate. Vollmerer wird am Kopf verletzt. Nicht wirklich schlimm, aber blutet wie Sau. Mit letzter Kraft übergibt er die Kinder dem Notarzt.

Das dritte Bild, dass um die Welt geht.

Endlich kommt die GSG 9 und erledigt den kläglichen Rest. Vollmerer bricht bewusstlos zusammen. Auf einer Trage wird er blutüberströmt (und mit Streifschuss am Oberarm), in den Krankenwagen geschoben.

Das vierte Foto, dass Geschichte schreibt.

Am nächsten Tag sind die Bilder seiner Tat auf fast allen Titelseiten abgedruckt. Vollmerer mit Mädchen und Feuerwalze, Vollmerer reißt zweites Kind an sich, Vollmerer übergibt die Kinder dem Notarzt, Vollmerer blutüberströmt auf der Trage.

Spontan fangen Bürger an, Zeitungskästen neu anzuordnen. Die Bilder wirken nebeneinander wie ein Comicstrip. Und über jedem Bild nur ein Wort aus vier Großbuchstaben mit einem Ausrufezeichen: HELD!

Vollmerer liegt auf der Intensivstation. Vor dem Krankenhaus Scharen von Reportern aus der ganzen Welt. Im Vorraum seines Krankenzimmers Blumensträuße und Glückwünsche von allen Kontinenten. Selbst der amerikanische Präsident hat sich per Twitter zu Wort gemeldet:

„Great Job! Amerika ist stolz, Männer wie Vollmerer zu haben. Hätte es selbst kaum besser gemacht. #herovollmerer" DT

Er wacht auf und sieht in das bildschöne Gesicht einer Krankenschwester. Ihre blonden Haare sind von einer weißen Schwesternhaube geschmückt. Darauf ein rotes Kreuz. Rot wie ihre vollen Lippen.
„Wie geht es den Kindern?" fragt er. Zu mehr hat er keine Kraft.
"Oh, er ist wach", sagt die vollbusige Krankenschwester mehr zu sich selbst, als sie vor das Zimmer stöckelt und in den Gang ruft: "Herr Professor! Schnell! Er kommt zu sich!"
Während sie zur Tür läuft, kann Vollmerer sie von hinten betrachten. Ihre Schwesterntracht passt wie angegossen zu ihrem perfekten Körper. Der etwas zu kurze Rock rutscht ein wenig hoch und Vollmerer kann ihre Strapse erahnen. Sie kommt zurück und beugt sich über ihn. Ihre erregten Brüste drücken sich durch ihre Krankenschwesterntracht.
„Mein Held", flüstert sie, während sich ihre Lippen nähern und sie ihre Hand unter seine Bettdecke schiebt …
Vollmerer ist jetzt nicht mehr irgendein Polizist.
Nein, er ist der Polizist schlechthin. Ein Volksheld, eine Lichtgestalt, wie es seit Beckenbauer keine mehr gegeben hat. Seine Memoiren führen monatelang die Bestsellerlisten an. Hollywood zahlt Millionen für die Filmrechte.
Er ist 30, schon mehrfacher Millionär und dadurch unabhängig. Er kann laut seine Meinung sagen ohne politische Rücksichtnahme. Und keiner wagt es ihm zu widersprechen.
Vollmerer ist zu berühmt und somit unantastbar. Er ist der erste Mensch seit Helmut Schmidt, der wirklich überall rauchen darf.

Unter seiner Leitung werden neue Polizeistrategien erarbeitet, neue Abteilungen bei Interpol gegründet. Er *würde der Organisierten Kriminalität und dem internationalen Terrorismus empfindliche Schläge verpassen. Dazu war er geschaffen, wie kein Zweiter. Das war seine Aufgabe, sein Auftrag.*
Jedenfalls sah er das so.
Aber leider gab es ja da auch noch diesen niederträchtigen Oberinspektor Tappick. Diesen Schleimscheißer, diesen Angorawäscheträger, diesen widerlichen Dackeltrainer aus dem Münchner Polizeipräsidium.
Der war an allem schuld! Dieses Dreckschwein war dafür verantwortlich, dass Vollmerer keine Heldentaten begehen und dem internationalen Terrorismus keine Schläge versetzen konnte.
Der hatte die Sache mit dem Kasperltheater damals so unglaublich aufgebauscht. Und deswegen saß Vollmerer da, wo er jetzt saß und vermutlich bis zur Pensionierung sitzen würde:
In der Schreibstube der Polizeiinspektion Altötting.

Aber seine Zeit würde noch kommen. Da war er sich irgendwie ganz sicher…

12

Armins Leben war völlig umgekrempelt. Alles wurde ab sofort dem einen Ziel untergeordnet: Die Madonna rauben und dadurch die Sabine vom Marketing erobern.
Er hatte von Rony den Auftrag erhalten, Informationen über Altötting zu besorgen. Natürlich möglichst wenig im Internet, da selbiges ja vollständig vom NSA überwacht wird. Besser wäre altmodisch analog.
So streifte Armin nun schon seit Stunden durch Antiquariate und normale Buchhandlungen, und kaufte alles auf,

was für ihr Vorhaben möglicherweise von Nutzen wäre. Inzwischen wogen die Bücher fast mehr als er tragen konnte, aber das war Armin egal. Er träumte vor sich hin...

Seit die Sabine vom Marketing in sein Leben geschwebt war, war alles anders. Besser. Schöner. Heller.

Er genoss das Rauschen der Isar genauso, wie den Straßenlärm, als er durch das Glockenbachviertel streifte. Er liebte den Gestank der Stadt und den Geruch der Natur. Er musste an die Sabine vom Marketing denken. Eigentlich dachte er fast nur noch an sie.

Als er über den Viktualienmarkt schlenderte, stellte er sich vor, ihre Hand zu halten, als er zum Sendlinger Tor ging, träumte er davon, wie sie eingehakt neben ihm lief und als er die Fraunhoferstraße zurück Richtung Isar flanierte, konnte er es förmlich spüren, wie es wäre seinen Arm um sie zu legen.

Alleine die Vorstellung, ihren kleinen Finger zu berühren, war pure Erotik.

In seinen Träumen unterhielten sie sich, lachten und umarmten sich. Sie waren zusammen. Sie waren das glücklichste Paar im Universum. Dafür war er bereit all diese Bücher – und wären sie noch so schwer – notfalls um die ganze Welt zu tragen.

Wie wäre es, wenn sie jetzt ums Eck käme? Ihm zufällig in die Arme lief? Wenn es so etwas wie Schicksal gab, müsste das nicht jetzt passieren?

Sie würden sich verblüfft ansehen.

„Oh, wie nett dich hier zu treffen", würde sie sagen, und ihn mit ihrem bezaubernden Lächeln völlig aus der Bahn werfen.

„Was für ein Zufall ...", würde er antworten, „... ich habe gerade an dich gedacht."

Stop! Wäre das strategisch sinnvoll? Würde er sagen, dass er gerade an sie gedacht hatte? Nein, besser nicht. Lieber cool bleiben. Gelangweilt agieren.

„Was für ein Zufall ..." würde er antworten, „... ich habe gerade ... äh ... ich habe gerade ... verdammt nochmal! Ich habe gerade an Dich gedacht! Ich denke nämlich nur an Dich! Die ganze Zeit! Ich denke an nichts Anderes! Ich kann an nichts Anderes denken, verstehst du?"

„Das ist schön", würde sie antworten, „ich habe auch gerade an dich gedacht."

Sie würde ihn an der Hand nehmen. Ganz selbstverständlich. Sie würden Kaffee trinken gehen, sich gegenübersitzen. Sich in die Augen schauen. Ganz tief.

Lieber Gott, bitte lass sie da vorne um die Ecke kommen. Lass sie mir in die Arme laufen. Bitte, bitte, bitte! Es war das erste Mal seit Jahren, dass Armin betete.

Bitte, lieber Gott, lass sie mir in die Arme laufen. Jetzt!

Armin glaubte seinen Ohren nicht zu trauen, als er die Klackergeräusche hörte, die sich ihm aus der Seitenstraße näherten. Er kannte das Geräusch.

Er wollte noch ausweichen, aber es war zu spät. Sie liefen direkt ineinander.

„Oh, wie nett dich hier zu treffen", hörte er sie sagen.

„So ein Zufall. Ich habe gerade an dich gedacht."

Es war alles so, wie er es sich erträumt hatte. Bis auf eine Kleinigkeit:

Vor ihm stand nicht die Sabine vom Marketing.

Vor ihm stand Angelique Himmelsack.

Vor ihm stand Angelique Himmelsack mit Sissi Schwarovski an der Leine und grinste ihn blöd an.

Armin traute seinen Ohren schon wieder nicht, als er sie fragen hörte: „Wollen wir einen Kaffee trinken gehen? Ich kenne gleich hier ums Eck einen netten Laden."

Ehe er antworten konnte, hatte sie sich bei ihm untergehakt und steuerte ihn Richtung Baaderstraße:

Armin schämte sich, Teil dieses peinlichen Aufmarsches zu sein. In der Mitte Angelique, links Armin, und rechts Sissi hinter sich herziehend.

Bitte lass uns nicht ins Baadercafe gehen, sendete Armin noch ein letztes Stoßgebet gen Himmel. Das Baader begleitete ihn schon einen Großteil seines Lebens. Eine der wenigen Konstanten. Hier hat sich nie etwas verändert. Immer noch das „Planet der Affen"-Bild an der Wand, das Weltkartentriptychon und das Bild mit dem draufgeschmierten schwarzen Vogel.

Das Baader war der letzten Laden in München, bei dem im Normalfall die Musik vom Kassettenrekorder kam, und sich niemand darüber aufregte, dass es nur Löwenbräu gab.

Die Wahrscheinlichkeit, dass ihn dort jemand kannte, war enorm groß. Wenn ihn jemand mit Angelique und diesem widerwärtigen Hund sehen würde, wäre sein Ruf nachhaltig geschädigt.

Aber vielleicht wollte Angelique ja gar nicht ins Baader, sondern in einen anderen Laden, machte er sich Mut.

Zwei Minuten später saßen sie an einem Tisch vor dem Baadercafe und Angelique bestellte, ohne zu fragen zwei Spritz.

„Das finde ich ja einen total lustigen Zufall, dass wir uns getroffen haben", quasselte sie los. „Was schleppst du denn da in deine Taschen rum? Scheint ja ganz schön schwer zu sein?" Angelique beugte sich vor und wollte in Armins Taschen schauen.

„Äääh ... nix ... ääääh ... nur so Bücher über Computer und Philosophie. Voll langweilig."

Armin hielt schützend seinen Arm über die ganzen Einkaufsbeutel, die er neben sich abgestellt hatte. Wenn Angelique sah, was er in den Taschen hatte, konnten sie die ganze

Aktion abblasen. Die Sache mit der Sabine vom Marketing konnte er dann auch vergessen. Das war klar.

„Na, du bist mir ja ein Schlingel." Angelique drohte neckisch mit dem Zeigefinger. „Läufst hier mit lauter Büchern durch die Straßen und in unschuldige Frauen rein. Das Schicksal meint es wohl gut mit uns beiden, was?"

Sie versuchte verführerisch zu schauen und zwinkerte ihm zu.

„Äh … äh …" Armin wusste nicht, was er antworten sollte.

„Sissilein hat dich ja auch schon in ihr Herz geschlossen, gell mein Mausilein?"

Sie zog an der Leine, um die Aufmerksamkeit des Hundes zu erregen. Sissi hatte aber keine Lust, ihre Aufmerksamkeit erregen zu lassen. Sie starrte weiterhin auf die andere Straßenseite und schien ansonsten hörbar mit ihren Verdauungsproblemen zu kämpfen.

„Hach, du kleines Stinkerlein. Hast du schon wieder einen Puhpuh gemacht?" Angelique machte eine entschuldigende Geste.

"Das mit ihrem Darmproblem wird komischerweise immer schlimmer. Ich habe nächste Woche einen Termin beim Tierarzt."

Inzwischen breitete sich der Geruch weiter aus und erreichte die anderen Gäste des Cafes, die sich angeekelt wegdrehten. Einige gingen trotz des schönen Wetters nach drinnen.

Die beiden Bauarbeiter, die gerade damit beschäftigt waren, Bauschutt in einen Container zu werfen, unterbrachen ihre Arbeit und gingen weg. Ein paar Bretter ließen sie einfach auf dem Gehsteig liegen.

Armin wäre vor Scham am liebsten im Boden versunken.

„Also los, was hast du in deinen Einkaufstaschen? Ich bin jetzt wirklich neugierig. Bücher über die Liebe?"

Angelique musste über ihren eigenen Witz lachen und versuchte spielerisch Armins Arm wegzudrücken, um einen Blick in die Taschen werfen zu können.

Armin geriet in Panik. Seine einzige Möglichkeit die Sabine vom Marketing zu erobern war in höchster Gefahr.

„Oh schau mal, was Sissi da macht!" rief er, um vom Thema abzulenken.

Sissi Schwarovski ging zu einem der Bretter und fing an, an einem verbogenen, rostigen Nagel herumzuschnüffeln, der daraus hervorstand. Die Golfball-Wursthaut schwang bedrohlich hin und her.

„Schau wie schlau sie ist", kommentierte Angelique das Verhalten ihres Hundes. „Sissi will immer alles ganz genau wissen."

Sie stand auf, stolzierte zu Sissi, um sie zu streicheln, ging neben ihr in die Hocke und strich über ihren Kopf. „Igitt, was ist das denn?!?" kreischte sie plötzlich los. "Das ist ja absolut widerlich! Sissi hat eine Zecke über dem linken Auge!"

Armin musste Angelique zum ersten Mal Recht geben. Das war wirklich absolut widerlich. In diesem Fall allerdings eher für die Zecke, die sich vor lauter Hunger an so einem ekelhaften Hund vollsaugen musste.

Man merkte, dass Angelique mit der Situation überfordert war. Was sollte sie mit der Zecke machen? Sie entfernen? Dafür war sie viel zu sehr feine Dame. Der Termin beim Tierarzt war erst nächste Woche, so blieb nur der Versuch Armins Herz zu erweichen und an seine Ritterlichkeit zu appellieren.

„Sag mal Armin, du bist doch ein Mann, oder?" fing sie an.

Was soll dieses blöde nachgestellte „oder?" fragte sich Armin, der schon ahnte, worauf die Sache hinauslief.

„Du bist doch bestimmt ganz mutig und kannst Sissi retten, gell?"

Armin übersetzte innerlich, was Angelique gerade gesagt hatte:

Du bist doch ein Mann und deswegen graust es dir vor gar nichts, oder falls es dir graust oder du sogar Angst hast, darfst du es nicht zeigen, weil das peinlich wäre. Natürlich rettest du meinen Hund nicht, wenn du ihm die Zecke entfernst, weil sie früher oder später sowieso abgefallen wäre, aber ich finde sie eklig und will, dass du sie entfernst. Außerdem bin ich die Tochter von deinem Chef und mache hier einen auf unbeholfene Prinzessin. Von daher war das gar keine Frage, sondern eine eindeutige Aufforderung, sich der Sache anzunehmen. Kapiert, du Knecht?

Armin überlegte gerade, was er antworten sollte, als es geschah.

Er hatte es schon mal erlebt: Vor Jahren war er in einen Autounfall verwickelt. Als er die Kontrolle über den Wagen verlor und feststellte, dass der Unfall unvermeidlich war, wurde plötzlich seine ganze Wahrnehmung in einen Zeitlupensirup getaucht. Alles ging auf einmal völlig langsam vor sich. Seine Sinne waren geschärft wie nie. Er nahm jedes Detail genau wahr: Jedes Geräusch, jede Bewegung, jede Einzelheit. Alles brannte sich in seinen Kopf ein. Der Unfall damals ging glimpflich aus, es war nur Blech, wie man so schön sagt. Aber dieses Zeitlupengefühl hatte er nie vergessen. Es begann in dem Moment, in dem offensichtlich war, dass gleich etwas ganz Schlimmes passieren würde.

So auch jetzt.

Irgendwie hing noch dieses „…kannst Sissi retten, gell?" in der Luft als klar wurde, dass es böse enden würde.

Angelique, die gerade aus der Hocke aufzustehen wollte, verlor ihr Gleichgewicht, kippte nach vorne und versuchte ihr Missgeschick noch mit einem „Hoppala" ins Lustige zu ziehen, obwohl auch ihr klar sein musste, dass es mit einem lustigen „Hoppala" diesmal nicht getan wäre.

Sissi, die sonst selten etwas aus der Fassung bringen konnte, erschrak, drehte ihren Kopf zur Seite und gab dem Spuckefaden auf diese Weise einen starken Schwung mit, so dass er nach oben Richtung Angeliques Knie geschleudert wurde. Dort klatschte er unterhalb der Kniescheibe auf ihre nackte Haut und bildete einen Schleimwurm, der quer über ihr Bein verlief. Das Knie bewegte sich immer schneller Richtung rostigem Nagel, der sich ihm aus dem Brett herausragend entgegenstreckte. Angelique streckte noch beide Arme aus, um ihren Sturz abzufangen, aber sie hatte keine Chance mehr zu verhindern, was Armin nun in aller Deutlichkeit und in absoluter Klarheit sah:

Der Nagel bohrte sich genau durch den Schleimfaden unterhalb des Knies und weiter nach oben in den Bereich unter der Kniescheibe. Armin bildete sich ein, zunächst ein Knirschgeräusch zu hören, das vermutlich entstand, als der Nagel den Meniskus durchtrennte und später ein Schabgeräusch, als Angelique, die inzwischen auf dem Holzbrett kniete, zur Seite fiel und der Nagel offensichtlich innen an der Kniescheibe entlang kratzte. Zunächst hielt der rostige Nagel noch in dem Holzbrett, was zur Folge hatte, dass die Kniescheibe um ein paar Zentimeter heraus gehebelt wurde, riss dann aber aus dem Brett heraus und blieb so an seinem neuen Bestimmungsort, dem Gelenkspalt zwischen Kniescheibe und Knochen stecken, während Angelique auf der Seite zum Erliegen kam.

Armin wunderte sich, warum kein Blut zu sehen war. Er sah alles ganz deutlich. Das Knie, aus dem der verdrehte, rostige Nagel herausragte, Angelique die völlig weiß im Gesicht wurde, als sie auf ihr Knie sah und Sissi, die sich gelangweilt wegdrehte und Richtung Fraunhoferstraße blickte.

Nach einem kurzen Schockmoment fing Angelique an zu schreien wie am Spieß. Sie war so laut, dass man selbst am Gärtnerplatz mitbekam, dass hier offensichtlich etwas sehr Dramatisches passiert war.

Vor Schreck lief Sissi Schwarovski erst in die eine Richtung und dann in die andere. Sie wusste überhaupt nicht, was sie tun sollte. Armin wusste zunächst auch nicht, was er tun sollte, beziehungsweise um wen er sich zuerst kümmern sollte, entschied sich dann aber für den Hund, da er davon ausging, dass schon irgendjemand den Krankenwagen für Angelique rufen würde. Wenigstens um das Geschrei zu stoppen.

Um Sissi würde sich garantiert niemand kümmern, so viel war klar, und so lief er ihr hinterher. Allerdings nicht übermäßig schnell, da er erstens froh war, sich immer weiter von Angeliques Gekreische zu entfernen und zweitens auch nicht wirklich daran interessiert war, den Hund zu erreichen. Irgendwann ließ es sich aber nicht mehr vermeiden, ihn am Halsband festzuhalten und zurück zum Baadercafe zu zerren.

Dort waren die anderen Gäste damit beschäftigt den Notarzt zu rufen, Angelique zu beruhigen und Fotos von ihrem Knie zu machen. Der rostige Nagel stand völlig verdreht aus selbigen heraus, und keiner wagte es, den Versuch zu unternehmen, ihn irgendwie zu entfernen. Inzwischen floss auch Blut aus der Wunde, wie Armin feststellte, als er mit Sissi zurückkkam.

Da er nicht so recht wusste, was er machen soll, ging er erst mal zurück zu ihrem Tisch, nahm die Hundeleine und band Sissi fest. Dann ging er zu Angelique, die sich schreiend und heulend am Boden wälzte.

„Verdammt, das schaut übel aus", war alles was er herausbrachte.

„Ja, das schaut wirklich übel aus", pflichtete ihm eine Frau bei, die neben ihm stand.

„Sehr übel schaut das aus" bemerkte jetzt überflüssigerweise der Mann hinter ihm.

„Ganz, ganz übel schaut das aus", sagte ein anderer, des sich dazu berufen fühlte, jetzt auch noch seinen Senf dazuzugeben.

Wenn jetzt noch einer sagt, wie übel das ausschaut, hau ich ihm in die Fresse, dachte Armin der inzwischen völlig gestresst und genervt war.

In dem Moment kam der Notarzt.

Die Sanitäter sprangen mit ihrem Notfallkoffer aus dem Wagen und liefen zu der Menschenansammlung, die sich inzwischen um das Geschrei gebildet hatte.

Der eine Sanitäter beugte sich zu Angelique hinab, während der andere sich die Hand vor dem Mund hielt und nur stammelte: "Oh mein Gott, schaut das übel aus."

Dass die Sanitäter jetzt nicht schnell helfen konnten war klar, und so blieb ihnen nur, Angelique eine Spritze gegen die Schmerzen zu geben und sie auf die Trage zu schnallen.

Von dort streckte sie ihre Hand Richtung Armin, der sie festhielt. „Du musst dich um Sissilein kümmern, ja? Versprichst du mir das?"

„Ja klar kümmere ich mich um sie. Und um die Zecke natürlich auch gerne", hörte Armin sich selbst sagen.

Was hätte er auch antworten sollen?

Schließlich war er heilfroh, als endlich die Türen des Rettungswagens zugeschlagen wurden, und das Gejammer von Angelique nicht mehr zu hören war.

13

Oliver Honkenmöller bohrte gelangweilt in der Nase und beobachtete seinen Kollegen Vollmerer, der seine Füße auf den Schreibtisch gelegt hatte und verträumt aus dem Fenster sah. Honkenmöller beobachtete gerne. Er musste seine Sinne schärfen. Psychologie war eine seiner Stärken.

Seine Kariere bei der Polizei hatte er sich genau ausgemalt. Schließlich war er angetreten, um Großes zu leisten. Er würde nicht als Verkehrspolizist oder in der Schreibstube enden. Er würde die Metropolen der Welt bereisen, anstatt in einem elenden Provinzkaff wie Augsburg oder Nürnberg zu versauern.

Die Abenteuer in seinen Tagträumen waren sehr konkret: Er wäre Fallanalytiker, ein Profiler, eine Koryphäe, weltweit gefragt. Ehrfurchtsvoll hätten seine Bewunderer ihm den Spitznamen „The Brain" verpasst.

Fälle wie dieser waren für Oliver „The Brain" Honkenmöller nichts Besonderes:

Verzweifelt meldet sich die australische Regierung beim Bundeskanzleramt: „Dear Bundesregierung, we have a big Problem with a Serienkiller. We heard you have „the Brain" in Germany. Please help us!"

Nachts um drei läutet sein Telefon: „Herr Honkenmöller, die Regierung bittet sie darum, einen verzwickten Fall in Australien zu übernehmen."

„OK. Wann geht's los?"

„Jetzt sofort, ein Streifenwagen ist schon zu ihnen unterwegs."

Drei Minuten später sitzt Honkenmüller in einem Polizeiwagen, der ihn mit Blaulicht und Martinshorn zum nächsten amerikanischen Militärstützpunkt bringt. Die F16 steht mit laufenden Triebwerken bereit. Nur er und der Pilot sitzen in der Maschine, die mit doppelter Schallgeschwindigkeit Richtung Australien rast.

Auf einem Bildschirm laufen die ersten Informationen aus Sidney ein. Honkenmöller saugt sie in sich auf. Er verschafft sich einen vorläufigen Überblick, studiert Tatortfotos, Vergleichsfälle, Zeugenaussagen. Ein perverser Serienmörder. Bei Sonnenaufgang wird er wieder zuschlagen. Das ist in Australien in 10 Stunden. Noch 8 Stunden Flugzeit. Der ostkoreanische Diktator Fat Young Ill erteilt eine Ausnahmegenehmigung, sein Land zu überfliegen. In solchen Momenten gibt es keine Nationen, keine Weltanschauungen, keine Glaubenskonflikte mehr. Die Menschheit rückt zusammen. Betankung des Kampfjets in der Luft durch eine russische Sondereinheit. Landung in Sidney. Ein Meer von Blaulichtern am Rollfeld. Der australische Polizeipräsident ist da. Ein fester Händedruck, ein kurzer Blick in die Augen. Keine Zeit für Höflichkeiten und Geschwätz.

Hier sind keine Waschweiber am Werk, sondern Männer.

„Willkommen. Gut dass sie da sind."

„Was haben wir?"

„Nicht viel. Alles was wir ihnen geschickt haben. Nach unseren Berechnungen wird er heute wieder zuschlagen. Wir haben nur noch eine Stunde und 55 Minuten."

„Fahren sie mich zum letzten Tatort." Die Kolonne rast los.

Das letzte Massaker fand in einer alten Villa statt, die verlassen in einer Waldlichtung steht. Ein gespenstisches Bild erscheint vor Honkenmöllers Augen, als sie in den Waldweg einbiegen. Die Villa steht in der nebligen Nacht, von allen Seiten mit Halogenstrahlern beleuchtet. Absperrbänder riegeln das Areal weitläufig ab. Vereinzelt stehen Polizisten, Mitarbeiter der Spurensicherung und natürlich die obligatorischen Schaulustigen herum …

Ein Polizist hebt ehrfürchtig das Absperrband hoch, damit Honkenmöller das Gelände betreten kann.

Jetzt ist er da. Er ist allein. Sein Atem wird ruhig, das Herz schlägt langsam.

Wie Tentakeln strecken sich seine Sinne in alle Richtungen aus. Honkenmöller nimmt Witterung auf. Er fängt an den Täter zu spüren. Wie der Täter zu fühlen.

Ihre DNA verschmelzen.

"Hier warst du also ... was hast du gespürt? ... warum auch das Kind? ... du warst erregt, dann kam dir etwas dazwischen ... was war es? ... du bist clever und das weißt du ... du fängst an mit uns zu spielen ... ja, du spielst mit uns ... etwas hat dich irritiert, als du die Treppe nach oben gegangen bist ... was? ... warum bist du nicht in den Keller gegangen? ... hattest du Angst? ... du hast Zeichen hinterlassen ... für wen? ... für die, die dich jagen? ... Aber du hast einen Fehler begangen ... Ich bin dir auf den Fersen ... Ganz nah ... Ich werde dich kriegen!"

Er entdeckt Spuren und Hinweise, die die Spurensicherung übersehen hat. Langsam fügt sich das Puzzle zusammen. Ein Bild entsteht vor Honkenmüllers Augen. Sein Instinkt hat ihn noch nie im Stich gelassen. Vermutungen verdichten sich zur Gewissheit. Ja, jetzt wird alles klar.

Er tritt nach draußen. Kurz darauf finden sich alle Mitglieder der SOKO zur Besprechung im Hauptquartier ein. "Der Mann den wir suchen, ist zwischen 16 und 75 Jahren alt", *fängt Honkenmöller an zu dozieren. Die australischen Polizisten tippen sofort alles in den Fahndungscomputer.* "Er ist zwischen 1,53m und 1,98m groß. Haare vermutlich dunkel und nicht all zu lang. Arbeitet vielleicht in einem technischen Beruf. Möglichweise aber auch im sozialen oder künstlerischen Bereich tätig. Vermutlich Angestellter oder Beamter. Eventuell auch Freiberufler. Offensichtlich besitzt er einen PC und ein Mobiltelefon. Gehe davon aus, dass er den Führerschein hat."

Die Polizisten sind beeindruckt. Daher also der Spitzname "The Brain".

"Wir haben was", *ruft einer der Polizisten, der am Computer sitzt. Auf dem Bildschirm erscheint das Bild eines Mannes mit wirren Augen. Der Polizist liest laut vor:* "Gerry Rotsh, 35 Jahre, als Waisenkind aufgewachsen, wegen Drogen und sexuellem Missbrauch vorbestraft, arbeitet in der gleichen Firma wie das erste Opfer, seit zwei Jahren in psychiatrischer Behandlung, wei-

gert sich aber seine Medikamente einzunehmen, Nachbarn bezeichnen ihn als unauffälligen Einzelgänger. Sein Aussehen deckt sich mit der Täterbeschreibung in unseren Zeugenaussagen."

Blicke werden ausgetauscht. „Das ist unser Mann!" Der Polizeipräsident ist erleichtert.

„Wie lange haben wir noch?"

„Sieben Minuten."

„Schickt das Eingreifkommando los!"

„Ist unterwegs."

Der Rest ist Routine. Kurz vor seinem nächsten Mord wird Gerry Rotsh gefasst. Er ist geständig. Eine Nation ist erleichtert. Ein fester Händedruck. „Danke."

In Fachkreisen schlägt „The Brain" nur Bewunderung entgegen. Lehrgänge, Vorträge, weltweite Anfragen. Sein Rat ist gefragt. Die Politik ist ihm dankbar. Er ist die graue Eminenz im Hintergrund. Er kennt Gott und die Welt, hat Einfluss und Beziehungen. An ihm käme keiner vorbei. Oliver Honkenmöller wäre ein Name, der Gewicht hat, der Respekt einflößt.

Leider war Oliver Honkenmöller aber kein Name, der Gewicht hatte, und Respekt flößte er auch niemanden ein. Honkenmöller war eine Lachnummer, deren Rat von überhaupt niemanden gefragt war. Zusammen mit seinem Kollegen Vollmerer war er das Gespött auf jeder Polizeistation.

Schuld daran war Oberinspektor Tappick aus München. Zumindest sah Honkenmöller das so.

Er würde sich rächen! Rächen an diesem Widerling, diesem kleinkarierten, humorlosen Spießer! Diesem Dildomechaniker und Wichtigtuer, der so einen Aufstand gemacht hat. Der ihm die ganze Zukunft verbaut hat. Diesem Arschloch, das ihm alles versaut hat. Wegen dem er nicht „The Brain" war, sondern Verkehrspolizist auf der Wache in Altötting.

Alles nur wegen dieser Sache mit dem Kasperltheater ...

14

Es war ein wunderschöner Tag. Die Sonne schien, es war angenehm warm und die Stadt hatte diesen Geruch und diesen Klang, die einem das Gefühl gaben, dass alles gut ist.

Armin ging übelgelaunt, den Hund hinter sich herziehend, an der Isar entlang. Die Büchertaschen schienen plötzlich tonnenschwer. Es war wirklich nicht zu fassen. Frauchen Sissi-Mutti, fiel jetzt wohl für einige Zeit aus, ihr Vater war im Urlaub und er hatte jetzt Sissi Schwarovski an der Backe. Er überlegte, ob es irgendjemand in der Firma gab, dem er den Köter aufs Auge drücken konnte, aber es fiel ihm niemand ein. In seinem Freundeskreis würde er niemanden fragen, weil es ja seine Freunde waren.

Beim Deutschen Museum ging er über die Brücke Richtung Haidhausen. Er musste jetzt scharf nachdenken und sich überlegen, was er mit Sissi machen soll? Was würde Rony ihm raten? Vermutlich würde er ihm empfehlen, einfach den blöden Hund in die Isar zu schmeißen, dachte sich Armin.

Der Gedanke machte sich sehr schnell in seinem Kopf breit und schien nicht nur einleuchtend zu sein, sondern auch sehr vernünftig.

Armin blickte rechts über die Mauer. Der Hund müsste sicher nicht unnötig leiden. Unten war aber gar keine Isar, sondern nur deren Kiesel. Er überlegte sich, wie es wohl klingen würde, wenn der Sissi dort aufklatschte? In etwa so, wie wenn ein roher Kartoffelknödel vom Tisch fällt. Relativ unspektakulär. Vermutlich würde sich Sissi auf ähnliche Weise wie der Knödel verformen. Von oben betrachtet wäre sie dann wohl etwas kreisförmiger als jetzt.

Plötzlich bekam Armin Bedenken: Zunächst mal könnte da unten ein Spaziergänger genau in dem Moment unter der Brücke herauskommen, in dem der Hund hinunterfiel. So etwas kann möglicherweise unangenehme Folgen haben.

Außerdem waren hier sehr viele Passanten unterwegs, und da konnte er nicht einfach so den Hund nehmen und über die Mauer werfen.

Irgend so ein Depp würde sich da bestimmt aufregen.

Er ging weiter. In der Mauer war eine V-förmige Ausbuchtung, die dazu einlud, zur Tat zu schreiten. Ein Blick nach unten zeigte ihm, dass an dieser Stelle Wasser floss, und somit Sissi praktischerweise auch gleich entsorgt werden würde.

Natürlich müsste alles nach einem tragischen Unfall aussehen. Übermütig würde der Hund auf die Mauer springen, Armin würde so tun, als wollte er ihn noch halten, ein kleiner unauffälliger Schups... und huch! So ein Pech! Der Hund ist weg.

Sogar mit Zeugen, die beschwören könnten, dass Armin noch alles getan hatte, um Sissi Schwarovski zu retten.

Armin stand in der Ausbuchtung, klopfte aufmunternd auf die Mauer und feuerte den Hund an: „Hopp Sissi! Zeig was du kannst! Spring hoch!"

Der Hund schielte in Armins Richtung und legte den Kopf schief.

So ging das offensichtlich schon mal nicht und schneller als geplant verfiel Armin in die Babysprache: „Na Sissilein, schön Mauerli bespringen. Duzi duzi duzi. Magst eine leckerli Belohnung?"

Sissi Schwarovski mochte offensichtlich keine leckerli Belohnung. Sie legte sich hin und ließ ihren Kopf auf den Bürgersteig sinken.

„Jetzt stell dich doch nicht so saublöd an! Los! Mach schon! Rauf mit dir. So hoch ist die doch nicht. Das schaffst du!" Langsam wurde Armin laut und ein wenig aggressiv. Er klopfte unnötig stark auf die Mauer.

Sissi schloss die Augen und fing an mit der Zunge in ihren Nasenlöchern herumzuschlecken. Plötzlich tat Armin der Hund leid. Der konnte ja nun wirklich nichts dafür. Armin begann sich für seine gemeinen Gedanken zu schämen. Sowas tut man nicht! Einfach einen Hund von der Brücke schmeißen. So löst man keine Probleme.

Armin zog an der Leine. Vom Hals aufwärts entstanden eine Reihe Fettwülste, die sich nach vorne schoben. Beim obersten Wulst erkannte Armin jetzt die Zecke, die nach außen gedrückt wurde, und sich, je stärker Armin an der Leine zog, immer weiter Richtung Auge bewegte. Genau, als sie an Sissis Auge ankam, öffnete diese selbiges und der prallgefüllte Hinterleib der Zecke drückte gegen die Pupille des Hundes.

Sissi Schwarovski schien die Zecke nicht wirklich zu stören, aber sie stand auf und zu dritt ging es weiter den Anstieg hinauf Richtung Gasteig.

Während er den Hund hinter sich herzog, ging er die Situation nochmal durch: Er musste sich um den Hund kümmern, ob er wollte oder nicht. Sissi war das heißgeliebte Tier der Tochter seines Chefs. Würde er dem Hund etwas antun oder ihn unvollständig zurückbringen, hätte er ein Problem. Ein Riesenproblem. Er würde seinen Job verlieren und dann könnte er auch die Sabine vom Marketing nicht mehr zufällig in der Kantine oder auf dem Gang treffen. Statt Sissi in die Isar zu werfen, wäre es wohl doch schlauer, erstmal Futter und Zubehör zu besorgen.

Den ganzen Weg bergauf spürte Armin so ein komisches Kribbeln im Bauch, dass er sich nicht erklären konnte.

Als würde eine fremde Macht versuchen, von ihm Besitz zu ergreifen.

Oben angekommen erinnerte er sich, hier irgendwo mal eine Zoohandlung gesehen zu haben, und nach kurzer Suche fand er sie auch. Zusammen betraten sie den Laden, in dem eine leicht genervte Mutter mit ihrem etwa achtjährigen Sohn an der Ladentheke stand und gerade bedient wurde. Offensichtlich bekam der Junge eine Maus zum Geburtstag und alles Zubehör wie Käfig, Laufrad, Wasserspender und so weiter waren schon ausgewählt. Der bisherige Kaufpreis lag bei etwa 75.- Euro und jetzt musste noch eine Maus für 2,50 ausgesucht werden. Der Verkäufer beging den kapitalen Fehler, dem Jungen eine große Schachtel mit etwa 35 Mäusen zu zeigen, aus der er sich eine aussuchen sollte. Das konnte dauern.

Armin sah sich im Laden um und blieb vor einem Gehege, in dem ein weißer und ein schwarzer Hase herum hoppelten, stehen. Beide hatten recht lange Ohren, die steil nach oben standen. Zumindest beim weißen Hasen. Bei seinem schwarzen Kollegen war ein Ohr genau in der Mitte um 90 Grad abgeknickt. Armin versuchte die Aufmerksamkeit des Verkäufers auf sich zu lenken:

„Ihr Hase hier ist kaputt. Sein Ohr ist irgendwie abgebrochen. Ich glaube der muss repariert werden."

Der Mann hinter der Theke sah ihn entgeistert an. Der Hase ist kaputt? Das Ohr ist abgebrochen und muss repariert werden? Was redete der eigentlich für einen Blödsinn, dachte er sich. Und was für einen ekelhaften Hund er da an der Leine hat.

Er kam hinter der Theke vor und ging auf Armin zu: „Der Hase ist nicht kaputt und muss auch nicht repariert werden" äffte er ihn nach. „Hasen können ihre Ohren je nach Gemütszustand anders aufrichten. Was kann ich für sie tun?"

„Ich habe hier einen Hund ...", erklärte Armin überflüssigerweise, „... und bräuchte da so Zubehör. Ich muss mich wohl ein paar Tage um das Vieh kümmern und bin da nicht so perfekt ausgestattet. Was braucht man da so?"

Das war so eine Art von Kunde, wie sie der Verkäufer eigentlich gerne hatte. Denen konnte man alles aufschwatzen. Körbchen, Decke, Maulkorb, Tragetasche, Fressnapf, Wassernapf, Ersatzleine, Kauknochen, Regenmantel, Leuchthalsband, Spielzeug und so weiter. Da ging einiges.

In diesem Fall wollte der Mann den Kunden aber nur loswerden. Der Hund verbreitete einen – selbst für eine Tierhandlung – äußerst unangenehmen Geruch.

„Wir haben uns entschieden", rief die Frau von der Theke plötzlich und der Verkäufer eilte zu ihr. Schnell war die richtige Maus in eine Schachtel gesteckt und Mutter und Sohn verließen fluchtartig den Laden.

„Nun, da sie den Hund ja nicht dauerhaft haben, und eine Leine offensichtlich vorhanden ist, brauchen sie eigentlich nur Futter. Ich gehe mal davon aus, dass sie irgendwo noch eine alte Decke und eine alte Schüssel als Fressnapf haben, oder?"

Armin nickte dankbar. Er wollte möglichst wenig Geld in Sissi investieren. Es war schon viel zu viel verlangt, dass er sich überhaupt mit diesem Mistköter beschäftigen musste.

„Was für Futter wollen sie denn? Trocken oder nass?"

„Äh …, keine Ahnung. Ich kenne den Hund nicht so gut."

Du hast ja offensichtlich von Tieren überhaupt keine Ahnung, dachte sich der Verkäufer und überlegte, ob der Kunde den Hund möglicherweise gestohlen oder entführt haben könnte. Ein kurzer Blick auf die Kreatur verschaffte ihm aber die Gewissheit, dass das nicht der Fall sein konnte. So eine Scheußlichkeit klaut man nicht, und Lösegeld würde dafür auch kein normaler Mensch zahlen.

Er musste die beiden möglichst schnell aus seinem Laden bringen, da der Hund nicht nur unglaublich ekelhafte Blähungen hatte, sondern ihm auch ein widerlicher Speichelfaden aus dem Maul baumelte, der jeden Moment abzureißen drohte.

„Ich gebe ihnen jetzt hier mal ein paar kostenlose Probepäckchen mit, und dann können sie ja schauen was dem Hund schmeckt. Gibt es übrigens auch alles in jedem Drogeriemarkt und viel billiger als bei uns."

Er drückte Armin eine Schachtel mit Werbeproben in die Hand und bugsierte ihn zur Tür hinaus.

„Oh, vielen Dank! Aber ich hätte da noch ein Problem: Der Hund hat eine Zecke über dem Auge. Was macht man da?"

Inzwischen standen sie vor der Ladentür. Da die Gefahr des Speichelfadenabrisses gebannt und der Gestank jetzt erträglicher war, wurde der Verkäufer wieder etwas ruhiger und freundlicher. Der Hund tat ihm auch ein bisschen leid.

So ein dummes Herrchen hatte er ja auch nicht verdient.

„Warten sie einen Moment." Er ging wieder in den Laden und kam kurz darauf mit einer kleinen Zeckenzange zurück. Schnell hatte er den Blutsauger entfernt und warf ihn auf den Bürgersteig. „So macht man das", sagte er, während er energisch auf die Zecke trat, die mit einem leisen Knackgeräusch zerplatzte. Er zog seinen Schuh ein Stück über den Gehweg, und ein etwa 20 Zentimeter langer Blutstreifen, an dessen Ende sich die zermahlene Zecke befand, blieb zurück.

„Oh das ist ja sehr freundlich. Vielen Dank." sagte Armin.
"Schon gut. Schönen Tag noch." Damit verschwand der Ladenbesitzer wieder in der Zoohandlung.

Armin war erleichtert das Zeckenproblem gelöst zu wissen und bisher auch noch kein Geld für Sissi ausgegeben zu haben. Er wollte nach Hause gehen und zog an der Leine. Der Widerstand ließ ihn nach hinten blicken.

Sissi Schwarovski konnte jetzt noch nicht mitkommen.

Sie war beschäftigt.

Armin fühlte sich etwas schwermütig, während er zusah, wie der Hund den Bürgersteig abschleckte.

15

Harald Tappick war ein guter Polizist.

Er kam noch aus der Zeit, als man stolz war, eine Uniform zu tragen, und die Bewerber für den Polizeidienst nicht zu einem großen Teil aus geltungssüchtigen Wichtigtuern bestanden.

Tappick war einer der wenigen Männer, bei denen ein Schnauzbart nicht peinlich aussah und der einfach Autorität ausstrahlte, auch wenn er in zivil herumlief.

Er machte schnell Kariere, wurde zum Oberinspektor befördert und leitete bald die Ausbildungsabteilung im Münchner Polizeipräsidium.

In dieser Tätigkeit war ihm schon einiges untergekommen, aber zwei solch gehirnmäßig Benachteiligten, wie die Kollegen Honkenmöller und Vollmerer waren schon eine Seltenheit. Vollmerer fiel ihm schon am ersten Tag auf, weil er jedem auf die Schulter schlug und „Na, du oide Fischhaut!?!" ins Ohr brüllte, während seine erste Wortmeldung auf die Frage hinauslief, wann sie denn nun endlich ihre Dienstpistolen bekämen?

Honkenmöller wiederum war etwas zurückhaltender und schien ständig alle Menschen zu beobachten. Seine einzige Frage war, ob er auch in zivil, mit seinem Privatauto, in der Freizeit über rote Ampeln fahren dürfe?

Schnell waren die beiden zu den größten Witzfiguren im Polizeipräsidium ernannt, und es dauerte nicht lange bis ihre Nachnamen Vollmerer und Honkenmöller zusammengefast wurden, und man sie im internen Dienstgebrauch nur noch als „die beiden Vollhonks" bezeichnete.

Tappick war sofort klar, dass von den beiden eine gewisse Gefahr für die Allgemeinheit ausging und man sie deswegen mit etwas Harmlosen betrauen sollte.

Und so wurden sie in die Abteilung Öffentlichkeitsarbeit versetzt, wo man ihnen das Polizeikasperltheater anvertraute.

Das Polizeikasperltheater ist eine altbewährte Einrichtung. Seit den 50er Jahren gibt man täglich Aufführungen in Kindergärten und Grundschulen. Ein klassisches Puppenspiel mit Kasperl, Gretl, Krokodil, Oma, Räuber und Polizist.

Der Räuber klaut der Oma die Kaffekanne, Der Polizist fängt den Räber, Kasperl vertreibt das Krokodil... das Übliche halt. Es geht darum den Kindern ein bisschen das Thema Ehrlichkeit und auch Verkehrsregeln beizubringen. Alles ganz harmlos. Die Kleinen haben Spaß, und in seiner über 70-jährigen Geschichte gab es noch nie irgendwelche Probleme mit dem Polizeikasperltheater.

Dann kamen Vollmerer und Honkenmöller.

Honkenmöller war der Ansicht, dass sich die Zeiten geändert hätten und es doch ein paar Themen gäbe, an die man kleine Kinder nicht früh genug heranführen konnte.

Drogen, sexueller Missbrauch und Ähnliches.

Vollmerer gab ihm Recht und hatte auch gleich noch ein paar Verbesserungsvorschläge.

Die beiden kamen also zur Überzeugung, dass es endlich Zeit wäre, dieses verstaubte Puppenspiel zu modernisieren, und dass es wohl am besten wäre, gleich das ganze Stück neu zu schreiben. Das taten sie dann auch.

16

Der Heimweg von der Tierhandlung verlief ohne besondere Vorkommnisse. Selbst wenn es besondere Vorkommnisse gegeben hätte, Armin hätte sie vermutlich nicht bemerkt. Zu sehr war er mit der neuen Situation beschäftigt, in der er sich befand. Das Leben meinte es offensichtlich nicht gut mit ihm und deshalb zog er jetzt diese peinliche Kreatur hinter sich her durch sein Viertel. Er traute sich nicht nach links oder rechts zu schauen. Überall vermutete er hämische oder mitleidige Blicke seiner Mitmenschen und fragte sich immer wieder, warum es ihm nicht gelungen war, Sissi an der Isarbrücke zu entsorgen?

Irgendwas hatte ihn daran gehindert.

Nun, immerhin hatte er eine Menge Hundefutter umsonst bekommen, und das Zeckenproblem war auch gelöst. Armin überlegte, ob man mit so einer Zeckenzange auch den Nagel aus Angels Knie hätte ziehen können, als ihn der plötzliche Ruck an der Leine aus seinen Überlegungen riss.

Sissi blieb an einem Absperrpfosten stehen und betrachtete ihn aufmerksam. Dass Hunde an Mülltonnen, anderen Hunden oder deren Hinterlassenschaften im Gebüsch Gefallen fanden war Armin bekannt, auch wenn er es nicht nachvollziehen konnte. Aber langweilige Metallpfosten? Offensichtlich war Sissi Schwarovski ein ganz besonders Exemplar ihrer Gattung, gab sich Armin selbst eine Erklärung und zog weiter an der Leine.

Kurz darauf gingen sie durch die Hauseinfahrt in den Innenhof von Armins Haus, als ihnen ausgerechnet Frau Rettenbacher über den Weg lief.

Frau Rettenbacher zu treffen war so lustig wie eine Wurzelbehandlung, mit dem Unterschied, dass man sich auf selbige mental einstellen konnte. Frau Rettenbacher traf man immer genau dann, wenn man nicht mit ihr rechnete.

„Ach, Herr B., gut, dass ich sie treffe."

Armin konnte sich nicht erinnern, dass sie schon mal „Grüß Gott" oder „Wie geht's?" zu ihm gesagt hätte.

„Mir ist aufgefallen, dass der Fußabstreifer vor ihrer Tür schon wieder so schmutzig ist. Sie werden es doch wohl noch schaffen, ihn gelegentlich auszuklopfen, oder? Sonst tragen ja die Nachbarn ihren ganzen Dreck durch den Gang.

Das hier ist ein sauberes Haus! Vielleicht kapieren sie das ja auch noch?"

Armin musste schlucken. Was sollte er dieser dummen Kuh jetzt antworten? Dass er sich einen Dreck für die Sauberkeit des Hauses interessiert? Jedem anderen hätte Armin B. jetzt irgendeine Frechheit an den Kopf geworfen. Bei Frau Rettenbacher war das leider nicht möglich. Frau Rettenbacher gehörte das ganze Haus, sowie zwei weitere Wohnblöcke in der Nachbarschaft. Armin hatte sich oft überlegt, was er mit all dem Geld machen würde, wenn er so reich wäre? Auf jeden Fall würde er das Leben genießen, und nicht seine ganze Energie darauf verwenden, seine Mitmenschen zu terrorisieren.

„… Oh … äh … Grüß Gott Frau Rettenbacher … ah ja … ich wollte den Fußabstreifer eh schon ausklopfen gehen. Ist ja auch sinnvoll, damit es in meiner Wohnung schön sauber bleibt. Da haben sie Recht, Frau Rettenbacher."

Armin blickte sie unschuldig an, während ihm gleichzeitig zwei Sachen durch den Kopf gingen: Zum einen fragte er sich, wann er eigentlich das letzte Mal einen Putzlappen in der Hand hatte, zum anderen fragte er sich, wann Frau Rettenbacher mit dem Mietzins anfing? Der Mietzins war Frau Rettenbachers Lieblingsthema. Immer drohte sie damit, die Miete zu erhöhen. Allerdings nannte sie den Vorgang nicht „Miete erhöhen" wie jeder normale Mensch, sondern sie sprach immer davon den „Mietzins anzupassen". Armin hasste diesen Ausdruck. Nicht nur aus finanziellen Gründen.

„Wenn sie ihre Fußmatte nicht sauber halten, werde ich eben öfter die Reinigungsfirma kommen lassen müssen. Da muss ich halt dann entsprechend den Mietzins anpassen. Sie glauben doch nicht im Ernst, dass sie in meinem Haus leben können, wie in einem Schweinestall, und ich zahl dann für die Reinigung mit meinem Geld?"

Das ging ja schneller als erwartet, dachte Armin und blickte weiter recht unschuldig auf seine Vermieterin hinab. Frau Rettenbacher hasste es, wenn sie zu anderen hinaufblicken musste, und streckte dann immer ihr Kinn nach oben. Auf dem Kinn war eine große Warze, und auf der Warze war ein langes, schwarzes Haar, das herum wackelte. Armin überkam das kurzzeitige Bedürfnis an dem Warzenhaar zu ziehen.

Frau Rettenbacher musterte ihn mit dem liebenswerten Gesichtsausdruck eines SS-Offiziers und ließ ihren Blick langsam nach unten gleiten. Dort blieb er auf Sissi Schwarovski hängen.

„Was ist denn das?" fragte sie überflüssiger Weise.

„Ein Hund", antwortete Armin genauso überflüssig.

„Aha, das sehe ich. Da hätten sie mich ja vielleicht mal um Erlaubnis fragen können, bevor sie sich ein Haustier zulegen, oder? Schon mal die Hausordnung gelesen?"

„Keine Sorge Frau Rettenbacher. Ich habe den nur leihweise. Sein Frauchen ist im Krankenhaus, und ich hoffe ihn bald zurück geben zu können."

Armin war es gewohnt Frau Rettenbacher anzulügen, aber diesmal sagte er die Wahrheit. Er hoffte tatsächlich inständig, den Hund möglichst bald zurück geben zu können.

„Ich konnte sie bisher nicht informieren, weil der Unfall ja gerade erst passiert ist, und ich quasi direkt von der Unfallstelle hierher gelaufen bin. Wollte eh gleich zu ihnen kommen und sie um Erlaubnis bitten."

Verdammt, das war ein Fehler. Er hatte tatsächlich gesagt, er wollte sie um Erlaubnis bitten. Was, wenn sie jetzt diese Erlaubnis nicht erteilen würde? Doch nochmal zurück zur Isarbrücke?

„Jaja, ist schon recht Herr B." Zum ersten Mal, seit er sie kannte, sah Armin in Frau Rettenbachers Gesicht den Anflug eines klitzekleinen Lächelns. „Der ist ja eigentlich ganz süß, der Kleine." Sie fing an mit ihrem Krückstock vor Sissis' Gesicht herumzufuchteln. Sissi schaute in eine andere Richtung.

„Wie heißt den der kleine Wutzi-Wutzi?" wollte Frau Rettenbacher wissen, während sie weiter mit ihrer Gehhilfe vor Sissis' Maul rummachte. Jetzt kam sie mit dem Stock zu nah, erwischte die Golfballweißwurstpelle, die abriss, sich um ihren Stock wickelte und da kleben blieb. Frau Rettenbacher bemerkte dank ihrer schlechten Augen nichts davon und schien ganz begeistert von Sissi.

„Sie heißt Sissi Schwarovski und gehört der Tochter von meinem Chef. Die hatte gerade einen schweren Unfall, würde mit dem Notarzt ins Krankenhaus gebracht, und ich kümmere mich jetzt um den Hund."

„Der arme Hund!" Frau Rettenbacher blickte mitleidig auf Sissi. „Jetzt hoffe ich aber, dass sie sich gut um das bedauernswerte Tier kümmern. Also für kurze Zeit darf sie schon hierbleiben, wenn sie nicht bellt und nichts schmutzig macht."

„Keine Sorge Frau Rettenbacher. Ich habe den Hund noch nie bellen gehört, und stubenrein ist Sissi sowieso."

„Na dann ist ja gut. Sie wissen ja, dass ich keinen Lärm ertragen kann. Darum dulde ich auch keine weiteren Kinder hier im Haus. Ich habe ja gar nichts gegen Kinder. Aber es war schon ein Riesenfehler, diese Frau Sparklefrosch mit ihrer kleinen Göre hier einziehen zu lasen. Ich bin einfach zu gutmütig. Immer dieser Lärm ... das ist wie mit den Ausländern. Ich habe nichts gegen die, solange sie sich anständig benehmen, aber ich will einfach keine hier im Haus haben, verstehen's?"

Arme, alte Frau, dachte Armin, während er sie freundlich annickte.

„Ja ... äh ... gut ... Danke Frau Rettenbacher. Dann ist ja soweit alles geklärt. Ich informiere sie, wenn es was Neues gibt, ja?"

„Ja machen sie das. Und vergessen sie den Fußabstreifer nicht."

Sie nickte Sissi freundlich zu und ging mit ihrem vollgespeichelten Krückstock über die Terrasse zurück in ihre Erdgeschoßwohnung.

Armin zog an der Leine und ging ins Treppenhaus. Er wollte so schnell wie möglich in seine Wohnung. Die Taschen mit den ganzen Altöttingbüchern konnte er kaum noch tragen. Im ersten Stock lief ihm Eva über den Weg.

„Sag mal Armin, ich wollte dich noch was fragen: Du hast doch neulich bei uns babygesittet. Und am nächsten Morgen war Fanny total verstört. Sie hat irgendwas von Kindermördern erzählt, die bei uns vor der Tür standen und kleine Kinder für ihren Gott abschlachten wollen. Sie hat jetzt immer so Angstzustände und macht wieder ins Bett. Was war denn da los?"

Das hatte ihm gerade noch gefehlt: Erst den blöden Hund an der Backe, dann die doofe Rettenbacherin, und jetzt muss er sich auch noch Vorwürfe anhören, weil die Nachbarstochter ins Bett macht. Gab es eigentlich überhaupt keine positiven Dinge mehr in seinem Leben? Er versuchte Eva zu beruhigen und die Geschichte mit den Zeugen Jehovas so zu erzählen, dass Eva lachen muss. Leider musste Eva aber überhaupt nicht lachen.

Sie machte Armin nur Vorwürfe, dass er ihre kleine Tochter für seine gemeinen Spielchen missbrauche, und dass man Zeugen Jehovas so nicht behandeln dürfe, weil das arme, verlorene Seelen sind, denen man helfen muss. Armin versuchte zu widersprechen, aber das machte es nur noch schlimmer, und Evas' Standpauke ging immer mehr in eine Schimpforgie über.

Plötzlich hielt sie inne und schien einen Geruch wahrzunehmen. Sie schnüffelte ein paarmal durch die Luft, verdrehte gequält die Augen, deutete auf Sissi und fragte nur: "Sag mal, stinkt dieser Hund so? Wo hast du den denn überhaupt her? Der schaut ja voll scheiße aus."

Armin war froh, dass das Thema gewechselt wurde: "Ja, danke für den Hinweis. Ich wollte gerade zu einem Schönheitswettbewerb mit ihm gehen. Der Hund heißt Sissi Schwarovski und …"

„Was ist denn das für ein bekackter Name?"

„… heißt Sissi Schwarovski und gehört der Tochter meines Chefs und ich muss jetzt auf ihn aufpassen, weil die Tochter vom Chef im Krankenhaus ist und …"

„Ach, die Tochter vom Chef, verstehe. Na, du musst ja ganz schön tief gesunken sein in der Hierarchie deiner Firma, wenn du jetzt schon so was Ekliges machen musst."

Eva grinste ihn an. Dafür, dass sie in letzter Zeit öfter mal das Kinderbett neu beziehen musste, durfte sie sich solche Gemeinheiten herausnehmen.

„Weißt du was?" Armin sah sie mit funkelnden Augen an.

„Du und die Frau Rettenbacher und die Zeugen Jehovas und mein Chef und dessen blöde Tochter und dieser Scheißhund hier und überhaupt die ganze Welt: Ihr könnt mich alle mal!"

Damit schob er sich an Eva vorbei und ging Sissi hinter sich herziehend, nach oben in seine Wohnung.

Dort angekommen musste er sich erst mal beruhigen. Tief durchatmen. An was Schönes denken. An Sabine denken. Vielleicht kommt ja Jazz im Radio? Jazz hören und an Sabine denken. Alles andere vergessen. Diese ganzen Idioten vergessen. Die Rettenbacher vergessen. Sissi vergessen. Wo war die überhaupt? Sissi?

Armin lief durch die Wohnung. Wo war Sissi? Im Wohnzimmer fand er sie. Sie stand vor dem Sofa und schaute den

Heizkörper an. Ansonsten schien sie sich für nichts zu interessieren. Neben ihr, auf dem Teppich war eine Pfütze.

17

Wenn Armin das große Glück hatte, die Sabine vom Marketing zufällig im Gang zu treffen, war es eigentlich immer so, dass sie ein paar Minuten miteinander redeten. Armin war längst nicht mehr so nervös wie am Anfang, und die Sabine mochte ihn ja auch wirklich gerne, und so waren die Unterhaltungen meist sehr unbefangen und kurzweilig.

Armin erzählte ihr, dass er heute leider zum Shoppen gehen musste, da er keine vernünftige Hose mehr hatte, und Shoppen für ihn die totale Qual war. Er beneidete die Leute, die Spaß dabei empfinden konnten, wenn sie in Klamottenläden herumstöberten und es wirklich spannend fanden von einem Kleidungsgeschäft zum nächsten zu flanieren.

„Ach, das trifft sich ja gut, dass du heute in die Stadt musst. Ich hab' da auch noch was zu erledigen. Lass uns doch zusammen fahren und noch ein Eis essen gehen."

Armin hüpfte vor Freude fast das Herz aus der Brust. Gab es eine schönere Vorstellung, als mit der Sabine vom Marketing ein Eis essen zu gehen?

Sie fuhren zusammen zum Marienplatz, holten sich ein Eis und setzten sich auf den Rand des Fischbrunnens.

Es war ein wunderschöner Tag, die Sonne strahlte fast so wie Armin, und die beiden ließen übermütig ihre Beine in den Fischbrunnen baumeln. Sabine hatte rot lackierte Fußnägel, und Armin stellte fest, dass es schon ein Zeichen von ganz besonderer Eleganz ist, wenn Frauen rot lackierte Fußnägel haben.

Er war so glücklich wie schon lange nicht mehr.

Sie unterhielten sich über irgendwelche Belanglosigkeiten, während die Zeit wie im Flug verging. Wirkliche Belanglosigkeiten waren es natürlich nicht, da alles was die Sabine vom Marketing zu erzählen hatte, von Belang war.

Armin wiederum versuchte Sabine mit seinem Fachwissen über die Münchner Stadtgeschichte zu beeindrucken. Er hoffte in ihr endlich jemanden gefunden zu haben, der seine Geschichtskenntnisse zu würdigen wusste. Normalerweise reagierten seine Mitmenschen immer eher gelangweilt, wenn Armin mit seinem Kreuzworträtselwissen über München zu glänzen versuchte.

Von dem Rand des Fischbrunnens, an dem sie saßen, konnte man gerade noch die Figur von Ludwig dem Bayern sehen, die an der Westfassade des alten Rathauses angebracht war. Sie schien auf die beiden hinabzublicken.

„Schau, das ist Ludwig der Bayer", begann Armin zu dozieren, "er regierte hier Anfang des 14.Jahrhunderts. Hatte Streit mit dem Papst, wurde exkommuniziert und mit dem Kirchenbann belegt. 1330 gründete er das Kloster Ettal. Vermutlich nach den Plänen des Gralstempels von Mont Salvat. Vielleicht war er auch Gralsritter. Das vermutete zumindest König Ludwig der Zweite in einem Brief an Richard Wagner, in dem er sich auf Parzival bezog."

Armin war sehr stolz auf sein Fachwissen.

Sabine sah ihn mäßig interessiert an und erklärte, dass sie jetzt leider losmüsse. Armin schwang sich enttäuscht vom Brunnenrand und reichte ihr die Hand, um ihr herunter zu helfen.

Sie nahm seine Hand, ließ sich hinab gleiten und stand plötzlich ganz nah vor ihm.

Da geschah es: Armin würde diesen Augenblick nie wieder vergessen. Nie wieder. Er hatte sich in seinen Kopf eingebrannt wie die 9/11 Bilder.

Fast alles im Leben ist naturwissenschaftlich zu erklären, hat einen logischen Anfang und ein logisches Ende. Fast alles im Leben lässt sich einordnen, beschreiben, verklären oder vergessen.

Aber dann gibt es da diese Rosamunde Pilcher Momente. Diese Momente, die im ganzen Leben vielleicht drei oder viermal vorkommen. Die sich nicht ankündigen, die sich nicht herbeiführen lassen, die auf einmal da sind, als wäre das bisherige Leben nichts Anderes gewesen, als eine Vorbereitung auf diesen Augenblick.

Es geht ganz schnell.

Plötzlich ist alles klar. Es gibt nichts mehr außen herum. Man schaut sich in die Augen und für den Bruchteil einer Sekunde hat sich das Universum tatsächlich nicht bewegt. Es entstehen Energien, die niemand auf der Welt erklären kann. Sie sind da, erfassen einen, erfassen alles und von diesem Moment an weiß jeder, der es erlebt hat, dass es etwas gibt, das über allem schwebt.

Es herrschte die absolute Übereinkunft, die absolute Klarheit, die absolute Gewissheit, dass jetzt der Moment war, in dem Armin die Sabine vom Marketing küssen durfte.

Nein, nicht durfte – er sollte, er musste sie küssen.

Ihre Gesichter waren sich ganz nah, ihre Münder noch näher, es gab nichts mehr zu diskutieren, zu besprechen, zu erlauben oder zu hinterfragen.

Es gab nur noch eine einzige Sache: Jetzt ist der Moment gekommen, in dem Armin seine Hände um die Sabine vom Marketing legt und sie küsst. Jetzt ist der Moment gekommen, in dem alles anders wird. Beide empfanden es so, beide wussten, dass der andere es genauso empfindet, beide waren sich einig:

Jetzt war der Moment gekommen, in dem sie sich endlich küssen würden.

Der Moment, der als der Anfang von etwas ganz Besonderem in die Geschichte eingehen würde. Möglicherweise der wichtigste Moment in der Geschichte der Menschheit überhaupt. Jetzt ist der Moment gekommen, wegen dem vor 13,8 Milliarden Jahren der Urknall stattfand. Jetzt küsst Armin die Sabine vom Marketing.

Armin zögerte kurz. Einen klitzekleinen Moment. Nur den Bruchteil einer Sekunde. Der Hauch einer Unsicherheit. Armin zögerte einen Wimpernschlag lang und der heilige Moment war verflogen.

Es war vorbei.

Fast unmerklich zog Sabine ihren Kopf zurück. Er hatte sie nicht geküsst. Er hatte den Moment verstreichen lassen. Armin hatte versagt.

Armin.

Hatte.

Sie.

Nicht.

Geküsst.

Es war das absolute Versagen. Die absolute Niederlage.

Als hätte Breitner 1974 im Endspiel den Elfer verschossen, als hätte John zu Paul gesagt: „Ne, ich will dich nicht in meiner Band", als hätte Ali gegen Foreman in der 7.Runde aufgegeben, als wären Armstrong, Aldrin und Collins umgedreht, als wäre Usain Bolt nach 99m gestolpert, als hätte Kohl die Wiedervereinigung abgelehnt oder der Spiegel gegen Strauß klein beigegeben.

Armin hatte es vergeigt!

Er verstand es selbst nicht. Wie oft musste er später daran denken?

Es war ja nicht so, dass er zu schüchtern gewesen wäre. Es war auch nicht so, dass er den Moment nicht erkannt hätte. Es war... es war... es war nicht zu erklären und nicht zu verzeihen. Er hatte versagt!

Er fragte sich oft, warum das damals so passiert war. Oder besser gesagt, warum es nicht passiert war.

Er fragte es sich beim Aufstehen, beim Einschlafen, beim Essen, beim Atmen und jedes Mal, wenn er am Fischbrunnen vorbeikam.

Erst jetzt merkte er, wie oft er am Fischbrunnen vorbeikam. Als würde dieser scheiß Brunnen ihn verfolgen.

Und dann auch noch dieser dämliche Fisch oben auf der Säule der so unglaublich saudumm glotzt. Armin hasste ihn. Armin hasste den Brunnen, und manchmal auch sich selbst, wenn er daran dachte.

Er versuchte es sich schön zu reden: Die Sabine war nicht so eine, die man einfach so küsst. Die Sabine war viel zu integer, als dass sie einen anderen Mann geküsst hätte, wo sie doch einen Freund hatte. Die Sabine war viel zu rein und zu gut für so etwas. Wenn sie sich geküsst hätten: Was hätte das für Folgen gehabt? Hätte Armin ohne sie weiterleben können? Hätte sie ihren Freund verlassen müssen? Für Armin? Hätte er das von ihr verlangen können? War es nicht besser so? Hätte sie ihn so geliebt, wie er sie, wäre es dann nicht schon längst passiert? Hatte er sich das alles vielleicht eingebildet? Hat er nicht Stärke demonstriert?

Nein, das war alles Quatsch. Armin hatte versagt. Er hat es schlicht und einfach vergeigt.

Ende der Diskussion.

18

„Lassen sie mich ihnen zunächst danken, dass sie sich nach den Vorkommnissen von gestern Vormittag die Zeit genommen haben, um an dieser Besprechung teilzunehmen."

Erst mal ein bisschen anschleimen, dachte sich Oberinspektor Tappick. Das hilft immer.

In diesem Fall half es allerdings überhaupt nichts. Ihm gegenüber saß eine Erzieherin des Elterninitiativkindergartens Bärenzwerge (Motto: „Bei uns wird pädagogik groß geschrieben!"), eine bildhübsche Mutter, Herr Haffnprist der Vorstand, sowie Rechtsanwalt Dr.Knarfhofer. Knarfhofer wollte ihn vernichten, das war Tappick von Anfang an klar. Knarfhofer hatte vor, in die Politik zu wechseln, und da kam ihm so ein prestigeträchtiger Fall gerade recht.

„Das waren keine „Vorkommnisse", so wie sie das nennen, sondern ein Skandal, wie ich ihn noch nie erlebt habe – und ich habe einiges erlebt, glauben sie mir das."

Dr.Knarfhofer hatte die Schlacht eröffnet. Sie würden ihn grillen. Tappick wusste, dass ihm schon etwas sehr Gutes einfallen müsste, wenn er diesen Tag überstehen wollte. Sein frisch eingegipster Arm schmerzte noch, aber im Grunde genommen war er dankbar für den Gips.

Der Vorstand des Kindergartens, Herr Haffnprist ergriff das Wort: "Er hatte eine Hakenkreuzbinde. Der Kasperl im Polizeikasperltheater trug eine Ha-ken-kreuz-bin-de!"

Bei der letzen „Hackenkreuzbinde" wurden Haffnprists Worte sehr leise, aber umso eindringlicher. Jede einzelne Silbe war wie ein Giftpfeil, den er Richtung Tappick abfeuerte. Ha-ken-kreuz-bin-de!

Dass mit der Hakenkreuzbinde war auch das Erste, was er gestern von dem Auftritt erfahren hatte. Seine Sekretärin, Fräulein Refele hatte versucht ihm die Ereignisse des Vormittags schonend beizubringen. Schon bei diesem Detail bekam Tappick einen Tobsuchtsanfall und schlug mit solcher Wucht auf den Tisch, dass er sich mehrere Handwurzelknochen brach. Dank des Adrenalins merkte er das aber zunächst nicht.

„Nun ... äh ... das wäre ja dann quasi die Verwendung von nationalsozialistischen Kennzeichen und somit strafrechtlich relevant ...", versuchte Tappick die Diskussion auf eine sachliche Ebene zu bringen. "… anderseits könnte man ja auch argumentieren, dass es sich um eine künstlerische Darbietung gehandelt hat und da wäre es ja dann so, dass …"

„KÜNSTLERISCHE DARBIETUNG?" Knarfhofer fiel im lauter ins Wort als geplant. „Hören sie doch auf mit diesem Schwachsinn! Gehörte es auch zur künstlerischen Darbietung, dass ihr Kasperl heroinsüchtig war und sich auf offener Bühne vor 25 völlig verstörten Kindern einen Schuss setzte?" … "Während er eine Hakenkreuzbinde trug!" warf Herr Haffnprist überflüssigerweise ein.

Das mit dem heroinsüchtigen Kasperl war wirklich zu viel. Nein, eigentlich war ja schon die Hakenkreuzbinde zu viel, aber das Schlimmste war ja noch gar nicht zur Sprache gekommen. Gestern hoffte er ja noch, mit der Heroinspritze wäre das Theater vorbei gewesen, aber Fräulein Refele hörte leider nicht auf zu berichten.

„Äh … das mit der Heroinspritze ist natürlich äußerst bedauerlich, aber ehrlich gesagt, glaube ich nicht, dass die Kinder das wirklich verstanden haben …" Tappick musste irgendwie die Luft aus der Sache entweichen lassen „… ich meine es handelte sich ja nur um so eine normale Spritze wie beim Kinderarzt …"

Vier Augenpaare sahen ihn entsetzt an.

„… ich meine, das kennen die Kinder doch. Man könnte ja behaupten, der Kasperl habe sich gegen Masern oder irgend sowas impfen wollen. Dann hätte das Ganze ja quasi eine positive, pädagogische Komponente, oder?"

Das Schweigen, dass ihm entgegenschlug war eisig.

Tappick merkte, wie ihm die Situation entglitt. Er sehnte sich 48 Stunden zurück. Da war sein Arm noch heil, und er hatte eine Zahnwurzelbehandlung. Sein Backenzahn war völlig vereitert, es gab Komplikationen und die Betäubungsspritze wirkte nicht. Der Kieferchirurg sägte und bohrte in seinem Oberkiefer herum und Tappick dachte, das sei der schlimmste Moment in seinem Leben. Eigentlich wollte er sterben.

Jetzt sehnte er sich danach zurück. Alles war besser als hier vor diesem Tribunal zu sitzen.

Die Erzieherin ergriff das Wort: "Nahezu alle Kinder haben letzte Nacht eingenässt. Die meisten von ihnen werden gerade psychologisch betreut, um das Erlebte zu verarbeiten."

Tappick blickte betreten zu Boden.

„Was haben sich ihre Polizisten eigentlich dabei gedacht, als…" Das sind nicht „meine Polizisten" dachte sich Tappick trotzig. Das sind vielleicht meine Sargnägel aber sicher nicht meine Polizisten. Er könnte die beiden auf der Stelle erwürgen, wenn sie da wären. Auch mit Gipsarm.

„Was haben sich ihre Polizisten eigentlich dabei gedacht, als ihr heroinsüchtiger Kasperl auf offener Bühne anfing die Gretel zu vergewaltigen?" fragte Knarfhofer trocken. „Während er eine Hakenkreuz …" wollte Haffnprist einwerfen, aber Knarfhofer schnitt ihm mit einem genervten Blick das Wort ab.

Was sich die beiden Vollhonks bei der Vergewaltigungsszene gedacht haben könnten, wollte Tappick lieber nicht wissen. Als ihm Fräulein Refele gestern davon erzählte, fasste Tappick den Entschluss, die beiden Polizeianwärter Vollmerer und Honkenmöller in ihren Dienststellen aufzusuchen und mit einem gezielten Kopfschuss zu liquidieren.

„Also … äh … nun was diese angebliche Vergewaltigung betrifft, sind sie da ganz sicher? … ich meine, äh … soweit ich informiert bin sind diese Kasperlpuppen ja schon rein anatomisch gesehen … also nicht geeignet um da … äh … sexuelle Handlungen … ich meine … "

„Verdammt Tappick!" Knarfhofer schlug mit der Faust auf den Tisch. „Wollen sie sich da rausreden? Vielleicht der

Gretel vorwerfen, dass sie ja einen viel zu kurzen Rock anhatte? Was soll der Scheiß? Ihr heroinsüchtiger Kasperl …" mit einem kurzen Seitenblick unterband er einen Einwurf von Haffnprist "… benutzte für seine Vergewaltigung ein Sexspielzeug, dass in seiner Widerwärtigkeit nicht zu überbieten ist."

Jetzt war der Moment gekommen diesen arroganten Knarfhofer ein bisschen aus der Bahn zu werfen, dachte sich Tappick. „Wie meinen sie das?" fragte er gespielt interessiert „Ich kenne mich da nicht so gut aus."

Wenn es tatsächlich so etwas wie tödliche Blicke gab, dann trafen sie jetzt Tappick.

„Wenn sie es genau wissen wollen, das Ding war so groß …" Knarfhofer hielt seine Hände beängstigend weit auseinander „… konnte vibrieren, hatte Noppen und als Höhepunkt aller Perversionen an seiner Spitze …"

„an seinen beiden Spitzen!" warf Haffnprist ein.

„… als Höhepunkt aller Perversion an seinen beiden Spitzen…", nahm Knarfhofer wieder den Faden auf.

„Eigentlich sind es drei Spitzen, um genau zu sein", meldete sich nun die Erzieherin zu Wort.

"… also gut von mir aus. Als Höhepunkt aller Perversionen hatte das Teil an allen drei Spitzen …"

„… lassen wir das.", unterbrach Tappick ihn. „So genau will das doch niemand wissen."

Tappick wollte es hinter sich bringen. Egal wie. Das Schlimmste war ja noch gar nicht besprochen.

„Lassen sie uns weitermachen!"

Der letzte Punkt war der, bei dem er gestern die Beherrschung komplett verlor. Er schlug mit so einer Wucht auf die Kante seines Schreibtisches, dass er sich den Unterarm brach. Glatter Durchbruch. Diesmal half das Adrenalin nichts. Nachdem sein Gesicht kurz zuvor noch eher blau als knallrot vor Zorn war, wurde er nun kreidebleich vor Schmerz und Fräulein Refele rief den Notarzt.

Die Tatsache, dass er den restlichen Tag im Krankenhaus verbrachte, war auch der Grund warum er seinen Vorsatz Vollmerer und Honkenmöller zu töten nicht in die Tat umsetzen konnte. Inzwischen war er froh, dass es so gelaufen war. Wegen diesen Vollidioten auch noch sein restliches Leben im Knast zu verbringen war wirklich zuviel verlangt.

„Kann mir jemand erklären ...", fing Knarfhofer gekünstelt interessiert an „... was kleine Kinder daraus lernen – so rein pädagogisch meine ich – was kleine Kinder daraus lernen, wenn sich der Polizeikasperl – ich konkretisiere mich – wenn der heroinsüchtige Kasperl mit Hakenkreuzbinde, nachdem er sich einen Schuss gesetzt und die Gretel vergewaltigt hat, sich unter „Allah ist groß" Rufen auf der Bühne in die Luft sprengt?"

„Das war der schlimmste Moment von allen ...", nahm die Erzieherin den Faden auf „... dieser wahnsinnig laute Knall. Und überall flogen diese Innereien von einem Huhn herum, die wohl die Eingeweide vom Kasperl darstellen sollten."

Tappick wurde schlecht. Er konnte das alles nicht mehr ertragen. „Bei insgesamt 12 Kindern wurde ein Knalltrauma diagnostiziert ...", fuhr die Erzieherin fort, „... und ausgerechnet dem einzigen veganem Kind in unserer Einrichtung klatschte die Hühnerleber mit solch einer Wucht auf die Brille, dass ein Glas gesprungen ist. Sie können verdammt froh sein, dass nicht noch mehr passiert ist!"

Tappick versuchte angestrengt, verdammt froh zu sein, dass nicht noch mehr passiert war, aber es gelang ihm nicht.

Nun ergriff die bildhübsche Mutter das Wort: „Ich sag ihnen mal was: Ich habe alle meine fünf Töchter in diesem Kindergarten gehabt, aber so etwas habe ich noch nie erlebt. Ich warne sie: Mein Mann ist Anwalt!"

Das hatte Tappick gerade noch gefehlt.

„Ich glaube wir sollten eine kurze Pause machen", schlug er vor und auch allen anderen im Raum war nach einer Unterbrechung.

Er musste einen klaren Kopf bekommen. Bis jetzt war die Situation so: Zwei seiner Untergebenen hatten ein Fiasko angerichtet, wie es die Menschheit noch nicht gesehen hat. Das Ganze hatte die Sprengkraft mehrerer Hiroshimabomben. Die politischen Konsequenzen wären enorm. Tappick sah schon die Schlagzeilen vor sich: „SEX! DROGEN! TERROR! NAZI-KASPERL treibt Kinder in den Wahnsinn!" oder: „Wenn die bayerische Polizei pädagogisch wird: Kindergarten landet in Psychiatrie." Ein gefundenes Fressen für die Medien und die Opposition. Da mussten Köpfe rollen. Tappick als direkter Vorgesetzter war vermutlich nicht zu halten, das war ihm klar. Aber auch weiter oben mussten wohl Opfer gebracht werden. Zumindest der Innenminister war dran. Vier Wochen vor der Landtagswahl. Der Ministerpräsident würde begeistert sein.

Und dann auch noch dieser Dr.Knarfhofer. Ein schwindliger Winkeladvokat, wie er im Buche steht. Bisher als selbständiger Anwalt unterwegs, der es immer wieder schaffte, die prestigeträchtigsten Fälle an sich zu ziehen. Ständig war sein dämliches Gesicht in den Medien zu sehen. Seit Neuestem hatte er die Politik für sich entdeckt und es machte die Runde, dass er irgendeinen Posten in irgendeinem Ministerium in Aussicht hatte. Staatssekretär vielleicht? Tappick war sich nicht sicher.

Und dieser Dr.Knarfhofer wollte ihn jetzt fertigmachen. Noch einmal die ganz große Nummer abziehen.

Jetzt stand er allein am Kaffeeautomat im Gang und suchte in seinem Portemonnaie nach Kleingeld. In seinem Gesicht tiefste Befriedigung und Vorfreude. Er konnte Tappick wie einen Idioten vorführen. Gerade überlegte er, wann er eine Pressekonferenz abhalten sollte? Auf jeden

Fall heute noch und auf jeden Fall so früh, dass noch alles schön in der Tagesschau breitgetreten werden konnte.

Arrogant grinste er Tappick ins Gesicht: "Na da kommt ja einiges auf sie zu, hehehe. Ich meine schon allein das Schmerzensgeld..." – „Ach darum geht es ihnen?" – „Selbstverständlich sie Träumer. Was dachten sie denn?" – „Naja, es soll ja Menschen geben, die sich um das Wohl der Kinder Gedanken machen." – „Ich sag ihnen was: Mit einem dicken Scheck hat man noch jedes Kinderwohl wiederhergestellt."

Dieses blöde Grinsen war fast nicht zu ertragen.

Tappick musste jetzt seinen Plan in die Tat umsetzen.

„Na und sie drehen nochmal das ganz große Rad. Riesen Skandal, ein politisches Erdbeben und so. Darunter machen sie es ja nicht, gell? Jetzt sag ich ihnen mal was: In ein paar Wochen ist Wahl und sie setzen sich hier auf Kosten des Ministerpräsidenten in Szene. Vergessen sie eins nicht: Jeder liebt den Königsmord, doch keiner liebt den Mörder. Glauben sie, es dient ihrer Karriere, beim größten politischen Skandal seit Franz Josef Strauß die Gegenseite vertreten zu haben? Sie schätzen die Lage falsch ein, Herr Dr.Knarfhofer. Das genaue Gegenteil ist der Fall. Wenn sie jetzt einen Weg finden, die Sache klein zu halten, steht ihrem Aufstieg nach oben nichts mehr im Weg. Sie wissen schon: eine gemeinsame Leiche im Keller und so..."

Tappick sah, wie es bei Knarfhofer anfing zu arbeiten. Der hatte noch andere Dinge im Kopf:

"Und das Schmerzensgeld? Ich gehe da von einem großen Fünfstelligen Betrag aus. Pro Kind. Da kommen schon ein paar Millionen zusammen. Das werden sie von ihrem jämmerlichen Beamtensold ja kaum begleichen können, oder?"

„Lassen sie uns die Pause beenden und drinnen weiterreden."

Nachdem sich alle versammelt hatten, ergriff Tappick das Wort:

„Nun ich hoffe, sie konnten sich alle ein wenig stärken und die Gemüter haben sich etwas beruhigt. Lassen sie mich zum Ausdruck bringen, wie außerordentlich leid uns allen die Vorkommnisse tun. Selbstverständlich werden die Verantwortlichen zur Rechenschaft gezogen und aufs Härteste bestraft. Aber wir sind uns ja einig, dass es in erster Linie um das Wohl der Kinder geht, oder?"

Nicken auf der Gegenseite. Knarfhofer hatte sich zurückgelehnt, die Arme verschränkt und beobachtete nur.

„Nun ist es ja so", fuhr Tappick fort, „dass die Kinder ja schon psychiatrisch und medizinisch betreut werden, und von daher jetzt nur noch die Sache mit dem Schmerzensgeld und die öffentliche Aufarbeitung des Falles geklärt werden müssen."

Beim Wort Schmerzensgeld ging ein kaum wahrnehmbarer Ruck der Aufmerksamkeit durch seine Gegenüber.

„Leider muss ich sie darauf hinweisen, dass das Schmerzensgeld nur sehr gering sein wird. Sehen sie, für beide Augen blind gibt es gerade mal 35.000.- Ein Bein ab 5.000.- Rollstuhl 25.000.- Das ist sehr wenig. Erwarten sie sich da nicht so viel."

Enttäuschte Gesichter.

„Nun gibt es da aber noch ein Problem: Wenn es zum Prozess kommt, ist dieser natürlich öffentlich und das gibt sicher ein riesen Medienecho."

Dass der Prozess öffentlich gewesen wäre, war in Anbetracht des geringen Alters der Geschädigten wenig glaubhaft, aber die Tatsache, dass Knarfhofer nicht einschritt, gab Tappick Hoffnung.

„Also, alle Kinder groß in der Presse. Mit Namen, Adresse und allem Pipapo. Reporter vor ihren Haustüren, psychiatrische Gutachten die öffentlich diskutiert werden und so weiter. Das Ganze kommt natürlich in allen Einzelheiten ins Internet, wo es bis in alle Ewigkeiten bleibt."

Tappick machte eine Kunstpause, damit sich das bisher gesagte setzen konnte.

„Ich nehme ja mal an, dass die meisten Kinder ihrer KiTa später mal Jura oder BWL studieren werden …"

„Ein paar Mediziner sind sicher auch dabei", warf Haffnprist ein.

„Äh ja … natürlich Mediziner auch. Also, die kommen dann mit einem Top Abschluss aus der Uni und bewerben sich um einen Chefposten oder so …", zustimmendes Nicken von Haffnprist „… und was passiert dann?"

Tappick ließ die Frage kurz im Raum stehen.

„Dann passiert das, was heute schon bei jeder Bewerbung passiert. Egal ob Wohnung oder Job. Der Vermieter oder Personalchef googelt den Namen ihres Kindes und was sieht er? Oha: Ein Bewerber mit psychischer Beeinträchtigung. Schon als Kindergartenkind schwer traumatisiert. Vielleicht sexuell gestört? Evtl. nicht belastbar oder sogar eine Gefahr für die Öffentlichkeit? Mal ehrlich: Würden sie so jemanden einstellen? Also, ich möchte mich von keinem Arzt operieren lassen, der sowas mitgemacht hat. Ich glaube ihre Kinder können froh sein, wenn sie später im Supermarkt Regale einräumen dürfen."

Den Elternvertretern fiel die Klappe runter. So hatten sie sich das nicht vorgestellt.

Tappick blühte langsam auf. Das alte Spiel vom guten und vom bösen Polizisten beherrschte er perfekt. Sogar beide Rollen gleichzeitig.

„Was ja noch gar nicht zur Sprache gekommen ist: Die Sache mit der Aufsichtspflicht. Soweit ich informiert bin, waren die Erzieherinnen zum Rauchen vor die Tür gegangen. Sonst hätten sie ja eingreifen können, oder?"

Der Erzieherin stand der Mund offen und ihr stiegen die Tränen in die Augen. Alle wussten, dass sie und ihre Kollegin nur den heulenden Kindern hinterhergelaufen sind, die panisch aus dem Gemeinschaftsraum gerannt waren. Und jetzt diese unverschämten Unterstellungen!

"Aber ..." wollte sie anfangen, doch Tappick war nicht bereit das Heft des Handelns aus der Hand zu geben.

„Und wenn wir schon dabei sind ..." fuhr er fort, „... der Vorstand ihres Vereins, hat ja auch ganz schön viel Schuld auf sich geladen, nicht? Einfach so eine Theateraufführung buchen, ohne sich vorher über den Inhalt zu informieren, ist ja auch grob fahrlässig, finde ich. Also, ich würde mir schon zweimal überlegen, ob ich meine Kinder in eine Einrichtung geben würde, über die solche Sachen in der Öffentlichkeit berichtet werden."

Tappick fing an sich zu schämen, als er sah, wie der Vorstand immer weiter den Stuhl runterrutschte. Zeit für einen versöhnlichen Abschluss, dachte er.

„Aber wissen sie, ich denke einfach mal, das Wohl ihrer Kinder sollte immer im Vordergrund stehen. Von daher biete ich ihnen einen Weg an, wie wir die Sache vielleicht in ihrem Interesse einfach unter den Teppich kehren könnten."

Das war nun der absolute Gipfel in Sachen Tatsachenverdrehung, aber die Elternschaft schluckte den Köder.

Nun mischte sich Knarfhofer ein:

"Ich denke Kollege Tappick hat nicht Unrecht. Das Schmerzensgeld wird nicht so hoch sein wie gedacht, aber die Zukunft ihrer Kinder ist möglicherweise in Gefahr. Ich mache einen Vorschlag: Die Schuldigen werden bestraft – das erledigt Kollege Tappick intern, ohne großes Aufsehen – und wir lassen einfach Gras über die Sache wachsen. Und sollten ihre zukünftigen Chefärzte und Staranwälte in ihrer Jugend mal mit dem Gesetz in Konflikt geraten – kommt in der Pubertät ja gelegentlich vor, gell? hehehe – dann wenden sie sich vertrauensvoll an Herrn Tappick, und der wird ihnen dann weiterhelfen, gell Herr Tappick?"

Du bist wirklich der größte Schleimscheißer der Welt, dachte sich Tappick und nickte Knarfhöfer freundlich zu.

„Aber selbstverständlich. Sie haben alle so einen Du-kommst-aus-dem-Gefängnis-frei Gutschein bei mir. Ist doch Ehrensache, hehehe."

Und so wurde sich die Runde einig.

Tappick behielt seinen Job, Dr.Knarfhofer machte Karriere in der Politik und die geschädigten Kinder bekamen nichts, außer einem wertlosen Versprechen.

Tappick konnte sich nun endlich seinen Lieblingsfeinden Honkenmöller und Vollmerer zuwenden.

Sie wurden beide degradiert und nach Altötting versetzt.

In ihre Personalbögen wurde ein knallrotes Blatt eingeheftet:

AN ALLE NACHFOLGENDEN DIENSTSTELLEN:

-Jegliche Art von Beförderung ist zu unterlassen oder zumindest so weit wie möglich hinauszuzögern.

-Nach Möglichkeit eine Arbeit zuweisen, in der kein Kontakt zur Öffentlichkeit besteht.

-Zum Schutze der Allgemeinheit wird empfohlen, die Munition in den Dienstpistolen heimlich durch Platzpatronen zu ersetzen.

Oberinspektor Harald Tappick, München

19

„Sissi, jetzt komm. So schlimm ist es doch gar nicht."
Armin zog halb genervt, halb verständnisvoll an der Leine. Sissi würdigte ihn keines Blickes und schielte Richtung Klingelschilder. Sie stand im Hauseingang vor der verschlossenen Tür, und machte keinerlei Anstalten, mit Armin zu gehen. Armin stand da, wo Sissi eigentlich stehen sollte. Auf dem Bürgersteig vor dem Haus.
Im Regen.
„Jetzt hab dich doch nicht so! Du bist doch ein Hund – oder zumindest so etwas Ähnliches. Das macht dir doch nix aus, so ein bisschen Regen. Das ist doch Natur und so. Komm schon! Gassi-Gassi!"
Sissi kam nicht. Sie hatte keine Lust auf Gassi-Gassi. Die Klingelschilder waren interessanter.
Vor der Kneipe nebenan standen ein paar Gäste rauchend unter der Markise. Sie wurden auf Armin und Sissi aufmerksam und fingen an zu tuscheln. Über Armin, der langsam immer genervter an der Leine zog, und über Sissi, die einfach nur dasaß und in eine andere Richtung schaute.
„Verdammt, jetzt stell dich doch nicht so saudumm an!"
Er wurde lauter.
„Du wirst ja wohl noch dazu in der Lage sein, wie jeder andere blöde Hund auch, mal Gassi zu gehen, oder? Einfach ein bisschen rumlaufen, irgendwo hin pieseln, Revier markieren, am Hintern von anderen Scheißkötern rumschnüffeln, schnell Kacki-Kacki machen und dann wieder heim. Mir macht das doch auch keinen Spaß, zefix!"
Der Regen wurde langsam stärker. Die rauchenden Gäste hatten inzwischen ihre ganze Aufmerksamkeit auf das erbärmliche Schauspiel vor dem Hauseingang nebenan ge-

richtet. Obwohl die meisten von ihnen schon zu Ende geraucht hatten, blieben sie draußen stehen und fingen immer lauter an zu kichern und die Situation zu kommentieren.

Armin nahm nur einzelne Gesprächsfetzen wahr: "... der arme Hund ... wer geht da mit wem Gassi? ... einfach schlecht erzogen ... Kacki-Kacki machen ... wenn ich der Hund wäre ... Tierquälerei ... mit dem würd' ich auch nicht Gassi gehen ... was stinkt hier eigentlich so?"

Armin wurde langsam richtig sauer und zerrte immer stärker an der Leine. Die Raucher gaben inzwischen ihren Freunden im Lokal Handzeichen, nach draußen zu kommen. Zwei fingen an, an ihren Handys herumzufummeln. Offensichtlich wollten sie Videos aufnehmen.

„Du verfluchtes Drecksvieh!" Armin wurde laut und zog Sissi mit Gewalt hinter sich her. Vorbei an den grinsenden Rauchern. Sissi leistete keinen aktiven Widerstand, sondern tat einfach gar nichts. Sie ließ sich sitzend über den nassen Bürgersteig schleifen und drehte den Kopf Richtung Raucher, die immer lauter und ungenierter anfingen zu feixen und zu lachen, als sie an ihnen vorbeikamen. Kaum waren sie zehn Meter weiter, hörte Armin, wie von hinten jemand rief: „Schön Kacki-Kacki machen, Sissilein!" woraufhin die anderen in schallendes Gelächter ausbrachen.

Armin war kurz davor umzukehren, um dem Witzbold die Zähne auszuschlagen.

Wieso war es nicht mal möglich, mit diesem dämlichen Hund Gassi zu gehen? Das war ja wohl die Mindestanforderung, die man an so eine Kreatur stellen durfte, oder? Dass der Hund freiwillig mit einem Gassi geht. Nach weiteren zehn Metern gab Sissi auf, und fing an hinter dem neuen Herrchen her zu trotten. Am Weißenburger Platz ließ Armin den Hund von der Leine und wollte sich eine Zigarette anzünden, stellte aber fest, dass es dafür viel zu stark regnete. Er vergrub die Hände in den Taschen und starrte auf den Boden. Wenigstens hatte er hier seine Ruhe und konnte nachdenken.

Der geplante Madonnenraub ging ihm durch den Kopf. Wie sollte das alles eigentlich funktionieren? Sollten sie Sissi mitnehmen? Besser nicht, die würde nur stören. Aber den Hund alleine zuhause lassen? Auch keine gute Idee. Armin schob das Problem zur Seite und begann über die andere große Sache nachzudenken, die ihn beschäftigte:

Die Sabine vom Marketing. Was es wohl für ein Gefühl sein müsste, wenn sie sich im Regen küssen würden? Er würde sie ganz fest an sich ziehen und seinen Mantel um ihre Schultern legen. Sie würde mit ihren Lippen ganz nah an sein Ohr kommen und unendlich leise hauchen:

„Ach Herr Nachbar, heute auch wieder da?"

Armin zuckte vor Schreck zusammen und fuhr herum. Hinter ihm stand ein etwa gleichaltriger Mann mit einem Dackel an einer Teleskopleine. Typ Familienoberhaupt, der von seinen Kindern genötigt wurde einen Hund anzuschaffen.

Armin sah es bildlich vor sich: Die Kinder nerven rum, dass sie ein Haustier wollen, aber Papa mag nicht, weil die ganze Arbeit an ihm hängenbleibt. Mama mag auch nicht, aber um sich bei den Kindern beliebt zu machen, schlägt sie sich auf deren Seite, wohlwissend, dass der Papa sich schon durchsetzen wird. Papa hat aber keine Lust immer der Bösewicht zu sein, und um Mama eins auszuwischen, stimmt er dieser idiotischen Idee zu.

Natürlich nicht, ohne vorher den anderen Familienmitgliedern das heilige Versprechen abgenommen zu haben, sich um den Hund zu kümmern. Das bedeutet natürlich auch abends im Regen Gassi gehen. Selbstverständlich willigen Frau und Kinder ein und schon ist das neue Familienmitglied eingezogen.

Die Sache mit dem Gassi gehen klappt hervorragend. Ja, die Kinder streiten sich sogar darum, wer gehen darf. Zumindest die ersten drei Tage. Dann beginnen die Diskussionen, weitere zwei Tage später der erste Familienkrach. Nach einer Woche hat Papa kapituliert und geht jetzt jeden Abend mit dem Hund Gassi, statt Fußball zu schauen.

Dieser arme Mann steht nun also hinter Armin im Regen und fragt:

„Ach Herr Nachbar, heute auch wieder da?"

Armin weiß überhaupt nicht, was er auf diese Frage antworten soll? Er kann sich nicht erinnern, den Mann schon mal gesehen zu haben, will spontan antworten: „Nein, heute bin ich nicht da!" lässt es aber. Stattdessen kommt nur ein „Äh … ja … hm …" aus ihm raus. Keine höfliche Gegenfrage, kein Kommentar zum Dackel.

Soviel hatte Armin in den letzten Tagen gelernt: Hundebesitzer fühlen sich verbunden. Sie sind eine verschworene Gemeinschaft. Man interessiert sich für die Vierbeiner der anderen, hat bestimmte Themen, die abgehakt werden („Ist es ein Rüde? … läufig? … kastriert? … wie alt? … der will nur spielen …), und schließt neue Gassi-Freundschaften nach den Präferenzen der Vierbeiner.

Der Dackelbesitzer merkt, dass Armin nicht so gesprächig ist, und da der Dackel auch keinerlei Interesse an Sissi hat, beendet er die Unterhaltung mit einem freundlichem „Ja dann, auf Wiedersehen", und zieht weiter. Allerdings nicht ohne vorher einen prüfenden Blick auf Armins Hundeleine geworfen zu haben.

Auch das hatte Armin inzwischen gelernt: Es gehört zum guten Ton die Hinterlassenschaften seiner Vierbeiner wegzuräumen. Die dafür nötige Plastiktüte steckt man aber nicht einfach so in die Tasche, sondern knotet sie demonstrativ an die Leine, um seinen Mitmenschen zu signalisieren: „Seht her, ich weiß was sich gehört! Ich räume die Geschäfte weg, die mein Hund macht. Ich verhalte mich vorbildlich, mir kann niemand etwas vorwerfen."

Armin hatte seine Hundekacke-Tüte nicht nur nicht an die Leine geknotet, sondern sie überhaupt nicht dabei. Dass er sie vergessen hatte, war ihm schon vorher aufgefallen, aber er hatte keine Lust gehabt, deswegen nochmal zurückzugehen.

Sissi kam zitternd aus einem Gebüsch zurück und sah in vorwurfsvoll an. Armin war froh den Heimweg antreten zu können. Gott sein Dank stand niemand vor der Kneipe, als sie sich ihr näherten, aber in dem Moment, in dem sie am Fenster vorbeigingen, schaute jemand nach draußen, rief etwas und alle drehten sich zu Armin um. Der schaute nur kurz in die blöden Gesichter einer lachenden Ansammlung von Vollidioten und ärgerte sich maßlos, keine Hundekacke-Tüte mitgenommen zu haben. Die würde er jetzt dem Erstbesten da drinnen in sein dämliches Grinsegesicht schleudern.

Der Weg nach oben, in die eigenen vier Wände, verlief widerstandslos. Sissi merkte, dass es Richtung warme Wohnung ging und lief brav hinter Armin her. Kaum waren sie oben angekommen und die Tür war geschlossen, schüttelte sie sich das ganze Regenwasser aus dem Fell. Es spritze an die Wand und die Garderobe, und Armin wurde klar, dass sämtliche Jacken sowie die ganze Wohnung die nächsten Wochen nach nassem Hund stinken würden. Sissi lief in die Küche und Armin rief ihr hinterher: „Verdammt nochmal, kannst du das nicht draußen vor der Tür machen? So wie andere Hunde auch? Wie blöd kann man eigentlich sein?".

Er ging in die Hocke, knotete seine Schuhe auf und versuchte sich zu beruhigen. Es hat ja keinen Sinn, sich so aufzuregen. Nun war er ja wenigstens wieder in der trockenen, warmen Wohnung. Jetzt ein entspanntes Bier trinken, gute Musik hören, an die Sabine denken.

Er ging zum Kühlschrank und nahm sich eine Flasche Augustiner. Das Bier war angenehm kalt. Sein linker Fuß war angenehm warm. Warm und feucht.

Sissi hatte eine Pfütze gemacht.

20

Der Leiter des Altöttinger Polizeireviers, Hauptkommissar Ferdinand Rezbruft, war eigentlich ein geduldiger Mann. Wirklich viel los war ja auch nicht in Altötting. Wenn mal ein Handy aus einem offenem Carprio gestohlen wurde, welches mehrere Stunden unbeaufsichtigt in einer unbewohnten Sackgasse stand, war das schon eine Meldung im offiziellen Polizeibericht wert, und wurde im Altöttinger Tagesblatt tatsächlich auch noch abgedruckt.

Seit dem Krieg gab es nur einen einzigen Tag, an dem im Altöttinger Polizeirevier so etwas wie eine wirkliche Krisenstimmung geherrscht hatte.

Es war der Tag, an dem das unschuldige Altötting aus seinen Träumen gerissen wurde.

Es war der Tag, an dem das Grauen über Altötting kam.

Es war der Tag, an dem die zwei größten Missgeschicke der Evolution, nach Altötting versetzt wurden.

Ausgerechnet Vollmerer und Honkenmöller.

Ausgerechnet nach Altötting.

Ausgerechnet in seine Polizeidienststelle.

Die meiste Zeit verbrachte Hauptkommissar Rezbruft seit diesem Tag damit, die Vollhonks irgendwie mit irgendwas zu beschäftigen, bei dem sie nichts kaputtmachen konnten. Leider war die allgemeine Dienstvorschrift aber so, dass er sie auch gelegentlich in den Außendienst schicken musste. Nur ein einziges Mal unterlief Rezbruft der Fehler die Vollhonks gemeinsam auf Streife zu schicken. Die Folgen dieser

Schicht wurden noch wochenlang in den diversen Medien des Landkreises breitgetreten.

Zunächst hatten die beiden die Aufgabe, zu kontrollieren ob die Halteverbotsschilder für den Flohmarkt am kommenden Wochenende schon aufgestellt worden waren. Um ihre Wichtigkeit zu unterstreichen, fuhren sie natürlich mit Blaulicht und Martinshorn zum Einsatzort. Da sie über alle roten Ampeln fuhren, die sich auf ihrer Strecke befanden, waren sie relativ frühzeitig vor Ort und beschlossen noch ein paar Runden im Kreis zu fahren.

„Wir müssen Präsenz zeigen, das ist wichtig für das Sicherheitsgefühl der Bürger", sagte Honkenmöller, während er das Martinshorn auf die höchste Lautstärke drehte.

„Außerdem ist es wichtig, dass potenzielle Straftäter Respekt vor der Staatsgewalt haben", pflichtete Vollmerer ihm bei, während er mit seiner Dienstpistole durch das offene Fenster wahllos auf Passanten und Bewohner des Altenheims zielte, welches sie umkreisten.

Viele der Bewohner gerieten in Panik, liefen teilweise in Nachthemden völlig verwirrt auf der Straße umher und suchten verzweifelt den nächsten Luftschutzbunker, während sich andere auf den Boden warfen und auf das Jüngste Gericht warteten.

Nachdem die beiden Polizisten sich versichert hatten, dass die Halteverbotsschilder ordnungsgemäß aufgestellt waren, hörten sie über Funk, dass es Beschwerden über Kinderlärm am Spielplatz im Erholungspark gab. „Das übernehmen wir!" brüllte Honkenmöller in das Funkgerät, während er das Gaspedal durchdrückte.

Das wiederum bekam Hauptkommissar Ferdinand Rezbruft mit, der noch verzweifelt versuchte den Einsatz der Vollhonks zu unterbinden. Leider hörten diese aber den Dienstfunk nicht mehr, da das Reifenquietschen alles übertönte, und so musste Rezbruft selbst zum Einsatzort eilen.

Er würde den Anblick nie vergessen, der sich ihm bot, als er am Spielplatz ankam.
Honkenmöller kniete mit seinen knapp 100 Kilo auf der Kindergärtnerin, die im Sandkasten lag, sprühte ihr Reizgas in Gesicht und hielt ihr seine Pistole an die Schläfe, während Vollmerer damit beschäftigt war, die heulenden Vorschulkinder mit Kabelbindern an Händen und Füßen zu fesseln und immer wieder schrie: „Halt! Keine Bewegung! Polizei! Hände hoch! Stehenbleiben oder ich schieße!"
Hauptkommissar Rezbruft konnte gerade noch Schlimmeres verhindern. Was er aber nicht verhindern konnte war, dass die ganze Angelegenheit in den Medien auftauchte und natürlich wieder völlig übertrieben dargestellt wurde.
Selbstverständlich gab es Dienstaufsichtsbeschwerden, politische Streitereien und Rücktrittsforderungen, und tatsächlich sah das Ganze so aus, als würde es noch höchst unangenehme Folgen für die komplette Altöttinger Polizeidienststelle haben.
Aber plötzlich verlief die Angelegenheit im Sande und war überhaupt kein Thema mehr.
Das wunderte Hauptkommissar Rezbruft und zunächst vermutete er, dass es damit zu tun hatte, dass die Fußball WM anstand. Der Bundestrainer hatte gerade die Mannschaftsaufstellung bekanntgegeben, und somit gab es wirklich wichtigere Diskussionsthemen als ein paar verschreckte Alte und Kinder.
Erst später erfuhr Rezbruft, dass wohl hinter den Kulissen ein gewisser Innenstaatssekretär Dr.Knarfhofer ein paar Fäden gezogen hatte. Angeblich gab es da so eine Geschichte in der Vergangenheit, die mit einem Kasperltheater zu tun hatte, und die wollte man nicht wieder unnötig hochkochen.
Das alles war nun schon eine zeitlang her und Rezbruft tat alles, um zu unterbinden, dass die beiden auch nur noch ein

einziges Mal gemeinsam auf Streife geschickt wurden. Nur so konnte er verhindern, dass sie nochmal so ein Chaos auslösen würden.

Zunächst gelang Rezbruft das auch. Zunächst.

21

Der nächste Abend nach dem Spaziergang im Regen begann vielversprechend, endete aber eher unbefriedigend und war wohl der Vorbote des heutigen Tages.

Zunächst hatte Armin die großartige Idee sich in der Lotti-Bar auf ein oder zwei Bier mit Rony zu treffen. Nach dem vierten Bier, dem noch zwei Schnäpse als Sättigungsbeilage beigefügt wurden, merkten die beiden, dass das Geld langsam knapp wurde. Diesmal kam von Rony der Vorschlag, um irgendwas zu wetten. Der Verlierer müsste die nächste Runde zahlen, und so würde zumindest der Gewinner kostenlos trinken, was das Budget entlasten würde.

Armin fand das einleuchtend und vernünftig, und schlug auch gleich eine Wette vor: „Ich wette, dass du es auch mit drei Versuchen nicht schaffst, die PIN von meinem Handy zu erraten."

Rony schnappte sich Armins Handy, und ehe der reagieren konnte, hatte Rony viermal hintereinander eine falsche PIN eingegeben. Somit war die SIM-Karte gesperrt und konnte nur mit der PUK entsperrt werden, die Armin natürlich nicht dabeihatte.

Armin war stinksauer und fluchte rum, aber Rony konnte ihn beruhigen:

"Mensch reg dich doch nicht so auf. Das war die einzige Möglichkeit zu überprüfen, ob meine Zahlen stimmen. Wenn ich sie dir nur genannt hätte, hättest du ja einfach sagen können, dass die nicht richtig sind, obwohl sie es waren. Dass du den PUK nicht weißt spricht gegen dich, weil du so schlecht organisiert bist. Aber daheim hast du ihn ja sicher in deinen Unterlagen, und heute brauchst du das Handy ja eh nicht mehr."

Was Rony sagte war natürlich in sich schlüssig, und Armin sah ein, dass der Fehler bei ihm lag. Abgesehen davon musste Rony ja das nächste Bier zahlen und er hatte Geld gespart. Leider half ihm das aber auf Dauer auch nicht weiter, da seltsamerweise das Geld trotzdem bald aufgebraucht war, und die beiden den Abend früher als geplant beenden mussten.

An all diese Dinge musste Armin nun denken, als er völlig genervt und verkatert an seinem Küchentisch saß und sich und die Welt verfluchte. Den Zettel mit dem PUK hatte er natürlich nicht gefunden, und die Zeit lief ihm davon, weil er unbedingt Angelique anrufen musste. Deren Nummer war aber im Handy abgespeichert und es schien wichtig zu sein. Gestern hatte sie ihm auf die Mailbox gesprochen und darum gebeten, dass er sie heute Vormittag zurückruft. Es wäre sehr wichtig und hätte mit Sissi zu tun.

Armin hoffte inständig, dass Angelique ein neues Zuhause für ihren doofen Hund gefunden hätte, und selbiger in den nächsten Stunden bei ihm abgeholt werden würde. Schon allein, da Sissi bei den ganzen Vorbereitungen zum Madonnenraub im Weg stand und somit auch Armins Liebe zur Sabine.

Sissi Schwarovski selbst interessierte sich natürlich nicht für Armins Handyproblem, sondern beobachtete schon seit geraumer Zeit sehr aufmerksam das Antennenkabel am Fußboden.

Armin hatte keine Wahl. Er musste bei der Kundenhotline anrufen, und versuchen dort zu erfahren, wie er sein Handy wieder zum Laufen bringen konnte. Er fühlte sich wie ein Lamm auf dem Weg zur Schlachtbank, als er mit seinem Festnetzanschluss die Nummer der Hotline wählte.

Sprachcomputer mit freundlicher, weiblicher Stimme:
„Guten Tag sie sind mit der Kundenhotline ihres Telekommunikationsanbieters verbunden …"
(Im Hintergrund grauenhafte Fahrstuhlmusik)
„… Wenn sie Fragen zu unseren Angeboten haben, drücken sie bitte die 1, wenn sie Fragen zu ihrer Rechnung haben, drücken sie bitte die 2, wollen sie einen neuen Vertrag abschließen, drücken sie bitte die 3, bei allen anderen Anliegen drücken sie bitte die 4 …"
Armin will seine SIM-Karte entsperren. Er drückt die 4.
(Acht Takte grauenhafte Fahrstuhlmusik)
„… sagen sie bitte in einfachen Worten, was sie wollen. Zum Beispiel: „Vertragsverlängerung"."
Armin: „SIM-Karte entsperren."
Sprachcomputer: "Sie haben ein Problem mit ihrem Anschluss? Habe ich sie richtig verstanden?"
Armin: "Nein."
Sprachcomputer: "Gut. Dann noch einmal: Sagen sie bitte in einfachen Worten, was sie wollen. Zum Beispiel: „Vertragsverlängerung"."
Armin (genervt): „SIM-Karte entsperren."
Sprachcomputer: "Sie haben ein Problem mit ihrer Rechnung? Habe ich sie richtig verstanden?"
Armin (genervt): „Nein, du Blödkröte!"
Sprachcomputer: "Schade, dass ich ihnen nicht weiterhelfen kann. Aber unser persönlicher Berater wird das Problem mit ihnen sicher gleich klären können."
Armin: „Leck mich."
(Acht Takte grauenhafte Fahrstuhlmusik)
Sprachcomputer: "Der nächste freie Mitarbeiter ist für sie reserviert. Bitte haben sie noch einen kleinen Moment Geduld"
(Acht Takte grauenhafte Fahrstuhlmusik).

Sprachcomputer: "Um ihr Anliegen schnell und sicher bearbeiten zu können, halten sie bitte ihre Kundennummer, ihren PUK, ihre PIN, ihre Super PIN und ihre 12stellige Geheimzahl bereit, die wir ihnen per Post zugeschickt haben."

Armin: „Verdammt, das ist sieben Jahre her. Wo ist der ganze Scheiß?"

Inzwischen sind etwa sechs Minuten vergangen, und Armin wird langsam nervös und gestresst, da er nicht weiß, wo die angeforderten Unterlagen sind.

(Acht Takte grauenhafte Fahrstuhlmusik).

Sprachcomputer: „Um ihr Anliegen schnell und sicher bearbeiten zu können, sagen sie uns bitte ihre Telefonnummer in einzelnen Ziffern mit Vorwahl."

(Im Hintergrund grauenhafte Fahrstuhlmusik).

Armin (ziemlich genervt):"Null-Eins-Sieben-Neun-Fünf-Zwei-..."

Sprachcomputer: "Ich habe folgende Telefonnummer verstanden: Null-Eins-Sieben-Neun-Fünf-Drei ... Ist das richtig?"

Armin (laut):"Nein das ist nicht richtig, du blöde Gesichtsfünf!"

Sprachcomputer: „Ich habe sie also nicht richtig verstanden. Das tut mir leid. Versuchen wir es noch einmal. Sagen sie uns bitte ihre Telefonnummer in einzelnen Ziffern mit Vorwahl."

Armin (laut und aggressiv):"Null-Eins-Sieben-Neun-Fünf-Zwei-..."

Sprachcomputer: "Schade, dass ich ihnen nicht weiterhelfen kann. Aber unser persönlicher Berater wird das Problem mit ihnen sicher gleich klären können."

Armin: „Du blöde Abgaskakerlake! Ich will endlich mit einem Menschen reden!"

(Acht Takte grauenhafte Fahrstuhlmusik)

Sprachcomputer: "Zur Verbesserung unserer Servicequalität und zu Schulungszwecken nehmen wir einzelne Gespräche auf. Wenn sie das nicht wünschen, sagen sie es bitte am Anfang ihres persönlichen Beratungsgespräches."

Armin: „Halt's Maul du dumme Brechwurst!"

(Acht Takte grauenhafte Fahrstuhlmusik)

Sprachcomputer: „Bitte haben sie noch einen kleinen Moment Geduld. Der nächste freie Mitarbeiter ist für sie reserviert."

Armin (brüllt): „FICK DICH!"

(Acht Takte grauenhafte Fahrstuhlmusik)

Inzwischen sind etwa 15 Minuten vergangen.

(Acht Takte grauenhafte Fahrstuhlmusik)

Sprachcomputer: "Aufgrund des unerwartet hohen Anrufaufkommens sind alle Mitarbeiter gerade im Gespräch. Bitte haben sie noch einen kleinen Moment Geduld."

Armin (sehr leise aber voller Hass): „Ihr verfickten Scheißnazis. Ich bring euch um. Ich bring euch alle um. Ich schieb euch mein Handy hinten rein und durchs Gedärm oben wieder raus. Ich bring euch um."

(Acht Takte grauenhafte Fahrstuhlmusik)

Sprachcomputer: "Wussten sie eigentlich, dass sie die meisten Anliegen ganz bequem online lösen können? Gehen sie auf www.telekommunikationsanbieter.de und dort auf den Kundenbereich. Das praktische Onlineportal ist übrigens auch außerhalb unserer normalen Geschäftszeiten geöffnet"

Armin (brüllt): „ICH WEISS; DU KLEINGELDNUTTE! GEBT MIR ENDLICH EINEN MENSCHEN ANS TELEFON!"

Sprachcomputer: „Unsere Geschäftszeiten sind Montag bis Freitag von 8 bis 18 Uhr, und am Samstag von 10-14 Uhr."

(Acht Takte grauenhafte Fahrstuhlmusik)

Armin: "Ihr altersschwache Bettwanzen! Ihr miesen Feuchtpopelgazellen!"

(Acht Takte grauenhafte Fahrstuhlmusik)

Inzwischen sind etwa 25 Minuten vergangen.

(Acht Takte grauenhafte Fahrstuhlmusik)

Sprachcomputer: „Wussten sie eigentlich, dass wir permanent bemüht sind, unsere Qualität zu verbessern? Wollen sie uns dabei helfen? Im Anschluss an unser Beratungsgespräch würden wir ihnen gerne noch ein paar Fragen stellen. Es dauert nur 10 Minuten und sie haben die Möglichkeit an einem Gewinnspiel teilzunehmen."

Armin(brüllt):"NEIN! ICH WERDE EUCH KEINE FRAGEN BEANTWORTEN! ICH WILL AN KEINEM GEWINNSPIEL TEILNEHMEN! ICH WILL MIT EINEM MENSCHEN REDEN! MIT EINEM MENSCHEN! VERSTEHT IHR?!?!? GEHT ENDLICH AN DEN APPARAT IHR DICKDARMAKROBATEN!"

(Acht Takte grauenhafte Fahrstuhlmusik)

Voller Verachtung blickt Armin auf Sissi. Wegen ihr ist er in dieser Situation. Sie ist schuld, dass er kurz davor ist durchzudrehen. Wegen ihr muss das Handy möglichst schnell wieder einsatzbereit sein.

Sissi Schwarovski hingegen lässt sich nicht aus der Ruhe bringen und beobachtet weiterhin das Antennenkabel am Fußboden.

(Acht Takte grauenhafte Fahrstuhlmusik)

Sprachcomputer: "Der nächste freie Mitarbeiter ist für sie reserviert. Bitte haben sie noch einen kleinen Moment Geduld"

(Acht Takte grauenhafte Fahrstuhlmusik)

Sprachcomputer: „Übrigens: Sie bekommen in den nächsten Tagen eine E-Mail von uns, in der sie das Beratungsgespräch bewerten können. Somit helfen sie uns, dass unsere Kunden noch zufriedener sind."

Armin (brüllt):"SOLL ICH EUCH SAGEN, WIE ICH NOCH ZUFRIEDENER BIN? WENN IHR MIR DAS WARZENSCHWEIN AUSLIEFERT, DASS FÜR EURE HOTLINE VERANTWORTLICH IST! ICH WERDE IHN AN DIE WAND KETTEN UND ER MUSS BEI SEINER EIGENEN HOTLINE ANRUFEN. ICH LASS IHN ERST FREI, WENN ER ES GESCHAFFT HAT MIT EINEM MENSCHEN ZU REDEN! SO LANGE WERDE ICH IHN FOLTERN! UND JEDES MAL, WENN ES HEISST „DER NÄCHSTE FREIE MITARBEITER IST FÜR SIE RESERVIERT", WERDE ICH IHM EINEN FINGERNAGEL MIT GLÜHENDEN ZANGEN HERAUSREISSEN! UND JEDES MAL, WENN DER VERFLUCHTE SPRACHCOMPUTER IHN NICHT VERSTEHT, WERDE ICH IHN ERWÜRGEN!! LIEFERT MIR DIESE SCHEISSHAUSFLIEGE AUS!!!!ICH ... ICH ..."
Armins Stimme bricht weg.
(Acht Takte grauenhafte Fahrstuhlmusik)
Sprachcomputer:"Der nächste freie Mitarbeiter ist für sie reserviert. Bitte haben sie noch einen kleinen Moment Geduld."
(Acht Takte grauenhafte Fahrstuhlmusik)
Inzwischen sind 40 Minuten vergangen.
Armin (heult): „Warum ich? Warum immer ich? Die Welt könnte so schön sein. Ich habe nie jemanden etwas Böses angetan. Ich würde ja dafür zahlen, dass jemand mit mir spricht. Warum seid ihr so gemein zu mir? Warum?"
(Acht Takte grauenhafte Fahrstuhlmusik)
Armin merkt, dass er so verheult nicht mit dem Kundenberater sprechen kann und holt sich ein Taschentuch, um sich zu schneuzen.
(Acht Takte grauenhafte Fahrstuhlmusik)
Sprachcomputer: „Aufgrund des unerwartet hohen Anrufaufkommens, sind wir leider nicht in der Lage ihren Anruf persönlich entgegenzunehmen. Bitte rufen sie zu einem

späteren Zeitpunkt nochmal an. Vielen Dank für ihr Verständnis ... Klick ... piiiiiiiiiiiiep ..."

Gerade als Armin sich überlegt, entweder aus dem Fenster zu springen oder doch einfach nur Amok zu laufen, läutet es an der Tür.

Rony der draußen steht, schaut ihn entgeistert an.

„Mensch Armin, was ist denn mit dir los? Du bist ja total verheult. Warum zitterst du denn so? Komm lass mich mal rein, ich kann dir sicher helfen." Er schiebt sich an seinem Freund vorbei, geht in die Küche und macht Kaffee.

Armin setzt sich an den Tisch und ist kaum zu beruhigen. Immer wieder laufen Tränen über sein Gesicht und Rotz aus seiner Nase. Er zittert und schluchzt und nur langsam begreift Rony was vorgefallen war.

„Mensch Armin, das ist doch alles kein Problem. Lass mich nur machen." Er schnappt sich das Telefon, drückt die Wahlwiederholung und drei Minuten später ist alles erledigt. Armins Handy funktioniert wieder, während Sissi weiterhin das Antennenkabel beobachtet.

„Ich versteh echt nicht, warum du dich so anstellst? Da ruft man einfach an, lässt die SIM-Karte entsperren und alles ist gut. Du hättest dir den Ärger sowieso ersparen können, wenn du deine Unterlagen beisammen gehabt hättest. Hoffentlich hast du wenigstens was daraus gelernt."

Armin blickt Rony völlig entgeistert an. Er überlegt gerade in welchen Körperteil von Rony er die Gabel rammen will, die er in der Hand hält, als sein Handy klingelt. Angelique ist dran:

"Hallo, hier ist Angel. Ich wollte mich nur erkundigen, wie es meinem Sissi-Schatzi geht? Ist sie brav? Und dann wollte ich dich bitten, den Tierarzt-Termin nicht zu versäumen. Und bitte nicht vergessen, dass man ihr wohl besser keinen Lachs zum fressen gibt. Offensichtlich verträgt sie den nicht, und bekommt davon Verdauungsprobleme. Bitte sag meinem Liebling, dass ich sie ganz toll vermisse und über alles liebe. Danke!"

Noch bevor Armin zu Wort kommt, hat Angelique aufgelegt und Rony hat sich ihm gegenüber an den Tisch gesetzt.

Armin starrt auf die Tischplatte und versucht sich zu beruhigen.

Rony ergreift gutgelaunt das Wort:

„Also, nachdem ich die Probleme, die durch deine Unfähigkeit entstanden sind, gelöst habe, könntest du dich ruhig mal bei mir bedanken. Und dann können wir uns den wirklich wichtigen Themen zuwenden: Unserem Coup, mit dem wir so richtig viel Asche machen werden, zum Beispiel."

Rony lehnt sich zurück und grinst selbstzufrieden zu Armin rüber.

In dem Moment hat Armin die Erkenntnis, dass es doch eine Möglichkeit gegeben hätte, die Richtigkeit von Ronys geratenen Zahlen zu überprüfen, ohne dreimal hintereinander eine falsche PIN einzugeben.

22

Armin und Rony trafen sich nun fast täglich, um ihren Coup vorzubereiten. Armin war immer noch etwas skeptisch und am Zweifeln, weil er sich die Eroberung der Sabine doch etwas unkomplizierter gewünscht hätte. Rony hingegen war von seiner Idee, die Schwarze Madonna zu klauen, völlig begeistert und ernannte sich selbst erst mal zum Chefstrategen. Einen Namen für die Aktion hatte er sich auch schon ausgedacht:

„Operation Klingelbeutel."

In seiner Funktion als Mastermind der Operation Klingelbeutel, sprühte er vor Ideen. Diese wären für Außenstehende meist nicht nachvollziehbar gewesen, aber da es ja keine Außenstehenden gab, gab es auch fast keine Kritiker dieser Ideen. Es gab nur Armin und der hatte inzwischen kaum noch Lust zu diskutieren.

Rony hatte nämlich ein Argument, das immer stach: Die Sabine vom Marketing. Er brauchte nur ihren Namen zu erwähnen und Armin konnte nicht mehr klar denken.

Ronys' Ideen zeichneten sich oft dadurch aus, dass ihre Verwirklichungen etwas mit Geld zu tun hatten. Mit Armins Geld natürlich. Da Rony selbst über keinerlei Ersparnisse verfügte, hatte er beschlossen, dass zunächst mal Armin für alle Ausgaben aufzukommen hatte. Das wiederum störte Armin, der sauer reagierte, als Rony ihn schon wieder um Geld für die Operation Klingelbeutel anging:

„Weißt du was Rony? Ich hab' jetzt langsam echt keinen Bock mehr. Ich zahle alles. Den neuen PC, das neue Navi, die Spionagekamera, und so weiter. Inzwischen habe ich schon fast 3000.- Euro in die ganze Schwachsinnsaktion gesteckt ..."

„Schwachsinnsaktion?"

Rony wurde laut und war ganz außer sich vor Empörung.

„Schwachsinnsaktion? Soll ich dir mal was sagen, du Bonsaigärtner? Andere wären froh, wenn sie bei so einer Nummer dabei sein dürften! Ich hab' hier den Masterplan für den größten Coup aller Zeiten, bin so freundlich dich mitmachen zu lassen, und du nörgelst blöd rum. Es geht um 10 Millionen, falls du es vergessen hast. Und großzügig, wie ich bin, gebe ich dir fünf davon ab. Und natürlich auch die Hälfte deiner bisherigen Ausgaben. Also 1500.- Das heißt, du bekommst 5.000.1500.- von der Beute und ich bekomme eben nur 4.998.500.-. Passt das so, oder würde der Herr Erbsenzähler von der Stadtsparkasse gerne noch Zinsen auf seine lächerlichen Einlagen bekommen? Bitte kannst du gerne haben..."

Mit theatralischer Geste aktivierte Rony den Taschenrechner in seinem Handy. „Also, ich gebe dir mal 5% Zinsen, weil du ja so arm bist. Dann hätten wir also 1500.- ne oder 3000.- mal 5% … äh Moment wie muss man das rechnen? … Ist das jetzt pro Monat oder pro Jahr oder wie geht das? … Äh … nee … nochmal … also wir haben 5% auf …"

„Rony lass den Scheiß! Das geht mir jetzt echt auf den Keks! Ich werde ja wohl noch das Recht haben, mich darüber zu beschweren, dass du sehr großzügig mit meinem Geld umgehst, oder? Weißt du noch, wie wir neulich nachts im Bergwolf gelandet sind? Ich habe nur einmal „Klingelbeutel" gesagt, und schon hast du unsere Currywürste und das Bier als „Operationsvorbereitung" deklariert und ich musste die Zeche zahlen. Behandel mich bitte nicht wie einen Doofmannsgehilfen, OK?"

„Hey Armin, beruhig dich mal …" Rony legte ihm beschwichtigend die Hand auf die Schulter.

„… das ist ganz normal, dass man kurz vor so einer Aktion nervös und angespannt ist. Bin ich ja auch. Wir müssen jetzt einfach mal cool bleiben. Profimäßig. Wir sind doch nicht so Spackenhirne wie die anderen. Pass mal auf, wenn wir die Nummer durchgezogen haben, werden die ganzen Behördenbrieflesser vor Staunen den Mund nicht mehr zu kriegen. Das wird Anton aus Tirol hoch zehn. Jetzt mach dich einfach mal locker, und überleg dir lieber, wie du dann dein restliches Leben mit deiner Sabine genießen willst."

Das saß.

„OK, hast ja Recht. Vielleicht sollte ich das Ganze doch etwas lockerer sehen. Immerhin hab' ich ja noch ein paar Tausend auf dem Konto …"

„Eben. Apropos: Gib mir mal `nen Hunni. Wir brauchen noch ein Fernglas, hab' ich mir überlegt."

Ursprünglich war geplant, heute ganz früh nach Altötting zu fahren, um den größten Coup aller Zeiten vorzubereiten. Aber inzwischen saßen sie schon seit zwei Stunden am Küchentisch und stritten wegen Kleinigkeiten. Jetzt musste also auch noch ein Fernglas gekauft werden, bevor es endlich losging.

Eine Stunde später saßen sie dann schließlich doch im Auto nach Altötting. Sissi wurde auf den Rücksitz platziert, wo sie es sich bequem machte und den Türgriff beobachtete. Armin hatte gestern extra noch ein neues Navi gekauft („Nur bar bezahlen! Auf keinen Fall mit Karte!"), das nach der Operation vernichtet werden sollte.

Rony ergriff das Wort:

"Also, alles wie besprochen: Unsere Handys sind daheim. Somit kann uns niemand über die Handymasten orten und nachweisen, dass wir heute in Altötting waren. Sie liegen eingeschaltet in deiner Wohnung. Wenn uns jemand anruft, hören wir das nicht, weil wir sie leise geschaltet haben und schlafen müssen. Haben ja die ganze Nacht sechs Folgen von Krieg der Sterne angeschaut. Das sollten wir übrigens bald nachholen. Wenn uns die Bullen in die Mangel nehmen, müssen wir genau wissen, was in welcher Folge passiert ist. Ich besorg morgen gleich die DVDs. Da bräuchte ich dann noch 65.- Euro. Die sind gerade im Angebot. Heute in Altötting benehmen wir uns wie ganz normale Pilger oder Touris. Schauen uns alles an. Die Kirche, die Kapelle, zwischendrin mal ins Gasthaus, und am Schluss die Schatzkammer. Ich hab' uns ja extra diese Knopflochkamera gekauft. Damit zeichnen wir alles auf. Dann können wir zu Hause in Ruhe die Sicherheitsvorkehrungen studieren, die Fluchtwege planen und überhaupt alles professionell vorbereiten. Parken sollten wir auf jeden Fall am Dultplatz. Das machen alle so.

Wir müssen dann aber einen kleinen Umweg nehmen. Auf keinen Fall die Burghauser Straße. Da ist die Bullenstation."

„Vielleicht ist es nicht unklug, wenn du mal aufhörst, ständig von Bullen zu sprechen, OK? Wir sind brave Katholiken und nicht irgendwelche Halbstarken, falls du es vergessen hast."

„Ja ja, schon gut. Also, ich hoffe, du hast dich auf alles gut vorbereitet? So wie ich es dir aufgetragen habe. Daheim können wir ja schlecht im Internet recherchieren, das landet ja dann alles bei den Geheimdiensten …"

Tatsächlich hatte Armin, auf Ronys Anweisung hin, in den letzten Tagen einen Großteil seiner Arbeitszeit damit verbracht, im Firmencomputer Informationen für die Operation Klingelbeutel zu sammeln. Zusammen mit den ganzen Büchern über Altötting hatte er sich ein Fachwissen angeeignet, das seine Kenntnisse über die Münchner Stadtgeschichte fast noch überragte. Inzwischen wäre er in der Lage gewesen, Führungen durch Altötting anzubieten.

Die Fahrt dauerte dann doch etwas länger als geplant, weil sich die beiden peinlichst genau an die Geschwindigkeitsbegrenzungen hielten. Wegen so etwas aufzufallen, wäre ein unverzeihlicher Fehler gewesen.

In Altötting parkten sie am Dultplatz, schlenderten gutgelaunt durch die Straßen, zerrten Sissi hinter sich her und genossen das schöne Wetter. Am Kapellplatz staunte Rony nicht schlecht. Vor den Geschäften wurde teilweise Weihrauch verbrannt, so dass der ganze Platz wie eine Kathedrale roch.

„Wow, ist da protzig hier. Schau mal die Reiterstatue da. Wer ist das denn?"

„Das ist Graf von Tilly."

„Tilly? Was ist das denn für ein bescheuerter Name? Klingt ja wie einer von den Teletubbies."

„Tilly war ein Heerführer im Dreißigjährigen Krieg. Hat viele Schlachten gewonnen. Er war auch an dem Massaker von Magdeburg beteiligt. 1631 wurden da an einem Tag etwa 20.000 Menschen abgeschlachtet. Es gilt als das größte und schlimmste Blutbad des Dreißigjährigen Krieges."

Armin blühte in der Rolle des Fachmannes immer weiter auf.

„Das war nämlich so: Der Dreißigjährige Krieg war ja eine Folge der Reformation von Martin Luther. Und jetzt ging es halt Katholisch gegen Evangelisch. Und Tilly hat eben für die Katholische Kirche gekämpft. Naja, und da hat er halt auch so ein paar Gemetzel veranstalten müssen. Gegen den war der Islamische Staat ein Gesangsverein."

„Und warum hat der Typ jetzt hier eine Statue stehen?" Rony verstand das Ganze nicht.

„Weil wir hier in Bayern sind, du Spatzenhirn. Bayern ist katholisch. Tilly hat ja nur Protestanten abgeschlachtet. Oder besser gesagt, Menschen, deren Herrscher sie zu Protestanten erklärt hatten. Übrigens hat er in der Kirche da drüben sogar noch eine eigene Gruft. Da kannst du ihm durch ein Glasfenster in seinem Sarg beim Verwesen zuschauen. Sein Herz wiederum ist in einer Silberschatulle in der Gnadenkapelle aufbewahrt. Direkt bei der heiligen Muttergottes."

„Sag mal, Armin, wie ticken denn die Altöttinger? Das ist ja wohl total krank, oder?"

„Mach dich locker Rony. Die sind hier völlig normal. Wie die Münchner. Hast du dir mal die Feldherrnhalle am Odeonsplatz genau angeschaut? Da steht links eine Statue. An der Stelle, wo der Hitlerputsch niedergeschlagen wurde. Eine schöne, große Statue zu Ehren von Graf von Tilly. Ach, und bevor ich es vergesse: Eine Tilly Straße gibt es in München natürlich auch noch."

Armin musste grinsen, als er merkte, wie seine Worte langsam in Ronys Bewusstsein eindrangen.

Dem hatte es die Sprache verschlagen. Sie schlenderten weiter, banden Sissi vor einer Ladentür fest und gingen in eines der vielen Geschäfte, die direkt an die Kirche angebaut waren.

Hier gab es einfach alles, was mit dem Madonnenkult zu tun hat. Madonna als Poster, Madonna in der Schneekugel, Madonna als Plastikfigur, als Holzfigur, als Porzellanfigur, als Schlüsselanhänger, Bücher über die Madonna, Heftchen, Anstecknadeln und selbstverständlich die obligatorischen Kühlschrankmagneten. Armin entschied sich für eine Kerze mit der Aufschrift „Maria hat geholfen". Darüber eine Abbildung der Heiligenfigur.

„Komisch sind die Leute hier. Katholischer geht's ja fast nicht. Hast du schon die Graffitis bemerkt? Sogar die bestehen nur aus Bibelstellen. Würde mich mal interessieren, was die zu bedeuten haben?"

Direkt neben dem Geschäft hatte jemand „Joh.2/16" an die Wand gesprüht. Auf der anderen Seite konnte man „Mk.11/15" lesen. Auf dem Sockel von Tillys Reiterstatue stand nur „Lukas 6/37".

„Wie ticken die Jugendlichen hier eigentlich? Bibelstellen an die Wand sprühen ... tztztz." Armin fiel auf, dass er sofort dachte, dass es Jugendliche waren, die hier mit Farbdosen am Werk waren. Immer wenn irgendwo etwas kaputtgemacht oder angestellt wird, denken alle Menschen sofort: „Immer diese Jugendlichen." Dass ein erwachsener Mensch eine Scheibe einwerfen oder ein parkendes Auto beschädigen könnte, schien ausgeschlossen. Immer waren es „diese Jugendlichen".

Mit ihrer Kerze in der Hand und Sissi hinter sich herziehend schlenderten sie weiter in die Stiftspfarrkirche.

„Ist dir aufgefallen, dass hier alle paar Meter ein Opferstock steht, und man ständig für irgendwas spenden soll? Die Kirche scheint wirklich arm zu sein", giftete Rony rum.

"Ah schau, hier auch. Tüchleingemälde, für deren Restaurierung man gleich eine Patenschaft übernehmen soll."

Sie standen vor ein paar Ausstellungswänden, an denen Fotos der kaputten Gemälde angebracht waren. Auf einem Gemälde war der heilige Gral abgebildet, der in der Luft schwebte. Das Bild übte eine starke Anziehungskraft auf Armin aus.

Kurz darauf waren sie unten in der Tillygruft. Zwei Särge standen neben der Treppe, drei weitere nebeneinander an der Stirnseite des Raumes. In der Mitte der Sarg des Kriegsverbrechers. Durch eine Scheibe konnte man tatsächlich seinen mumifizierten Schädel anschauen.

„Zumindest kann man nicht behaupten, dass er wie ein Teletubby aussieht", raunte Rony Armin zu, als er sich über das Schaufenster in Tillys' Sargdeckel beugte. Sissi interessierte sich nicht im Geringsten für Tillys Sarg und zerrte an der Leine zurück zur Treppe.

„Also wirklich pietätsvoll sind die ja hier auch nicht", sagte Armin als sie wieder oben waren. "Lass uns mal an die frische Luft gehen."

Zwei Minuten später standen sie hinter der Kirche vor zwei Bänken. „Na welche hättest du gerne?" witzelte Armin. Auf der Lehne der rechten Bank war ein Schild angebracht, das Rony laut vorlas:

„Diese Bank dient zum ruhigen Verweilen nicht zum Abhalten von lauten Trinkgelagen! Bei Lärmbelästigung wird die Polizei verständigt!"

„Fehlt da nicht ein Komma nach Verweilen?" fragte Armin.

„Ach egal. Lass uns hinsetzen und ruhig verweilen. Wehe du hältst hier ein lautes Trinkgelage ab. Dann verständige ich die Polizei."

„Keine Angst, nur ein Bierchen. Das wird ja wohl erlaubt sein, oder?" Rony griff in den Rucksack und holte zwei Bierdosen heraus. „Solange wir ganz leise trinken, wird das ja wohl niemanden interessieren, denke ich."

Nur eine Person war doch etwas interessierter an dem, was hier gerade passierte: Die Obernonne Schwester Lucina vom heiligen Orden der gehorsamen Töchter des benedeiten Leiden Jesu Christi zu Altötting.

Ihr waren diese zwei verdächtigen Gestalten mit ihrem unförmigen Hund schon vorher aufgefallen. Sie wirkten nicht wie echte Pilger. Ständig machten sie sich neue Bierdosen auf. Irgendetwas stimmte mit denen nicht. Das sagte ihr ihr Instinkt.

„Euch komische Vögel behalte ich im Auge", flüsterte sie zu sich selbst, und umklammerte das Holzkreuz, das seit über 40 Jahren an ihren Hals herunterbaumelte.

Die beiden komischen Vögel wiederum bemerkten nicht, dass sie beobachtet wurden, tranken aus und schlenderten danach entspannt durch die Straßen.

Rony grinste Armin an: "Ich hab' einen Sauhunger. Lass uns mal ein nettes Restaurant suchen. Da kannst du später auch mal mit der Sabine essen gehen."

„Ja ja, hab schon kapiert. Betriebsausgaben …", maulte Armin noch halb schwach rum, aber es war klar, dass er jetzt für das Essen aufkommen musste.

Ziellos gingen sie ein paar Straßen entlang, als Rony plötzlich ein Plakat bemerkte, auf dem in Großbuchstaben stand:

„NUR NOCH SPACKEN GEH'N NACH WACKEN!"

Darunter etwas kleiner: „Altöttinger Hardrock Festival", und die Namen einiger bekannter und etlicher unbekannter Bands.

„Hey, schau mal." Rony deutete auf das Plakat. „Da gehen wir in zwei Wochen hin. Danke nochmal für die Freikarte."

Kurz darauf fanden sie ein nettes Lokal, mit schattigen Plätzen unter alten Kastanien. In Erwartung des enormen Reichtums fielen bei Rony immer mehr die Hemmungen, Armins Geld großzügig unter die Leute zu bringen. Dem wiederum beschlich langsam der Verdacht, dass Rony grundsätzlich nur noch das teuerste Essen bestellte. Nach dem Nachtisch gab es noch ein Gläschen Sekt, einen Espresso, und weil es gerade so nett war, noch zwei Schnäpse zur Verdauungszigarette.

So gestärkt und gutgelaunt ging es zurück auf den Kapellplatz, und dort erst mal Richtung Gnadenkapelle.

Auf den Weg zur Kapelle sahen sie ein paar ältere Damen, die mit Holzkreuzen auf den Schultern um die Kapelle gingen. Die Kreuze konnte man sich ausleihen, um Buße zu tun, sich für Marias Hilfe zu bedanken oder selbige zu erbitten. Armin fiel auf, dass die Frauen, wie die meisten Pilger hier, nicht besonders glücklich aussahen.

Weiter ging's zur Gnadenkapelle. Die beiden betrachteten die unzähligen Votivtafeln, die im Kreuzgang angebracht waren. „Maria hat geholfen", stand auf den meisten. Dazu Zeichnungen von grauenhaften Unfällen, Menschen in Notsituationen oder Menschen die einfach nur im Bett lagen. Auf vielen der Bilder waren Kriegsszenen abgebildet. „Schau", erklärte Armin, „da haben sich welche bedankt, weil sie heil aus dem Krieg zurückgekommen sind. Denen hat Maria geholfen."

„Und was ist mit denen, die nicht heil aus dem Krieg zurückgekommen sind?" fragte Rony.

Armin zuckte nur mit den Schultern.

In der Kapelle waren sie berührt von der andächtigen Stimmung. Die Marienfigur im Oktaeder ganz hinten strahlte tatsächlich etwas Heiliges aus. Pilger saßen andächtig auf den Bänken gegenüber oder standen ergriffen davor und beteten. Alle waren in innerer Versenkung mit ihren Fürbitten beschäftigt. Es herrschte absolute Stille und roch nach Weihrauch.

„Dieser achteckige Bau hier ist vermutlich das älteste christliche Bauwerk in Deutschland. Achtes Jahrhundert, glaube ich", flüsterte Armin.

„Achtes Jahrhundert?" flüsterte Rony zurück, „deswegen auch achteckig, oder?" Er musste grinsen.

„Depp!" Armin boxte ihn in die Seite. „Aua!" sagte Rony etwas zu laut. "Das hat voll weh getan, du Dünnblechschweißer".

„Heul doch, du Pussi!" Sofort griff die Unruhe auf die anderen Pilger, die gerade noch in Andacht versunken waren, über.

„Ruhe!" keifte eine ältere Dame von hinten.

„Raus mit euch ihr Saukrüppeln!" fauchte der Mann neben ihnen. „Seit wann sind hier drinnen eigentlich Hunde erlaubt?" fragte ein anderer.

Die beiden verließen die Kapelle so schnell sie konnten. „Solche Mistkerle, im Angesicht der heiligen Mutter Gottes… denen gehören ein paar hinter die Löffel …", hörten sie noch von hinten, als sie ins Freie traten.

„Kannst du bitte einmal nicht unangenehm auffallen? Noch so eine Aktion, und wir können die ganze Geschichte abblasen. Dann kennt uns nämlich ganz Altötting."

Armin war sauer und nahm zwei Bier aus dem Rucksack.

„Ja, ja, sorry, schon gut, reg dich nicht auf. Sind dir eigentlich die Videokameras in den Ecken oben im Kreuzgang um die Kapelle aufgefallen? Zwischen den Votivtafeln unauffällig versteckt."

„Echt? Ne, ich war ja mit den Votivtafeln beschäftigt." Versuchte Armin seine Unachtsamkeit zu entschuldigen.

„Darum bin ja auch ich das Mastermind der ganzen Operation. Weil mir nichts entgeht. Ich bin einfach zu clever für die Geheimdienste."

„Was denn für Geheimdienste?" fragte Armin.

Rony sah ihn etwas mitleidig an: „Du bist wirklich so was von naiv. Du glaubst doch nicht im Ernst, dass die Pfaffen hier selber die Kameras anbringen? Das können die doch gar nicht. Die müssen doch die ganze Zeit beten. Die Geheimdienste überwachen inzwischen mehr als du denkst. Aber keine Angst. Wer seine Gegner kennt, kann schon nicht mehr verlieren."

Er machte eine triumphierende Geste mit der Faust.

„Hm." Mehr konnte Armin auf diesen Blödsinn nicht erwidern. Das war schon immer so. Rony war der tiefen Überzeugung, als einziger den Durchblick zu haben. Alle anderen waren Idioten.

Zwei Minuten später standen sie an der Schatzkammer. Dass man für selbige auch noch 2.- Eintritt zahlen musste, fanden beide etwas frech, aber das lief unter Zukunftsinvestition. Armin zahlte.

„Wahnsinn! Schau dir das mal an! Was denkst du, was das wert ist? Sicher mehr als 10 Millionen, oder?"

Rony war ganz aufgeregt.

„Ich mein, schau dir doch alleine die Diamanten da an. Solche Klunker kannst du bald deiner Sabine schenken. Ganze Einkaufstüten voll. Ist dir noch was aufgefallen? Allein in der Stiftskirche, der Kapelle und der Schatzkammer habe ich 17 Opferstöcke gezählt. Ich glaub die Kirche ist echt arm."

Kaum waren sie draußen, machten sie sich eine Dose Bier auf. Die fünfte, wie Schwester Lucina bemerkte, die sie aus der Ferne beobachtete.

„Ah, das tut gut", stöhnte Rony und ließ das Bier in sich reinlaufen. Das Kulturprogramm war abgehakt.

„Dann können wir ja langsam heimfahren, oder? Mir langt's hier für's erste", sagte Armin, als sie kurz darauf beim Auto ankamen.

„Mir auch. Lass uns fahren. Aber noch nicht gleich heim. Jetzt geht's erst noch in den Puff!"

Die beiden saßen schon im Auto, als Armin seine Sprache wiederfand: „In den Puff? Geht's noch? Sag mal, hast du sie noch alle? Wieso das denn?"

Rony grinste nur frech und suchte in seiner Jackentasche nach dem Joint, den er von zuhause mitgebracht hatte.

Armin sprach weiter. Er presste jedes Wort ganz leise zwischen den Zähnen raus:

„Ah verstehe: Der Herr würde es sich noch gerne von einer netten Dame im Puff besorgen lassen, damit er sich besser auf seinen Masterplan konzentrieren kann. Ja? Das ist wohl auch eine Investition in die Operation Klingelbeutel, oder? Damit wäre ja auch geklärt, wer den Puffbesuch finanziert, oder? Möchte der Herr vielleicht vorher nochmal zur Bank, damit ich mein Konto leerräumen kann? Es hilft doch unserem Vorhaben bestimmt, wenn du mit deinen Nutten vorher ein Champagnerbad nimmst, oder?"

Armin umklammerte das Lenkrad so fest, dass seine Knöchel weiß wurden. Er war kurz davor zuzuschlagen.

Rony hörte auf zu grinsen, steckte den Joint wieder weg und versuchte seinen alten Kumpel zu beschwichtigen, während er eine Adresse ins Navi tippte.

„Hey, mach dich bitte mal locker. Kein Mensch spricht davon, dass du mir einen Puffbesuch bezahlen sollst. Wir fahren jetzt dort hin, du bleibst einfach im Auto, und ich muss da nur kurz was erledigen. Ganz easy."

23

Was der Auslöser der Auseinandersetzung, die später in den Medien nur noch als „Altöttinger Rockerkrieg" bezeichnet wurde, genau war, ließ sich im Nachhinein nicht mehr feststellen. Wie die meisten Auseinandersetzungen dieser Art, hatte es wohl irgendwas mit „Respekt" und „Ehre" zu tun.

Ohne genau zu wissen, was Respekt eigentlich sein soll, konnte man diesen einfordern, zollen, verweigern oder sich erst noch verdienen müssen. Bei der Ehre war es noch besser, weil man selbige auch noch kränken, beleidigen, beschmutzen, wiederherstellen und verteidigen konnte.

In vielen Kulturen und gesellschaftlichen Schichten ist es weltweit inzwischen ein offiziell anerkannter Grund, jemanden zu ermorden oder wenigstens einen Krieg zu erklären, wenn die Ehre beleidigt wurde.

Worin die Ehre überhaupt besteht, ist auch hier eher nebensächlich und auch nicht wirklich klar definiert. Das hat den großen Vorteil, dass sich jeder seine eigene Definition von Ehre machen kann, und so auch der letzte Fichtenwichtel jederzeit einen guten Grund hat zuzuschlagen.

Nun war es in Altötting so, dass sich ein paar gelangweilte Bauernsöhne zusammentaten und spontan eine Sektion der „Hells Angels" ins Leben riefen.

Nachdem ihre Mütter den Burschen schöne Kutten genäht hatten, gaben diese sich ihre offiziellen Kampfnamen. Josef Bauernsack nannte sich „Bonebreaker Joe" und erklärte sich zum Chef. Alois Schweinberger wurde zu „Killer Pig", und Harald Hofberger zum „Handkanten Harry".

Davon bekam der Dachverband der Banditos schnell Wind und sorgte dafür, dass auch sein Club würdevoll vertreten war.

Per Kleinanzeige im „Altöttinger Anzeiger" wurden Mitglieder geworben, und schon nach kurzer Zeit war das Gleichgewicht des Schreckens wiederhergestellt.

Die Revierkämpfe konnten beginnen.

Den Anfang machten die Hells Angels, da sie erfahren hatten, dass die Banditos angeblich ihre Ehre verletzt hätten.

Nachts schlichen sie sich an das Vereinsheim der Banditos und sprühten mit schwarzer Farbe „Die Banditos hören kein AC/DC, weil sie ihnen zu laut sind", an die Wand.

Das war natürlich absolut respektlos und schrie nach Rache.

Zwei Tage später stand am Clubhaus der Hells Angels:
"Der Chef von den Hells Angels muss seine Mama fragen, ob er noch ein Bier trinken darf."

Diese Ehrverletzung kam einer Kriegserklärung gleich und durfte nicht unbeantwortet bleiben. Schon am nächsten Tag war im „Altöttinger Tagesblatt" eine halbseitige Anzeige zu lesen:

Die Banditos wurden letzte Woche dabei beobachtet, wie sie sich auf der B299 zwischen Unterneunkirchen und Garching an der Alz an die Geschwindigkeitsbegrenzung gehalten haben. Außerdem tragen sie voll schwule Integralhelme!

So etwas machen keine echten Männer, sondern nur Schamhaarflechter wie die Banditos.

gez: Joe Bonebreaker (Chef von MC Hells Angels Altötting)

Die Gegenanzeige ließ nicht lange auf sich warten:

Die Furzdrüse Joe Bonebreaker hat in seiner ganzen Schullaufbahn nur einen einzigen Verweis bekommen! (Wegen dreimal Turnbeutel vergessen)

gez: MC Banditos Altötting

Die Krisensitzung im Vereinsheim der Hells Angels führte zum Ergebnis, dass genug Worte gewechselt waren, und es jetzt Zeit für Taten war.

In der kommenden Nacht schlichen sich zwei Mitglieder der Hells Angels zum Treffpunkt der Banditos und ließen bei allen Motorrädern die Luft aus den Reifen.

Eine neue Stufe der Eskalation war erreicht.

Die Rache der Banditos war grausam: Ihren Mitgliedern gelang es, die Kutte von Joe Bonebreaker zu klauen. Dies war möglich, weil Joes' Mutter darauf bestand, selbige wenigstens einmal pro Woche im Wollwaschgang zu waschen. Zum Trocknen hing sie nun im Garten an der Wäscheleine und war eine leichte Beute für die Banditos.

Die Demütigung war perfekt, als sie hinten über das Hells Angels Emblem auch noch einen großen Aufnäher von „Prinzessin Lillifee" nähten, und das ganze bei ebay zur Versteigerung anboten.

Selbstverständlich war Joe Boenbreaker bemüht, seine heilige Kutte zurück zu ersteigern, aber jedesmal wenn er sein Gebot erhöhte, dauerte es nur eine halbe Stunde und er wurde wieder überboten.

24

Zehn Minuten nachdem sie vom Dultplatz losgefahren waren, standen Armin und Rony vor dem Nachtclub Schenkelpresse, der etwas versteckt in einer Nebenstraße, am

Ortsrand von Altötting sein Domizil hatte. Die Schenkelpresse war ein altehrwürdiges Bordell, dessen Motto „Sie kommen als Pilger und gehen als Sünder", nicht immer zutreffend war, da nicht nur Pilger, sondern auch einheimische Bürger, Geistliche, Politiker und andere angesehene Personen zur Stammkundschaft zählten.

Armin hatte sich inzwischen etwas beruhigt, nachdem ihm versichert worden war, dass sein Geld diesmal nicht gebraucht würde. Rony forderte ihn auf, etwas abseits zu parken und im Auto auf ihn zu warten. Dann stieg er aus, wühlte kurz im Kofferraum herum und ging quer über die Straße Richtung Schenkelpresse.

Um diese Uhrzeit herrschte dort noch kein großartiger Verkehr und Armin fühlte sich in allen Vorurteilen bestätigt, als er sah, dass lediglich ein roter Ferrari und ein orangener Maserati Merak vor dem Eingang standen. Verwundert stellte er fest, dass Rony selbigen gar nicht betrat, sondern um das Gebäude herumging und aus seinem Blickfeld verschwand.

Kurze Zeit später kam er mit triumphierendem Blick zurück, versteckte irgendetwas hinter seinem Rücken und stieg so schnell er konnte ins Auto. Armin sah ihn verwundert an: "Was war das? Das ging aber flott. Da wird sich die Dame aber gefreut haben, über das schnell verdiente Geld."

Rony hatte wieder dieses dämliche Grinsen im Gesicht:

„Nix da schnell verdientes Geld. War alles umsonst. Willst du mal sehen?"

Noch ehe Armin antworten konnte, schnellte Ronys Hand vor sein Gesicht und Rony rief lauter als nötig:

"Trara! Schöne Grüße aus der Schenkelpresse!"

Armin erschrak erst durch die plötzliche Bewegung, dann durch Ronys Geschrei und am Schluss durch das, was ihm mit deutlich zu kurzem Abstand vor die Nase gehalten wurde. Direkt vor seinem Gesicht baumelten zwei offensichtlich benutzte Kondome.

Armin war vor Schock unfähig sich zu bewegen. Langsam, ganz langsam wurde er sich der Situation bewusst: Sein alter Freund war offensichtlich verrückt geworden. Das lag an der Kifferei. Klarer Fall. Armins Blick wanderte von den Kondomen zu Ronys Gesicht und zurück. Musste Rony in die Psychiatrie?

Er versuchte etwas zu sagen, aber es kam nur „Äääh … äääh … hm … ähh", aus seinem Mund.

„Nix äääh", äffte Rony ihn nach.

„Du bist mal wieder mit allem überfordert, stimmt's? Da muss man schon ein paarmal ums Eck denken können, um meine Tricks zu durchschauen. Darum leite ich ja die ganze Operation. Ich erklär's dir gleich, aber jetzt hilf mir erstmal die zwei Pariser ordentlich zu verpacken. Greif mal in meine linke Jackentasche. Da ist ein Gefrierbeutel drin. Mach den mal auf und hilf mir die zwei Lümmeltüten da vorsichtig reinzubringen. Aber nix berühren."

„Sag mal hast du sie noch alle? Wie, nix berühren? Meinst du ich berühre die zwei Dinger da in deiner Hand?"

Jetzt sah Armin, dass Rony Einmalhandschuhe trug. Immerhin. Deswegen war er wohl vorher noch am Kofferraum zugange. Vermutlich kamen sie demnächst in eine Polizeikontrolle und er musste Strafe zahlen, weil im Verbandskasten die Handschuhe fehlten.

Vorsichtig ließ Rony die Kondome in den Gefrierbeutel gleiten und verschloss ihn sorgfältig. Dann zog er die Handschuhe aus, und schmiss sie aus dem Fenster.

Sissi, die das Geschehene mit einem für sie bislang untypischen Interesse verfolgt hatte, wandte ihre Aufmerksamkeit wieder dem Türgriff zu.

„Fahr los!" war alles, was als Erklärung kam.

Selbstzufrieden öffnete Rony eine Dose Bier, reichte sie Armin und zündete sich den Joint an. Armin nahm das Bier und fuhr los. Er wollte eigentlich überhaupt nicht mehr wissen, was das Ganze zu bedeuten hatte. Er wollte nur noch nach Hause, und der direkte Weg dorthin führte zurück durch Altötting.

Die ganze Situation war einfach zu absurd. Was machte er hier eigentlich? Was sollte der ganze Wahnsinn? Wäre es nicht sinnvoller, einfach zur Sabine vom Marketing zu gehen und ihr seine Liebe zu gestehen? Mit allen Konsequenzen? Er legte eine Jazz CD ein. Gestern erst gekauft.

„Was ist das denn für ein scheiß Gedudel? Seit wann hörst du denn sowas?" maulte Rony nach zwei Takten los.

Ohne es zu wollen fing Armin an zu brüllen:

„DAS IST ÜBERHAUPT KEIN SCHEISS GEDUDEL! DAS IST JAZZ DU SCHLEUSENFROSCH! DAS IST MUSIK, DIE EINEM INTELEKTUELL ETWAS ABVERLANG, KAPIERT? ABER EIN IRON-MAIDEN-FAN, DER HEIMLICH MODERN TALKING HÖRT UND BENUTZTE KONDOME AUS MÜLLTONNEN KLAUT KAPIERT SOWAS NATÜRLICH NICHT!"

Rony sah ihn völlig verdattert an. Das ging nun wirklich zu weit! Er hatte noch nie heimlich Modern Talking gehört. Niemals! Vielleicht Abba oder Scorpions. Das schon. Aber sicher nicht Modern Talking. Trotzdem sagte er nichts.

Er kannte Armin gut genug, um zu wissen, dass es jetzt besser war, die Klappe zu halten und sogar Jazz zu ertragen. Sein Freund machte ihm langsam Sorgen. Sein Nervenkostüm wurde immer dünner und jetzt hörte er auch noch Jazz. War er überhaupt der richtige Partner für die Operation Klingelbeutel?

Kurz darauf waren seine Bedenken aber zerstreut, als Armin wieder normaler wurde und die Jazz CD durch Chemical Brothers ersetzte.

„Ist jetzt vielleicht nicht die passende Musik gewesen", sagte er nur und nahm einen Schluck.

Rony lehnte sich beruhigt zurück, ließ lässig seinen Arm aus dem Fenster baumeln und zog genüsslich an der Tüte. Gerade kamen sie wieder am Tillyplatz vorbei und bogen in die Marienstraße ein, als sie zum wiederholten Male Aufmerksamkeit erregten.

Vielleicht war die Musik etwas zu laut, wenn man das Fenster offen hat, ganz sicher aber war sie völlig unpassend für den würdevollen Ort. Auf jeden Fall drehte sich die, in ihrer Andacht gestörte Ordensdame um, und blickte in zwei Gesichter, die ihr recht bekannt vorkamen.

Euch Burschen merke ich mir, dachte sich Schwester Lucina nur und blickte auf das Nummernschild. Es war ihr Hobby, sich Nummernschilder zu merken. Das hilft geistig vital zu bleiben, wie sie fand.

„M-HG 1489", murmelte sie vor sich hin, während sie das Kreuz um ihren Hals festhielt.

"Na, leichter geht's nun wirklich nicht."

25

Der Veranstalter des Altöttinger Hardrock Festivals Jörg Sparklefrosch galt als gewiefter Fuchs. Schon in jungen Jahren begann er Konzerte zu organisieren. Damals noch aus Idealismus und Liebhaberei. Dank seines untrüglichen Gespürs für Trends und neue Bands hatte er sich innerhalb kürzester Zeit den Ruf eines musikalischen Trüffelschweins erarbeitet.

Allerdings auch den eines schlechten Geschäftsmannes.

Wenn er bei einer Veranstaltung auf plus minus Null rauskam, feierte er das als großen Erfolg. Machte er zufällig mal ein paar hundert Euro Gewinn, hatte er ein schlechtes Gewissen und senkte die Eintrittspreise für das nächste

Konzert. Kurz bevor er Privatinsolvenz anmelden musste, überdachte er sein Konzept, beschäftigte sich mit den grauenhaften Aspekten der Buchhaltung und fing an, ein kleines Imperium aufzubauen.

Da er inzwischen gelernt hatte, dass das Showbusiness mit hemmungsloser Blenderei und einer gewissen Portion Hochstapelei funktioniert, baute er in diesen Fachdisziplinen seine Fähigkeiten mit Hilfe einiger Kurse an der Volkhochschule aus, und erreichte innerhalb kürzester Zeit den Ruf, der Liebling aller Künstler zu sein.

Hinter seinen Schreibtisch hingen dutzende eingerahmte Fotos mit Widmungen, Grüßen und Danksagungen von allem was im Musikbusiness Rang und Namen hat. Ob nun Paul McCartney, Lenny Killmister, Robbie Williams, David Bowie oder Rihanna, alle bedankten sich voll Überschwang für die hervorragende Betreuung durch ihren "good, old, best friend Jörg Sparklefrosch".

Vielleicht ging selbiger ein bisschen zu weit, als er auch noch ein Autogramm von Bob Marley hinter seinem Schreibtisch platzierte, auf dem sich dieser unter anderem für das "hervorragende" Gras bedankte.

Aufmerksamen Geschäftspartnern hätte auffallen können, dass Jörg Sparklefrosch erst elf Jahre alt war, als Bob Marley starb, und ihn somit der Hochstapelei überführen können. Jörg Sparkelfrosch aber war ein Spieler, der sich um solch kleine Details nicht kümmerte und sonnte sich entspannt zwischen all den Fälschungen, die in seinem Büro hingen.

Bisher war ihm niemand auf seine Betrügereien gekommen, und so hielt sich eisern das Gerücht, dass Jörg Sparklefrosch eben nicht nur ein musikalisches Trüffelschwein, sondern auch ein äußerst gewiefter Fuchs sei.

In lässiger Rock'n Roll Attitude legte der äußerst gewiefter Fuchs seine Beine auf den Schreibtisch und zündete sich

eine Zigarette an.
"Wie läuft der Vorverkauf, Schätzchen?"
"Alles bestens. Wir sind seit einer Woche ausverkauft, aber ein paar von den zusätzlichen Schwarzkarten sind noch im Internet zu haben, Boss." flötete seine Assistentin Mathilda Bologna und fragte sich, wie lange sie sich dieses dämliche "Schätzchen" noch anhören sollte?

Schwarzkarten waren eine der wichtigsten Säulen des Sparklefrosch-Imperiums. Die Anzahl der Eintrittskarten war bei allen Veranstaltungen durch feuerpolizeiliche Vorgaben begrenzt. Das schien zunächst ein großer Nachteil bei gut laufenden Events zu sein. Tatsächlich entpuppten sich die feuerpolizeilichen Vorschriften allerdings als großer Vorteil, da sie auch die Anzahl der mit dem Finanzamt abzurechnenden Tickets limitierten.

Jörg Sparklefrosch organisierte grundsätzlich keine Konzerte mit festen Sitzplätzen und verwendete einen Großteil seiner Energie darauf, seine Schwarzkarten unauffällig unters Volk zu bringen.

Dass zwei seiner Eintrittskarten zur Inspirationsquelle für eines der größten Verbrechen des 21.Jahrhunderts wurden, konnte er natürlich nicht wissen.

"Na dann läuft doch alles hervorragend, oder Schätzchen?"

"Nun ... ääh ... nicht wirklich. Die Hauptband RINNSTEIN hat abgesagt. Zumindest habe ich keinerlei unterschriebenen Vertrag von denen."

Die Sache mit RINNSTEIN war die Achillesferse des Festivals. Wirklich abgesagt hatten sie eigentlich nicht. Das konnten sie auch gar nicht, da sie nie wirklich zugesagt hatten. Um genau zu sein, gab es nie irgendwelche Verhandlungen mit dem Management. Jörg Sparklefrosch hatte einfach die Idee mit dem Namen zu werben, ohne je ernsthaft geplant zu haben, die Band zu verpflichten.

Das war der große Vorteil von Festivals: Die Fans kauften die Tickets ja nicht für bestimmte Bands, sondern für das Festival. Anders wäre es auch nicht möglich gewesen, so etwas zu organisieren, da irgendeine der angekündigten Bands immer ausfiel und sich sonst das komplette Publikum darauf versteift hätte, nur wegen genau dieser Band gekommen zu sein und sein Geld zurück fordern würde.

"Ja ... äh ... hm ... das mit RINNSTEIN ist wirklich blöd, aber da kann ich jetzt auch nix machen. Die Fans werden mir schon nicht gleich die Bühne zertrümmern, oder, Schätzchen?"

"Ich hoffe nicht, Boss. Dann hätten wir nämlich ein ernsthaftes Problem. Wir sind nicht versichert."

"Warum denn nicht?"

"Weil das Festivalmotto: "Nur noch Spacken geh'n nach Wacken" in der Internetcommunity für ziemlich viel Ärger gesorgt hat. Diverse Rockergruppen haben erst gedroht das Festival zu boykottieren, aber dann, nachdem RINNSTEIN angekündigt war, ihre Meinung geändert und erklärt doch zu erscheinen. Sie wollen da wohl auch gleich noch ein paar alte Rechnungen untereinander begleichen. Auf jeden Fall sind die Versicherungen nervös geworden und haben sich geweigert das Festival gegen Krawall zu versichern."

"Verdammt Schätzchen, und was machen wir, wenn das Ganze aus dem Ruder läuft? Irgendwann müssen wir ja bekanntgeben, dass RINNSTEIN nicht auftritt."

"Vielleicht haben wir ja Glück und einer von den Rockern ist Moslem. Dann könnten wir behaupten, dass es ein terroristischer Akt war, falls etwas kaputtgeht. Das zahlt die Versicherung dann schon", witzelte die Assistentin.

"Na gut, dann hoffen wir einfach mal, dass alles gut geht. Aber irgendeinen adäquaten Ersatz für RINNSTEIN sollten wir noch auftun. Ruf doch mal bei Banane-Music an. Die schulden mir noch einen Gefallen."

Banane-Music war bei einem Hip-Hop Festival vor einem Jahr der Hauptakt Eminem ausgefallen, und Jörg Sparklefrosch konnte auf die Schnelle einen Künstler, der exklusiv bei ihm unter Vertrag stand, als gleichwertigen Ersatz ausleihen. Somit stand Banane-Music bei Jörg Sparklefrosch tief in der Schuld. Zumindest war Jörg Sparklefrosch der Meinung, dass dem so wäre, und beauftragte seine Assistentin, sich der Sache anzunehmen.

"Schätzchen, ruf doch bitte mal bei denen an, und frag, ob sie einen Ersatz für RINNSTEIN haben, den sie uns ausleihen können? Ich muss jetzt leider dringend weg, und kann mich nicht darum kümmern. Danke." und mit einem vollkommen dämlichen "Tschüssikovski!" verschwand er aus dem Büro.

Die Assistentin rief also bei Banane-Music an, bat um Ersatz und bekam selbigen auch zugesagt. Allerdings nicht in der Art wie Jörg Sparklefrosch sich das vorgestellt hatte.

26

Seit ihrem Unfall hatte Angelique dreimal bei Armin angerufen, um ihn daran zu erinnern, Sissi Schwarovski auf keinen Fall frischen Lachs zu geben und den Tierarzttermin nicht zu vergessen, den sie ausgemacht hatte. Er solle unbedingt zu dieser Tierärztin gehen, da sie ihre beste Freundin sei und sich ganz besonders sorgsam um ihren Liebling kümmern würde.

Armin nahm sich den Nachmittag frei, um mit Sissi zur Tierärztin zu fahren. Er war ziemlich genervt, weil er sich dafür einen halben Urlaubstag nehmen musste, und die Tatsache, dass die Tierarztpraxis ausgerechnet in Laim lag, machte die Sache auch nicht besser.

Vom S-Bahnhof Laim waren es noch ein paar hundert Meter zur Tierarztpraxis und Armin beschloss, zu Fuß zu gehen, da ihm der Bus gerade vor der Nase weggefahren war, und er keine Lust hatte auf den nächsten zu warten. Er überlegte, ob es klug war, sich darüber zu freuen, dass er den Bus verpasst hatte.

Karl Valentin hat mal gesagt: „Ich freue mich, wenn es regnet, denn, wenn ich mich nicht freue, regnet es auch."

Armin mochte dieses Lebensmotto und hatte versucht es sich zu eigen zu machen. Aber nicht nur in Bezug auf Regen. Im Laufe der Zeit hatte er diese Philosophie immer weiter ausgebaut. Erst freute er sich über schlechtes Wetter, dann über schlechtes Essen in der Kantine und am Schluss sogar über die Wahlergebnisse der Landtagswahlen. Dinge an denen er nichts ändern konnte. Jetzt überlegte er, ob es angebracht wäre, sich darüber zu freuen, dass ihm der Bus vor der Nase weggefahren war?

Er entschied sich dafür, sich zu freuen. Das war einfach besser. Um zu vermeiden, dass seine Mitmenschen ihn langsam für total bescheuert hielten, beschloss er aber sicherheitshalber auch noch, niemanden von seiner Freude zu erzählen.

Im Wartezimmer der Tierarztpraxis war es wie in jedem anderen Wartezimmer der Welt. An der Wand standen die Stühle zur Mitte gedreht, jeder Neuankömmling suchte sich den Platz aus, bei dem er möglichst weit weg von den anderen saß, und nahm sich eine von den Zeitschriften, die in der Mitte auf einem flachen Tisch lagen.

Armin fischte sich eine Gala vom Stapel. Irgendwas Interessantes oder Unterhaltsames würde er in dem Heft sicher finden. Das sollte eigentlich kein Problem sein, da ja auf jeder Seite mindestens zehn mehr oder weniger prominente Superstars präsentiert wurden.

Er hatte schon das halbe Heft durchforstet, als er feststellte, dass er keinen Einzigen der Promis kannte. Das war ja wirklich peinlich, so wenig Ahnung zu haben. Irgendeinen musste er doch kennen? Oder waren die Promis schlicht und einfach vollkommen unbekannt?

Auf der vorletzten Seite kam endlich die Erlösung in Form von Till Schwaiger. Armin fragte sich, warum er bei Till Schwaiger immer an Lothar Mathäus denken musste?

Er legte das Heft zurück auf den Stapel, als sein Blick auf der Titelseite eines Männermagazins heften blieb. „Sixpack in drei Wochen, ohne zu trainieren!" lautete eine Überschrift, „So bekommen sie jede Frau ins Bett" eine andere.

Beides äußerst interessant, wie Armin fand, als er das Heft nahm. Schon alleine wegen der Sabine natürlich. Die würde sich sicher für seinen Sixpack begeistern.

Trotzdem war erstmal der andere Artikel dran: „So bekommen sie jede Frau ins Bett". Armin blätterte vor und begann die Abhandlung aufmerksam zu studieren.

Offensichtlich war es im Prinzip ganz einfach: Laut dem Herrenmagazin hatte man nur sämtliche Anweisungen in dem Artikel genauestens zu befolgen, und alles andere ergab sich von selbst.

Zunächst sollte man die Angebetete in einem weißen Porsche Caprio abholen und mit ihr in die teuerste Einkaufsstraße der Stadt fahren. Dort drückt man dann der Herzensdame seine Kreditkarte in die Hand und fordert sie auf, sich doch mal was richtig schönes zum Anziehen zu kaufen. Bloß nicht auf den Preis achten. Einfach nur nach Herzenslust Geld raushauen. Nach erfolgreicher Shoppingtour geht man dann mit ihr essen. So wahrhaftig edel mit Candlelight, Shampus und Shrimps.

Danach ergibt sich alles Weitere von selbst. Der Abend endet auf jeden Fall im Bett.

Armin überlegte, was so ein fabrikneuer, weißer Porsche Caprio wohl kosten würde? Bestimmt mindestens 25.000.-. Mit seinem Anteil an der Beute konnte er sich das auf jeden Fall leisten. Aber der Sabine musste er schon mehr bieten als nur finanziellen Luxus. Ein Waschbrettbauch musste her. Gerade wollte er ein paar Seiten weiter blättern, als sein Name aufgerufen wurde.

„Herr B. bitte." Die Tierärztin Frau Dr.Lehman stand in der Tür. Armin legte das Heft zur Seite, erhob sich und ging Frau Lehmann entgegen.

„Grüß Gott, ich bin ein Bekannter von Angelique Himmelsack und soll ihren Hund hierher bringen. Angelique hatte einen Unfall und kann leider nicht persönlich kommen."

„Ich bin schon informiert. Angelique hat mich ein paarmal angerufen. Und das da drüben ist doch Sissi, oder?" Sie zeigte auf den Hund.

Seit sie das Wartezimmer betreten hatten, stand Sissi neben der Eingangstür und glotzte hoch konzentriert in die Steckdose, die zwischen Türrahmen und Garderobe angebracht war. Armin war schön öfter aufgefallen, dass sie immer nur die langweiligsten Sachen anstarrte und ansonsten ausgesprochen wenig Interesse an ihrer Umgebung zeigte. Allerdings wollte sie auch nie spielen oder gekrault werden, was aus Armins Sicht ein ungeheurer Vorteil war.

„Ja, das ist der Hund. Sie sind mit Angelique schon lange befreundet?" Er blickte sie gespielt freundlich an. Leute die ernsthaft mit Angelique befreundet waren, waren ihm unheimlich.

„Nun ... äh ... befreundet kann man nicht direkt sagen ..." Offensichtlich war Frau Lehmann die Bekanntschaft unangenehm, was sie Armin wiederum sympathisch machte.

„... wir wohnen in der Nähe und haben uns beim Gassi gehen kennengelernt."

Armin verstand. Beim Gassi gehen konnte man sich seine Bekanntschaften nicht aussuchen. Das hatte er inzwischen gelernt.

Um das Thema Freundschaft zu Angelique nicht weiter vertiefen zu müssen, kam Frau Lehmann gleich zum Geschäftlichen:

„Also, der Hund hat offensichtlich starke Blähungen und Probleme im Darmbereich, richtig?"

„Naja, er stinkt halt unerträglich, seit er Lachs gegessen hat, hat oft Durchfall und wirkt auch ansonsten nicht sehr hell auf der Platte", gab Armin seine bisherigen Beobachtungen zum Besten.

„Na, dann schauen wir uns doch das Ganze mal genauer an. Bitte heben sie den Hund doch mal hier hoch auf diesen Untersuchungstisch."

Die Ärztin deutete erst auf Armin, dann auf den Hund und dann auf den Untersuchungstisch. Armin fiel auf, dass Frau Lehmann inzwischen den Speichelfaden entdeckt hatte, und offensichtlich ihre größte Sorge darin bestand, mit selbigen in Berührung zu kommen. Dummerweise war genau auch das Armins größte Sorge, aber er konnte sich ja schlecht weigern den Hund hochzuheben.

Vorsichtig schlang er seine Arme von hinten um Sissi, packte sie kurz vor den Hinterläufen und hob sie hoch. Aus Sicht eines Statikers war die Stelle die denkbar ungünstigste, um einen Hund hochzuheben.

Armin presste den Hinterleib von Sissi gegen seine Oberschenkel und zerrte den vorderen Bereich des Hundes nach oben. Zumindest versuchte er es. Sissi hing wie ein nasser Sack zwischen seinen Armen. Als sie etwa einen Meter über den Boden war, entglitt sie ihm, stürzte kopfüber nach unten und krachte gegen den Computer, der unter dem Tisch stand. Der Speichelfaden riss ab, klebte über dem CD-Laufwerk und der Rechner gab seinen Geist auf.

Armin war zutiefst geschockt und brachte zwei Minuten kein vernünftiges Wort heraus.

„Na bravo!" Die Tierärztin schaute völlig genervt unterm Tisch hervor, und versuchte jetzt schon zum dritten Mal den Rechner wieder zum Laufen zu bringen. Armin hatte es inzwischen geschafft Sissi auf den Behandlungstisch zu heben und war äußerst peinlich berührt.

„Äh... das ist mir jetzt sehr unangenehm ..." fing er an herumzustottern „... ich hoffe ich kann das mit meiner Haftpflichtversicherung irgendwie ..."

„Das klären wir später" unterbrach sie ihn. „Jetzt schauen wir uns erst mal den Hund hier an".

Offensichtlich wollte sie den Behandlungstermin möglichst kurz halten. Sie nahm das Ultraschallgerät in die Hand und begann Sissi zu untersuchen. Armin erkannte auf dem Monitor überhaupt nichts, bemerkte aber, dass das Gesicht von Frau Lehmann immer ernster wurde.

„Hm", sagte sie nur, und dann nochmal „Hm".

Wenn Ärzte „Hm" sagen, bedeutet das meistens nichts Gutes, wusste Armin. Die Sache fing an interessant zu werden.

„Das gefällt mir nicht. Wir müssen den Hund röntgen. Bitte hier herüber mit ihm." Frau Lehmann zeigte auf einen anderen Tisch, über dem ein Röntgenapparat angebracht war.

Da momentan kein großer Speichelfaden aus Sissi Maul hing, und Armin inzwischen wusste, wie er den Hund anpacken musste, ging die Verlegung der Patientin diesmal problemlos von statten.

Zehn Minuten später hing das Röntgenbild vor einem Leuchtschirm und Frau Lehman deutete mit einem Stift auf einzelne Flecken auf dem Bild, die für Armin keinerlei Bedeutung hatten.

Die Tierärztin gab sich sichtliche Mühe einfühlsam zu sein: „Sie müssen jetzt sehr stark sein, Herr B. Der Hund hat Darmkrebs. Es bestehen nicht die geringsten Heilungschancen."

Armin fragte sich, warum er deswegen jetzt stark sein musste, war sich aber doch schnell darüber im Klaren, dass es jetzt zumindest unangebracht wäre, zu grinsen.

„Und was heißt das jetzt genau?" fragte er, um zu erfahren, was das jetzt genau heißt.

„Nun, wir können sie noch eine Zeitlang schmerzfrei halten und ihr Leben einigermaßen erträglich gestalten. Aber sie sollten sie einschläfern lassen. Lassen wir ihr noch ein paar Tage oder Wochen, bis es nicht mehr geht."

„Ja klar. Super."

Armin war froh, dass er Sissi wohl nicht mehr allzu lang betreuen musste.

„Aber ... äääh ... ich mein, das ist ja nicht mein Hund, und man sollte vielleicht Angelique darüber informieren, oder? Ich schätze, die ist wohl nicht so begeistert, wenn sie das erfährt. Ich weiß gar nicht wie ich ihr das beibringen soll?"

Beide blickten auf Sissi, die am Boden saß und andächtig den Abfalleimer unter dem Tisch bewunderte.

„Nun, nachdem es Komplikationen mit ihrer Kniescheibe gab, kommt sie ja erst in sechs Wochen aus dem Krankenhaus raus. So lange können wir auf keinen Fall warten. Angelique würde sich sicher noch gerne von ihrem Liebling verabschieden, aber das ist nicht möglich. Sie selbst kann nicht laufen, und Tierbesuche sind im Krankenhaus strengstens verboten. Das wird bitter für sie, wenn sie das erfährt. Wissen sie was? Ich rufe Angelique morgen an und bringe ihr das schonend bei. Ich kann ihr das auch alles besser erklären. Dann brauchen sie sich um nichts zu kümmern."

Armin war erleichtert: „Ah, das ist ja sehr nett von Ihnen.

Aber wäre es nicht sinnvoll, wenn ich den Hund gleich hierlasse? Dann könnten sie ihn ja einschläfern, wenn es ihnen gerade in den Kram passt und ich könnte ..."

„Nein Herr B.", Frau Lehmann wurde etwas unwirsch. „Sie können den Hund nicht hierlassen. Schon aus hygienischen Gründen. Das hier ist eine Tierarztpraxis. Wir wollen den Hund ja auch noch ein paar Wochen gönnen, sein Hundeleben zu leben, oder?"

„Vermutlich haben sie Recht." Armin wurde kleinlaut. „Jetzt ist nur noch die Sache mit ihrem Computer und mit der Haftpflicht ..."

„Lassen Sie's gut sein ..." sie packte Armin am Arm und schob ihn zur Tür „... ich klär das mit Angelique. Ich glaube der Hund braucht jetzt frische Luft. Wir sehen uns dann demnächst, ja?" Ohne eine Antwort abzuwarten, schob sie Armin und Sissi aus der Praxis.

Armin beschloss den Bus zur S-Bahn zu nehmen und ging zum Wartehäuschen.

Er blickte auf Sissi, die vor ihm stand und den Pfosten des Halteschildes beobachtete. Angel lag noch mindestens sechs Wochen in der Klinik. Normalerweise hätte er den Hund noch so lange behalten müssen. Da traf sich die Sache mit dem Einschläfern ja hervorragend. Schade, dass es nicht schon früher ging.

Armin fragte sich, was er mit dem toten Hund dann machen sollte? So einfach in den Müllcontainer im Hof wäre wohl nicht so clever. Die alte Rettenbacherin würde ausflippen. Da war dann die Anpassung des Mietzinses nicht mehr zu verhindern. Armin kam wieder die Isarbrücke in den Sinn. Aber verdammt, wahrscheinlich wollte ja Angelique den Hund beerdigen oder zumindest in ein Krematorium bringen, um ihn würdevoll zu verbrennen.

Er musste Sissi aufheben. Aber wie? Zunächst schien Einfrieren das Sinnvollste. Aber am Stück würde Sissi niemals in sein Gefrierfach passen. Ganz klar: Er musste sie in Einzelteile zersägen.

Armin betrachtete den Hund vor sich, der gerade den Masten des Halteschildes abschleckte. Wo müsste er überall durchsägen? Den Kopf abtrennen war klar. Dann die Beine einzeln. Den Schwanz? Musste man den absägen, oder konnte man ihn nicht einfach so umklappen? Bleibt noch der Rumpf. Einmal in der Mitte durch. Mindestens. War es sinnvoll mit der Sägerei zu warten, bis die Totenstarre eingetreten ist? Dann wackelt nicht alles so blöd rum, dachte Armin. Mit Leichen zersägen kannte er sich überhaupt nicht aus. Langsam wurde er sich darüber im Klaren, dass die ganze Angelegenheit eine ziemliche Sauerei werden würde. Überall das Blut und die Innereien. Womöglich waren im Darm noch irgendwelche...

Ihm wurde übel. Schnell schob er den Gedanken beiseite. Es war sowieso nicht angebracht, der Tochter vom Oberboss ihren Hund in tiefgefrorenen Einzelteilen zurückzugeben. So hatte sie sich das bestimmt nicht vorgestellt, als Armin ihr versprach sich um Sissi zu kümmern. Er musste sich etwas anderes einfallen lassen.

Als sie in der S-Bahn waren, dachte Armin über die letzten Tage nach. Ihm fiel auf, dass er immer wieder in Situationen geriet, in denen seine Mitmenschen seltsam agierten, nur um möglichst schnell nicht mehr in der Nähe von Sissi Schwarovski zu sein. Der Verkäufer in der Tierhandlung schenkte ihm Futter und verriet ihm, wo er es billiger kaufen konnte, nur um ihn nie wieder zu sehen, und jetzt auch noch die Tierärztin: Will nix mit der Haftpflicht geklärt haben und schiebt Armin mit Hund aus der Praxis, weil der Hund angeblich „frische Luft braucht".

Wahrscheinlich freute sie sich schon darauf, Sissi einschläfern zu können. Armin fragte sich, ob es pietätslos wäre, zum Einschläfern mit einer Flasche Schampus zu erscheinen?

Schnell verwarf er den Gedanken. Das Leben war komisch. Man konnte es an Sissi beobachten. Einfach so konnte man krank werden und sterben, oder durch ein Unglück alles verlieren. Am Morgen scheint es noch ein ganz normaler Tag zu werden und am Abend ist alles kaputt.

Da sind so Wünsche wie NoNoNo zu schreiben ein Luxus, den sich nur Idioten leisten können, die nicht über das wahre Leben nachdenken. Was hilft einem das Schulterklopfen seiner Mitmenschen, wenn man die Arztrechnung nicht mehr zahlen kann? Oder gar nichts mehr zahlen kann, weil man einen Unfall hatte? Da war es doch besser vorher ein kommerziell erfolgreiches Lied geschrieben zu haben, oder?

Ganz klar. Armin hatte eine Entscheidung getroffen: Er würde sich der Anton aus Tirol Fraktion anschließen. Das war vernünftig und schlau. Endlich wusste er, wo er hingehört.

27

"Dieses blöde Arschloch!" Günther Ralfschnee knallte den Hörer auf die Gabel. "Was bildet sich dieser Lackaffe überhaupt ein? Legt uns vor einem Jahr das Ei des Jahrhunderts, und lässt uns jetzt von dieser Winselstute von Assistentin anrufen, um uns um einen Gefallen zu bitten. Geht's noch?" Günther Ralfschnee war außer sich vor Zorn.

Im letzten Sommer veranstaltete er das größte Hip-Hop Festival aller Zeiten, und hatte leider das Pech, dass ihm kurzfristig der größte Künstler aller Zeiten abgesagt hatte. So beging er den größten Fehler aller Zeiten und fragte den größten Idioten aller Zeiten, ob er ihm auf die Schnelle einen gleichwertigen Künstler ausborgen könne? Und so kam es, dass statt Eminem nun DJ Bobo als letzter die Bühne betrat, während die enttäuschten Fans anfingen das Festivalgelände zu verwüsten.

Mehrere deutsche Gangster-Rapper verklagten später den Veranstalter auf Schmerzensgeld. Angeblich hatten sie schwere psychische Schäden davongetragen, da sie nun in diversen Rapsongs ihrer Kollegen als "DJ Bobos' Vorband" verarscht wurden.

Günther Ralfschnees Ruf war in der Hip-Hop Szene nachhaltig ruiniert, und so war er gezwungen, seine Veranstaltungsaktivitäten in andere Genres zu verlagern. Nachdem er nun einige Minuten seinem Zorn freien Lauf gelassen und alle erdenklichen Flüche Richtung Jörg Sparklefrosch geschickt hatte, lehnt er sich zurück und begann sich zu entspannen.

Im Grunde genommen war die Situation gar nicht so schlecht. Das Telefonat mit der Assistentin lief hervorragend. Er versprach gleichwertigen Ersatz für RINNSTEIN zu besorgen, bestand aber darauf, dass es eine Überraschung sein sollte, die nur er persönlich ankündigen dürfte, und streute in einem Nebensatz ein, dass es ihm gelungen sei, mit dem Management von Led Zeppelin Kontakt aufzunehmen.

Jörg Sparklefroschs' Assistentin schluckte den Köder und verkündete ihrem Chef, dass vermutlich Led Zeppelin auftreten würden, aber Günther Ralfschnee - dieser alte Profilneurotiker - die größte Band aller Zeiten gerne selber ankündigen würde.

Led Zeppelin als Hauptakt beim Altöttinger Hardrock Festival war natürlich der absolute Hammer und würde Jörg Sparklefrosch für alle Zeiten in den Olymp der Konzertveranstalter hiefen. Da er Led Zeppelin ja sowieso bald persönlich kennenlernen würde, hatte er auch keinerlei Bedenken, sich jetzt schon eine Autogrammkarte in seinem

Büro aufzuhängen, in dem sich die Band für die großartige Organisation ihres offiziellen Reunionkonzertes bedankte.

Und so freuten sich alle auf den ebenbürtigen Ersatz für RINNSTEIN. Jeder auf seine Art.

28

Wenn Angelique anrief, klingelte es immer besonders schrill. „Hier ist Angel", schluchzte sie ins Telefon. Armin hielt den Höhrer möglichst weit von seinem Ohr weg. "Meine beste Freundin, die Tierärztin hat mich angerufen und mir erzählt, was mit meinem Liebling los ist. Ich bin am Boden zerstört!" Angelique Himmelsack konnte nicht aufhören zu heulen.

Das war der Anruf, vor dem es Armin schon die ganze Zeit gegraust hatte. Wie sollte er Angelique das alles erklären? Hund einschläfern, aufbewahren (wie?) und in ein paar Wochen, nachdem sie aus dem Krankenhaus entlassen wurde, tiefgefroren zurückgeben?

Aber Armin hatte Glück: Angelique war von Frau Dr.Lehmann schon über alles informiert und nahm ihm lediglich das Versprechen ab, die letzten Tage oder Wochen für Sissi so schön wie nur möglich zu gestalten. Alle weiteren Aspekte wurden ausgeklammert.

Armin war erleichtert. Unmittelbar nachdem sie aufgelegt hatte, klingelte das Telefon erneut.

„Wenn der Mond bleich über Pasing steht, ist sogar Laim cool", hauchte Rony ins Telefon und legte schnell wieder auf. Armin verstand sofort. Rony hatte sich eine Reihe von verschlüsselten Sätzen und Codewörtern ausgedacht um wichtige Informationen innerhalb des Teams von „Operation Klingelbeutel" auszutauschen. Diese Geheimcodes dienten dazu den Gegner auf falsche Fährten zu locken und zu verwirren. Rony war sehr stolz auf seine Idee.

„Wenn der Mond bleich über Pasing steht, ist sogar Laim cool", bedeutete zum Beispiel, dass man sich um Punkt 18 Uhr am Wiener Platz einzufinden hatte.

Armin war - mit Sissi im Schlepptau - ein paar Minuten früher vor Ort, da er sich keinerlei Fehler bei der Operation Klingelbeutel leisten wollte.

Rony hatte Recht: Es war eine Ehre mitmachen zu dürfen, und im Endeffekt ging es ja schließlich um die Sabine vom Marketing. Da musste alles hochprofessionell organisiert und durchgezogen werden. Um 18h25 kam ein gutgelaunter Rony mit leichter Schlagseite an, und entschuldigte seine Verspätung damit, dass er noch einen Spritz in der Sonne getrunken, und dann Lust auf einen zweiten bekommen hatte. Anrufen konnte er nicht, weil die beiden ja - auf Ronys Anweisung hin - die Handys daheim lassen mussten. Wegen der Geheimdienste.

„Ich habe dieses Treffen einberufen, weil der erste Abschnitt der Operatin Klingelbeutel fertig ausgearbeitet ist", eröffnete Rony seine Ansprache.

"Die theoretische Planung ist abgeschlossen."

Er schaute Armin triumphierend an und fuhr fort:

„Also, ich habe mir das alles ganz genau überlegt. Ich erklär dir jetzt meinen Plan und du passt bitte gut auf, ob du da irgendwelche Schwachstellen findest. Aber eigentlich ist alles perfekt durchdacht."

Rony lehnte sich entspannt zurück und trank einen großen Schluck aus seinem Maßkrug. Seit 10 Minuten saßen sie schon auf dem Grashügel hinter dem Hofbräu Biergarten und ließen sich die Sonne ins Gesicht scheinen. Rony hatte sich extra diesen Ort ausgesucht, da er meinte, hier könnte man sie nicht abhören.

„Zunächst die Verkleidung. Da ist ja alles klar. Wir ziehen uns erst unmittelbar vor der Aktion um. Die Klamotten kommen in die Rucksäcke, nichts bleibt irgendwo liegen.

Wir wollen ja keine DNA-Spuren hinterlassen. Zumindest nicht unsere eigenen, hehehe. Wichtig ist der Störsender, mit dem wir den Polizeifunk behindern. Der muss möglichst klein sein, weil der ja auch in deinen Rucksack passen soll. Nun müssen wir für die Außenwelt ein Bild erzeugen, das gar nicht der Realität entspricht. Hierzu sollten wir im Abstand von genau einem Meter und 27 Zentimetern – ich hab' das exakt berechnet - vor der Außenmauer eine ca. 20 qm große Leinwand anbringen. Diese wird von Drohnen angeliefert, perfekt in Stellung gehalten und später abtransportiert. Die Drohnen müssen so programmiert werden, dass sie genau im richtigen Moment ankommen und die Leinwand herablassen. Von hinten erzeugen wir nun mit einen 3D-Beamer genau das Bild, das die anderen sehen sollen, und können so ungestört operieren. Vor Ort müssen wir nun die Überwachungskameras ausschalten. Einfach kaputtmachen geht nicht, weil das in der Überwachungszentrale ja sofort auffällt. Wir müssen also ein Standbild generieren und in den Videokreislauf einspeisen. Hierzu ist es nötig den Server zu hacken. Das wäre dann deine Aufgabe, weil du ja hier der Computerfachmann bist ..."

„Äääh ... Rony spinnst du? Ich hab' keine Ahnung, wie du dir das vorstellst?" unterbrach Armin ihn.

„Stell dich nicht so saudumm an. Das kann heutzutage jeder Zwölfjährige. Du brauchst dir nur die entsprechenden Tools im Darknet zu besorgen. Da wird dir auch erklärt, wie das geht. Solltest du nach 10 Minuten draufhaben. Du zahlst natürlich mit Bitcoins. Ich verlass mich da auf dich. Nachdem wir also den Videoserver überlistet haben, können wir mit einem Taschenlaser die Stahlstangen vor den Fenstern durchtrennen. Nun geht es darum die Bewegungsmelder zu erkennen. Hierzu müssen wir etwas Rauch in den Raum blasen und Infrarotbrillen tragen. Damit erkennen wir die Laserstahlen und können sie umgehen. Am besten lassen wir uns ans an dünnen Stahlseilen herab, die wir mittels einer Mini-Hyper-Kanone in die Decke schießen, wo sie sich mit ihren Spezialhaken verankern. Diese Haken bohren sich selbständig auch in Stahl und Beton. Die dringen in alles ein. Hab' ich neulich im Fernsehen gesehen. Ich glaub das war in der Sendung mit der Maus. Da müsstest du nochmal recherchieren, wo man die herkriegt. An den Seilen können wir uns nun bequem rauf und runter bewegen, da wir einen kleinen Elektromotor umgeschnallt haben, um den die Seile gewickelt sind. Angetrieben werden die Elektromotoren natürlich mit einem Hyper-Neutronen-Modul, wie sie es bei Raumschiff Enterprise auch haben. Seitlich bewegen wir uns mittels Joystick, der die Elektromagneten steuert, die an unseren Oberarmen angebracht sind. So können wir bequem die Überwachungslaser umgehen. Nun geht es an das Panzerglas, das wir lautlos zerstören müssen. Hierfür benötigen wir einen Ultraschallquanteneleminator. Den halten wir einfach darauf, und das Glas wird atomisiert. Völlig lautlos. Apropos lautlos. Wir brauchen noch ein Starkstrom-Großmembran-Kondensator-Mikrofon, das alle unsere Geräusche aufnimmt und über einen 500 Watt Lautsprecher phasengedreht wiedergibt. Somit löschen sich die Geräusche, die wir verursachen, komplett aus, und die Alarmanlagen springen nicht an."

Rony musste einen großen Schluck trinken, da sein Mund ganz trocken war, und Armin nutzte die kurze Redepause, um auch mal zu Wort zu kommen.

„Rony, das klingt ja total einfach und genial. Respekt! Heute Abend kommt übrigens der fünfte Teil von Mission Impossible im Fernsehen, und ich dachte …"

„Ruhe, Ich bin noch nicht fertig. Also, bevor wir die Beute verstauen, ist es wichtig zu überprüfen ob da ein Peilsender drin versteckt ist. Dazu benötigen wir einen Breitband-Resonanz-Scanner, der den Peilsender notfalls so umprogrammiert, dass er falsche GPS-Koordinaten sendet. Anschließend wäre es sinnvoll, direkt an den Wänden wieder nach oben zu laufen. Hierfür müssen wir noch Spezialschuhe besorgen, die an Steinwänden kleben und mit denen wir uns vertikal bewegen können. Oben angekommen setzten wir wieder die Stahlstangen ein und verschweißen sie mit einem Super-Plus-2000-Glower. Ganz einfach. Das Ganze muss zeitlich natürlich exakt durchgetaktet sein. Denn jetzt kommt der komplizierte Teil der Aufgabe."

„Äh... wie... der komplizierte Teil?" versuchte Armin sich bemerkbar zu machen.

„Ruhe, Ich bin immer noch nicht fertig. Wir müssen ja trotz allem davon ausgehen, dass die Bullen irgendwie Wind von der Sache bekommen. Die müssen jetzt beschäftigt werden. Nord.- und Südpol tauschen doch demnächst ihre Ausrichtung, wie du weißt. Ich habe mir erst überlegt, ob man die Umpolung der Erdpole nicht einfach vorziehen könnte. Bei Youtube gibt es ein Video von so einer Organisation, die unabhängige Medien unterstützt. Da erklären sie, wie man mit mehreren Autobatterien in Reihe geschaltet die magnetischen Pole der Welt umprogrammieren kann. Damit könnten wir die Bullen und die Geheimdienste auf Trapp halten. Aber jetzt extra deswegen zum Nordpol fahren, find ich zu kompliziert. Wir begnügen uns mit einem Elektromagnetischen Impuls, der im Umkreis von ein paar Kilometern alle gegnerischen Computer lahm legt. Hierfür bräuchten wir noch einen Plutonium-Encoder, mit dem man so einen Impuls erzeugen kann. Unsere Geräte sind natürlich nicht betroffen, weil wir sie mit einer Anti-Nuklearen-Schutzfolie abdecken. Die gab's mal in einem Yps-Heft. Müsste ich noch bei meiner Mutter im Keller haben. Das war's dann auch schon. Wir düsen mit dem Auto davon und sind über alle Berge, bevor die Bullen auch nur „piep" sagen können."

Rony war sehr zufrieden mit sich, und blickte Armin Beifall heischend an. Man konnte sagen, was man wollte. Der Plan war absolut durchdacht und wasserdicht. Niemand würde ihnen auf die Schliche kommen. Nicht mal die Geheimdienste.

Minutenlang sagte keiner ein Wort. Sie legten sich ab, lagen mit geschlossenen Augen im Gras und ließen sich die Sonne ins Gesicht scheinen. Die Rufe der Fußball spielenden Kinder im Hintergrund gaben dem Sommernachmittag genau die richtige Stimmung. Erinnerungen an die Kindheit, Träume von der Zukunft. Rony überlegte, was er mit seinem Anteil machen sollte? Zunächst mal eine Gitarre kaufen und einen Marshall Verstärker. Und zwar den Größten! Weitere Wünsche fielen ihm gerade nicht ein. Vielleicht noch neue Turnschuhe? Naja, das konnte er sich ja noch alles in Ruhe überlegen. Er war sehr stolz auf seinen Plan. Da darf man schon mal träumen.

Armin träumte auch. Von der Sabine. Er richtete sich wieder auf und pflückte ein Gänseblümchen. Das wäre es gewesen: Einen Kranz binden, einen Zauberspruch dazu, die Sabine vom Marketing erobern. Leider ging es nicht so einfach. Er fing an die Blätter einzeln abzurupfen. Sie liebt mich... sie liebt mich nicht... sie liebt mich...

Er schob den Gedanken beiseite so gut es ging, und versuchte sich auf die Operation Klingelbeutel zu konzentrieren. Irgendwie war er nicht hundertprozentig überzeugt von Ronys Plan. Ja, er war schon gut durchdacht, und hatte sicherlich keine nennenswerten Schwachstellen, aber irgendetwas störte Armin daran. Was war es?

Er blickte auf Sissi, die neben ihm im Gras lag, und dachte nach. Was würde die Sabine vom Marketing dazu sagen?

Wie realistisch war das Ganze? Wie lange bräuchten sie für die Vorbereitungen?

Manchmal hilft ein großer Schluck Bier beim Nachdenken. Armin gönnte sich einen. Dann noch einen. Auch der dritte Schluck schien positive Auswirkungen auf seine geistigen Fähigkeiten zu haben. Ein neuer Gedanke machte sich in seinem Kopf breit.

„Rony, soll ich dir was sagen?"

„Hm?"

„Ich finde deinen Plan großartig! Er ist realistisch, clever, einfach auszuführen und führt uns sicher zum Erfolg. Aber weißt du was?"

„Hm?"

„Ich habe einen besseren!"

29

Die Aussicht demnächst ein Jahrhundertverbrechen zu begehen, ließ Armin täglich nervöser werden. Zum Schwerverbrecher war er definitiv nicht geboren, und er fragte sich immer wieder, ob es nicht möglich wäre, Sabines Herz auf eine andere Weise zu erobern. Es musste doch irgendeine Möglichkeit geben, die ganze Sache abzublasen ohne vor Rony wie der letzte Depp dazustehen.

Die Chance, vielleicht Sabines Liebe mit normalen Mitteln zu erwecken, kam morgens per E-mail:

„Hallo Armin, ich hab' heute nach einer Schulung eine Stunde Leerlauf. Lust auf einen Kaffee in der Kantine?"

Das ließ Armin sich nicht zweimal fragen. Er selbst wollte ursprünglich in Sachen Klingelbeutel recherchieren, aber jetzt war er nur noch mit Vorbereitungen auf das Treffen mit Sabine beschäftigt. Zunächst mal ging es aufs Klo, um vor dem Spiegel nach Flecken auf seinen Klamotten zu suchen. Die konnte man noch notdürftig auswaschen. Bis zum

Treffen sollten die Wasserflecken getrocknet sein. Dann die Frisur: Verdammt, er hätte echt mal zum Frisör gehen können. Hatte er schon so lange vor. Mit viel Wasser gelang es ihm, die schlimmsten Wirbel unter Kontrolle zu bringen, aber die ständige Angst von Kollegen beobachtet zu werden, verursachte eine zusätzliche Nervosität, die er jetzt gar nicht brauchen konnte. Also beschloss er, eine Rolle Klopapier zu klauen und mit in sein Arbeitszimmer zu nehmen. Dort konnte er in Ruhe sein Aussehen optimieren, indem er mit dem Klopapier seine Haare trockenrieb und dann damit seine Schuhe putzte.

Ein paar Minuten vor Kursende, stand Armin vor dem Schulungszimmer und schaute durch das Glasfenster in der Tür nach innen. Er konnte nur den vorderen Bereich des Raumes sehen, und erblickte dort ein Flipchart. Vielleicht wäre es nicht dumm, sich damit zu beschäftigen, dachte er sich. Wird ja möglicherweise Gesprächsthema beim Kaffee trinken.

In der Mitte des Papierbogens stand in schwarz „Unternehmen" von dort ging ein roter Pfeil zu dem grünen Wort „Kunde". Der Kunde wiederum war mit einem orangenen Doppelpfeil mit den Worten „Vertrauen" und „Qualität" verbunden. Weiter ging es in blau über „Zukunft" nach „Corporate Identity" und mit einer lila gestrichelten Linie nach „Produkt". Links oben im Eck stand eingekringelt „Chance" die wiederum mit „Veränderung" rechts unten verbunden war. Von der „Veränderung" ging es weiter zur „Kontinuität", allerdings mit einem kleinen Umweg über „Management" und „CEO" um dann beim „Mitarbeiter" zu landen. Rechts oben im Eck stand „Performance" und von da ging es über „Input" (gelb) und „Lösung" (lila) nach „Problem" (braun). Armin verstand überhaupt nicht, was das ganze darstellen sollte, konnte sich aber trotzdem nicht des Gefühls erwehren, dass die Begriffe „Dynamik" und

„Kompetenz" auch noch gut in das Schaubild gepasst hätten.

Ein paar Minuten später saßen sich die beiden in der Kantine gegenüber.

"War die Schulung spannend? Sah etwas kompliziert aus, was da auf der Tafel stand. Bisschen viel Pfeile, findest du nicht?"

„Ach, ich fand das eigentlich ganz interessant, was der da erzählt hat. Es ist doch so, dass ein Unternehmen, das sich richtig aufstellen will für die Zukunft ..."

Armin hörte schon nicht mehr zu. Sein Blick wurde von einer übermächtigen Kraft in Richtung Sabines Ausschnitt gezogen. Er fragte sich, ob es Zufall war, dass sie einen Knopf zu viel aufhatte, oder Absicht? Hat sie das getan, damit er ein Bisschen von ihrem BH sieht? Metallic-grün war er und gab ihrer Brust die perfekte Form. Armin überlegte sich, wie es sich anfühlen würde, wenn er ...

Er musste sich zwingen nach oben zu schauen. In ihre Augen. So gehört sich das. Er kam aber nur bis zum Mund, aus dem irgendwelche Worte entschwebten, deren Bedeutung für ihn gerade keinerlei Relevanz hatten. Dieser Mund! Armin beugte sich etwas nach vorne. Er stellte sich vor sie zu küssen. Gar nicht so mit Zunge bis zum Zäpfchen hinter schieben. Nein, vollkommen anders. Ihre Lippen würden sich ganz leicht berühren. Ganz leicht. Die Münder wären ein klein wenig geöffnet und ihre Zungenspitzen würden voller Zärtlichkeit ..."

„Hörst du mir eigentlich zu?"

Armin erschrak. Verdammt, was hatte sie gerade gesagt?

„Äh ... doch äääh ... ja klar, Entschuldigung. Sorry, mir ist nur gerade was Wichtiges eingefallen." Das war zwar nicht die beste Ausrede, aber immerhin war es eine. Er konnte ja schlecht sagen, dass er leider nicht in der Lage war ihr zuzuhören, da seine Hormone gerade die Kontrolle über seine Denkfähigkeit übernommen hatten.

„Was ist dir den eingefallen?" Sabine war ernsthaft interessiert.

Mist. Jetzt musste eine Idee her. Ganz schnell.

„… äääh … weißt du, ich hatte da so eine Geschäftsidee, und da wollte ich dich als Fachfrau für Marketing fragen, was du so davon hältst?"

Armin hatte, ohne nachzudenken, einfach irgendwas drauf los geplappert, und schaute sie betont lässig an.

Die ließ ihre Kuchengabel sinken und sah ihn interessiert an: „Echt? Was denn?"

„Das muss aber echt unter uns bleiben, gell? … ich mein … Top-Secret und so. Du weißt schon …" Armin fing plötzlich an rumzustammeln wie ein Schüler, der die Fragen des Lehrers nicht beantworten konnte. In was für eine saudumme Situation hatte er sich da gebracht? Wie kam er da wieder raus? Er brauchte eine Geschäftsidee. Ganz schnell!

„… naja ich weiß nicht … vielleicht ist die Idee noch nicht ganz 100% ausgegoren …"

„Also, komm jetzt. Mach es nicht so spannend." Sabine wurde etwas schnippisch. Sie war nun wirklich neugierig geworden. Erst gackert Armin rum wie ein Huhn, und dann will er keine Eier legen. Sowas nervt.

„Na gut. Aber es muss echt unter uns bleiben, OK?"

„Jahaaa."

Armin blickte sich mutlos in der Kantine um. Irgendwas musste ihm doch eine Inspiration geben können, oder? Sein Blick blieb am Mülleimer hängen.

„Also meine Idee ist …" verschwörerisch beugte er sich vor und flüsterte fast „… ein internetfähiger Mülleimer."

„Bitte was?"

„Pssst ... nicht so laut. Du hast schon richtig gehört. Ein internetfähiger Mülleimer. Überleg doch mal: Es gibt doch auch schon internetfähige Kühlschränke, Spülmaschinen und Herde. Wenn man schlau ist, kann man sich ausrechnen, dass es auch bald entsprechende Mülleimer gibt. Internet der Dinge. Das ist die Zukunft. Und ich bin der erste, der darauf gekommen ist!"

Armin lehnte sich zurück und blickte stolz zur Sabine rüber.

„Sag mal Armin, ... äääh ... also ich mein ... das klingt ja schon interessant ... aber ... äääh ... für was soll das gut sein? Ich versteh nicht so richtig..." Sabine wirkte etwas verwirrt.

Armin wiederum kam langsam in Fahrt und plötzlich sprudelten die Ideen nur so aus ihm heraus:

„Mensch überleg doch mal! Wenn man da das Patent darauf hat! Da kommt dann zum Beispiel BOSCH daher, macht ein tolles Design und produziert die Dinger unter Lizenz. Auf Dauer braucht das jeder Haushalt. Und natürlich auch jeder Betrieb, der was auf sich hält. Da kann man pro Mülleimer locker 100.-Euro Lizenzen verlangen. Wenn man mal von 50 Millionen Lizenzen in drei Jahren ausgeht, hat man da schnell eine fette Summe zusammen. Also, stell dir mal vor wir teilen uns den Gewinn, und du ..."

„Sag mal Armin ...", Sabine unterbrach ihn „... das ist ja absolut genial! Kann man deinen Mülleimer dann über Bluetooth mit dem internetfähigen Herrgottswinkel verbinden? Also, jetzt mal im Ernst: Hast du irgendwas genommen? Ich mein, das ist der größte Schwachsinn, den ich je gehört habe. Du willst mich doch verarschen, oder?"

Mist! Armin sah seine Felle davon schwimmen. Jetzt bloß nicht aufgeben. Überzeugen lautete die Devise:

„Nein, gar nicht. Im Ernst. Schau mal: Der Mülleimer merkt selber, wenn er voll ist ..."

Sabine sah ihn an, als würde er gerade versuchen, sie zu überzeugen, dass die Erde eine flache Scheibe ist.

„… und er ist ja über eine App mit deinem Smartphon und dem Internet verkoppelt. Und jetzt sagt dir der Mülleimer, wann der beste Zeitpunkt gekommen ist, ihn auszuleeren."

„Hey, das ist ja super! Endlich sagt mir der Mülleimer, wann er ausgeleert werden muss! Wie hat die Menschheit das eigentlich bisher gehandhabt? Armin, du Genie! Woher wussten unsere Vorfahren …"

„Nein, so mein ich das nicht. Schau mal: Es gibt doch immer Zeitpunkte, wo es besser ist, Dinge zu machen als zu anderen Zeitpunkten. Wenn du beispielsweise immer genau 15 Minuten nach dem Sport Eiweiß zu dir nimmst, baust du mehr Muskelmasse auf, als wenn du es 30 Minuten vor dem Sport zu dir nimmst. So, und jetzt hast du eine App, die deinen Herzschlag und all diese Sachen misst, und die sagt dir dann: „Achtung, es wäre sinnvoller, jetzt erst mal den Müll runter zu bringen und dann die Bügelwäsche zu machen als umgekehrt, weil auf diese Weise bekommt man eher einen Waschbrettbauch." Das überzeugt die Leute total! Jeder Mann will ein Sixpack haben. Und Dank des richtigen Zeitpunktes, den der internetfähige Mülleimer … äh … Dings … du weißt schon …"

Armin hatte den Faden verloren. Das lag auch daran, dass ihn sein Spontaneinfall mit dem Waschbrettbauch an den weißen Porsche Caprio aus dem Männermagazin erinnerte. Armin konnte sich überhaupt nicht mehr konzentrieren. Er brach mitten im Satz ab und starrte zur Sabine rüber.

„Und ich soll da dann das Marketing übernehmen, oder wie hast du dir das gedacht?" Sabine sah in fragend an.

„Naja, zumindest wollte ich mal deine Meinung dazu hören. Wenn du auch an die Sache glaubst, könnten wir zusammen ein Geschäft aufziehen. Ich bin mehr so das kreative Gehirn und du kümmerst dich um den ganzen Papierkram. Was meinst du?"

„Armin, ich kann mir nichts Tolleres vorstellen. Weißt du was? Ich reiche gleich meine Kündigung hier ein. Darf ich noch den Mohnkuchen aufessen?"

Sie sah ihn ziemlich ernst an.

Armin wollte im Boden versinken. Schlimmer hätte der Tag nicht verlaufen können. Wie konnte ich mich nur so zum Deppen machen, fragte er sich, während er auf seinen Kuchen starrte. Alles nur, weil der eine Knopf von der Bluse offen war. Wie unendlich peinlich!

Aber süß war sie schon, die Sabine

30

Je näher der Tag des großen Coups rückte, desto nervöser wurden Armin und Rony. Aber auch immer sorgfältiger und konzentrierter. Inzwischen würde die gesamte Freizeitgestaltung dem großen Ziel untergeordnet, und sogar der Alkoholkonsum ging merklich zurück. War es früher erklärtes Ziel, möglichst besoffen nach Hause zu kommen, wenn man abends wegging, war man heute eher bemüht einigermaßen nüchtern zu bleiben. Um dieses Ziel zu erreichen, blieben die zwei Freunde häufig daheim und sprachen immer wieder alle Details durch. Heute stand noch der unappetitlichste Aspekt der ganzen Unternehmung auf dem Plan.

Um diesen möglichst lange vor sich herzuschieben, fielen ihnen immer wieder neue Dinge ein, die man noch erledigen konnte.

„Mir ist heute noch was eingefallen", fing Rony an, „ich hab' mal in einen Zeitungsbericht gelesen, dass die Falten in den Kniekehlen bei den Hosen wie ein Fingerabdruck sind.

Die sind bei jedem Menschen anders, und ganz spezifisch. Je nach Körperbau, Gangart, wie man sich hinsetzt und so weiter. Im Laufe der Zeit entsteht da ein individuelles Muster. Wir müssen natürlich davon ausgehen, dass wir gefilmt werden. Gesichtserkennungsprogramme gibt es ja schon. Bestimmt auch bald eine Software zur Erkennung von Kniekehlfalten in Hosen. Jetzt hab' ich mir gedacht, es wäre doch schlau auf jeden Fall ganz neue Hosen zu nehmen, und in die Kniekehlen mit Edding falsche Falten zu malen. Damit verwirren wir die Polizei nachhaltig".

„Das klingt sehr überzeugend." Armin war beeindruckt. Clever war er ja schon, der Rony. Also, auch ein Edding musste noch besorgt werden. Inzwischen waren die meisten Sachen schon organisiert und in Mülltüten verstaut, um sie nicht mit DNA-Spuren zu kontaminieren. DNA-Spuren sind eins der ganz großen Probleme, für Kriminelle der Gegenwart. Oder aber eine ganz große Chance. Je nach Betrachtungsweise. Und damit wären wir beim unappetitlichsten Teil der Vorbereitung angekommen:

Vorsichtig holte Rony den Gefrierbeutel mit den zwei benutzten Kondomen aus dem Altöttinger Bordell aus dem Tiefkühlfach und legte ihn zum Auftauen in warmes Wasser. Sie zogen sich Gummihandschuhe an, setzten sich sicherheitshalber Schutzmasken auf und holten ein Skalpell aus der sterilen Verpackung. Rony füllte destilliertes Wasser aus der Apotheke in eine neue Sprühflasche und stellte sie auf ein paar alte Zeitungen auf den Boden. Nun ging es darum, die Kondome aufzuschneiden und den Inhalt in die Sprühflasche zu bekommen ohne zu kleckern. Keiner sagte ein Wort. Es herrschte absolute Konzentration und Anspannung. *Bei einer Herztransplantation für ein einjähriges Kind geht es vermutlich lockerer zu*, dachte Armin, während er vorsichtig zum ersten Schnitt ansetzte. Langsam tropfte der Inhalt in die Sprühflasche. Er fragte sich, wie tief man eigentlich sinken kann?

Sissi beobachtete das Geschehen aufmerksam und leckte sich gierig über die Lefzen.

Nachdem auch der Inhalt von Kondom Nummer zwei an seinem Bestimmungsort angekommen war, lehnten sie sich erleichtert zurück. „Perfekt!" Rony grinste und schenkte sich und Armin zur Belohnung einen Schnaps ein. Die Sprühflasche wurde geschüttelt, in einen neuen Müllbeutel gesteckt und kam zu den anderen Ausrüstungsgegenständen.

Plötzlich griff Rony in seine Tasche, holte ein zusammengefaltetes Papier heraus und wedelte stolz damit in der Luft rum: "Schau mal hier. Was hältst du davon? Wenn das nicht mal ein super Erpresserbrief ist?"

Er begann vorzulesen:

Sehr geehrte Damen und Herren,

wir haben die schwarze Madonna entführt. Wenn sie sie unverletzt wiederhaben wollen, zahlen sie 10 (in Worten zehn) Millionen Euro in kleinen, unnummerierten Scheinen. Wenn nicht, schneiden wir ihr ein Bein ab.

Mit freundlichen Grüßen
Die schwarze Hand

„Hm." Armin sah ihn entgeistert an. „Was soll das denn sein? Warum so höflich? Und wieso denn die schwarze Hand?"

"Da merkt man wieder, dass du echt keine Ahnung von solchen Dingen hast", fing Rony an zu dozieren. „Hast du dich schon mal ernsthaft mit der Materie auseinandergesetzt? Schon mal Nick Knatterton gelesen? Oder Donald

Duck als Phantomas? Die drei??? Profis unterschreiben immer mit „die Schwarze Hand".

Sogar die Attentäter von Sarajevo nannten sich so. Damit machst du den Empfängern so richtig Angst und außerdem lässt du sie im Unklaren, mit wem sie es zu tun haben. Trick 17 sozusagen. Gut, das mit der Höflichkeit läuft da gewissermaßen gegenläufig. Damit verwirrst du sie aber auch noch mehr."

„Aber du weißt schon, dass die den Brief genau untersuchen und analysieren werden? Und dann? Können sie sofort feststellen welchen Bildungsgrad man hat, aus welchen Land man kommt und lauter so Sachen. Ich dachte immer, dass Profis absichtlich die Grammatik falsch machen, damit keiner weiß woher die kommen. Mehr sowas wie …"

Armin legte die Finger an seine Schläfen, schloss die Augen und fing an vorzutragen:

„Die Madonna entführt wir haben. Wenn sie wiederhaben ihr wollt, 10 Millionen zahlen ihr müsst. Sonst ein Bein abschneiden wir ihr."

Rony machte sich ein Bier auf und sah Armin fassungslos an:

„Sag mal, bist du doof? Das klingt ja, als würde Yoda zu einem sprechen. Da wissen die doch gleich, dass der Entführer auf Krieg der Sterne steht. Da haben sie uns sofort. Ausschlussverfahren, Rasterfahndung, Zack, Schluss und ab in den Knast."

Armin dachte nach:

"Du hast Recht. Was hältst du davon? Wir lassen den Brief im Internet von Übersetzungsprogrammen ein paarmal hin und her übersetzen. Dann schauen wir mal, was da rauskommt."

Armin nahm den Text und ließ ihn ins Englische übersetzen. Die englische Version dann ins Chinesische (traditionell). Weiter ging es über bulgarisch, finnisch, und bosnisch nach Zulu. Von Zulu wieder zurück ins Deutsche.

Armin las vor:

„Liebe Jungfrauen und Könige,

Wir haben farbige Madonna zu seinem Eigentum gemacht. Wenn sie verletzt werden möchten, zahlen sie 10 Dollar (10 Wörter) für kleine, kleine Banknoten. Wenn nicht, schneiden Sie es in einem Bein ab.

Mit Rücksicht
Farbige Flosse"

„Also, unsere Herkunft ist somit zumindest mal verschleiert, würde ich sagen."

Armin sah Rony an. Er bewegte die Nase nach oben, als wollte er fragen: „Was hältst du davon?"

Rony kratzte sich am Ohr.

„Du hast Recht. Unsere Herkunft ist nicht mehr nachzuvollziehen. Allerdings glaub ich nicht, dass Irgendjemand kapiert, was wir überhaupt wollen."

Nach ein paar weiteren Versuchen konnten sich die beiden auf folgenden Wortlaut einigen.

„Wir haben schwarze Madonna. Lösegeld 10 Millionen Euro in kleinen unnummerierten Scheinen. Sonst wir Madonna ein Bein abschneiden.
Die schwarze Hand"

Schnell war der Brief ausgedruckt, eingesprüht und so verpackt, dass keine weiteren DNA-Verunreinigungen mehr zu befürchten waren.

Bis auf die Sache mit den Kniekehlen, war jetzt eigentlich alles erledigt. Die beiden sahen sich zufrieden an. Sie hatten ein gemeinsames Ziel vor sich und sie waren perfekt vorbereitet. In ein paar Tagen würden sie zuschlagen. Sie würden eine Anton aus Tirol Nummer abliefern, wie sie die Welt noch nicht gesehen hatte. Danach wäre nichts mehr wie zuvor. Sie wären unendlich reich, würden auf Hawai oder auf der Sabine liegen und wären die glücklichsten Menschen der Welt.

Zumindest stellten sie sich das so vor. „Auf die Operation Klingelbeutel!" Armin hielt sein Schnapsglas hoch.

„Auf die Operation Klingelbeutel!"

Die beiden grinsten sich voll Vorfreude an.

Die Operation Klingelbeutel nahm ihren Lauf. Direkt auf den Abgrund zu.

31

Nicht nur die Vorbereitungen für die „Operation Klingelbeutel", sondern auch die Vorbereitungen für das Altöttinger Hardrock Festival liefen auf Hochtouren. Auch in diesem Jahr war mit einem neuen Besucherrekord zu rechnen, und so wollte der Veranstalter nichts dem Zufall überlassen.

Für die Sicherheit war der „Bewachungs.-und Sicherheits-Service international" kurz B.u.S.S.i. zuständig. Die Belegschaft von B.u.S.S.i. ließ sich in etwa zwei gleichgroße Hälften unterteilen.

Die eine Hälfte bestand aus jungen, kahlrasierten Männern, deren Hauptcharaktereigenschaft darin bestand, anderen Menschen Respekt einzuflößen. Ansonsten waren sie grobschlächtig, primitiv, gewalttätig, emotionslos, psychopathisch, sadistisch und unglaublich dumm.

Die andere Hälfte war rechtsradikal.

Die Rechtsradikalen stellte man unmittelbar vor die Bühne in den 90cm breiten Sicherheitsstreifen, zu den Absperrgittern vor dem Publikum. Der Veranstalter hielt das für die sinnvollste Lösung, da auf diese Weise relativ wenig Kommunikation mit den B.u.S.S.i.-Ordnern stattfinden musste.

Diese wiederum waren sehr glücklich, so nah an der Bühne zu stehen, und erklärten den 90cm breiten Sicherheitsstreifen zur national befreiten Zone. In dieser marschierten sie auf und ab, und waren unglaublich stolz darauf, deutsch zu sein.

Auf der anderen Seite des Absperrgitters, in der ersten Reihe des Publikums, befand sich eine größere Gruppe der Hells Angels.

Diese Konstellation sollte sich im Laufe des Abends für die B.u.S.S.i.-Ordner noch als äußerst unvorteilhaft erweisen.

Für die medizinische Versorgung der Festivalbesucher war der örtliche Jugendverein des Roten Kreuzes zuständig, und für alle anderen Eventualitäten natürlich die freiwillige Feuerwehr. Diese hatte ihr Lager direkt neben dem des Roten Kreuzes, strategisch sinnvoll am Eingang des Festivals errichtet.

Strategisch sinnvoll deshalb, weil man auf diese Weise den in Privatautos mitgebrachten Alkohol, nicht erst über das ganze Gelände schmuggeln musste.

So wurden, wie jedes Jahr, zwischen den beiden Helfergruppen unauffällig die Schnapsflaschen hin.- und hergereicht, und schon am frühen Nachmittag waren die meisten der potentiellen Lebensretter so besoffen, dass sie nicht mehr in der Lage waren, die Joints gerade zu halten, die ebenfalls herumgereicht wurden.

Auch dies sollte sich im Laufe des Abends noch als äußerst unvorteilhaft herausstellen.

32

Dann war er schließlich da: Der Tag, der die Welt für immer verändern sollte. Während in Altötting also die Feuerwehrleute und Rettungssanitäter damit beschäftigt waren sich festivalkompatibel zuzulöten, starteten Armin und Rony in München die Aktion Klingelbeutel. Die erste Amtshandlung war, mit mehreren starken Magneten fremde Nummernschilder über den eigenen zu befestigen. Die neuen Schilder hatte Rony am Abend vorher am Parkplatz hinter dem Olympiastadion organisiert. Es war stockdunkel, und der Besitzer der Nummernschilder war gerade in der Olympiahalle, wo er den Klängen von Andreas Gabalier lauschte.

Mit den neuen Nummernschildern am Auto und Sissi auf dem Rücksitz, starteten unsere zwei Helden also ins große Abenteuer.

33

Das Altöttinger Hardrock Festival lief schon, als Günther Ralfschnee von Banane-Music zusammen mit seinen Künstlern den Backstagebereich betrat. Irgendeine lokale Vorband spielte gerade ihre Zugabe, die außer den drei Freunden aus der Nachbarklasse niemanden gefordert hatte, das Bier war kühl, die Sonne schien und die Stimmung auf dem Gelände wurde immer besser. Noch.

Günther Ralfschnee hatte sich auf seinen Auftritt bestens vorbereitet. Nicht nur seine Ansprache war wohlüberlegt, auch sein Äußeres war der Situation entsprechend angepasst.

Unmittelbar nachdem die lokale Vorband ihre Zugabe - die nun nicht mal mehr die drei Freunde aus der Parallelklasse angehört hatten - beendet und die Bühne verlassen hatte, wurde selbige von Günther Ralfschnee betreten. Seine orangefarbene Karottenhose und das hellblaue Schlumpf T-Shirt sorgten sofort für die Aufmerksamkeit, die er sich erhofft hatte.

Die Stunde der Rache war gekommen.

"Liebe Kuschelrockfans!" eröffnete er seine Ansprache.

Nie zuvor hatte es ein Mensch geschafft, schon mit den ersten zwei Worten seines Vortrags, die komplette Zuhörerschaft gegen sich aufzubringen. Er hätte genauso gut eine Rede vor dem jüdischen Weltkongress mit "Heil Hitler" eröffnen können.

Tausende Augenpaare schauten ihn feindselig an.

"Was bist'n du für ein Arschloch?" rief jemand von der Seite.

"Ich geb dir gleich Kuschelrockfans, du Spasti!" ertönte es von weiter hinten.

"Schaut euch mal den Schlumpfkasper da oben an!" maulte Joe Bonebraker zu seinen Kollegen.

Günther Ralfschnee war zufrieden. Alles lief nach Plan. In ein paar Minuten würde die Stimmung auf dem Gelände garantiert kippen. Und zwar Richtung Gewalt. Dass er heute seinen wichtigsten Künstler nachhaltig vergraulen würde, war ihm klar, aber das war es ihm wert. Die Sache mit Eminem und DJ Bobo musste gesühnt werden. Der Tag der Rache war gekommen.

"Liebe Kuschelrockfans", setzte er nochmal an, "wie ihr vielleicht schon mitbekommen habt, hat der Hauptakt des heutigen Abends, die Popgruppe RINNSTEIN ..." Weiter kam er nicht. RINNSTEIN als Popgruppe zu bezeichnen war eine Beleidigung ersten Grades, die niemand auf dem Gelände unkommentiert lassen konnte. Erst recht nicht, wenn sie von einem Vollidioten mit orangener Karottenhose und Schlumpf T-Shirt ausgesprochen wurde, der gerade vor 30 Sekunden das komplette Publikum als

"Kuschelrockfans" gedemütigt hatte.

"Buh! ... Aufhören! ... Halt's Maul du Idiot! ...", und andere Zwischenrufe kamen nun von allen Seiten. Günther Ralfschnee hatte jetzt die Aufmerksamkeit erlangt, die er sich erhofft hatte.

"Also, wie schon gesagt, RINNSTEIN haben überraschender Weise abgesagt, da sie ein Angebot bekommen haben, heute bei der "Hitparade der Volksmusik" aufzutreten."

Das war nun wirklich zu viel. Keiner wusste mehr, wie er darauf reagieren sollte. Manche fingen an zu schimpfen, manche warfen Bierbecher auf die Bühne und wieder andere fingen an zu heulen.

Ralfschnee machte eine beschwichtigende Geste von der Bühne herab.

"Kein Grund auszuflippen, Leute!", rief er in sein Mikrofon. "Natürlich haben wir gleichwertigen Ersatz für euch gefunden ..."

"Led Zeppelin!" kreischte eine junge Frau, die gerade beim Bier anstand. Das Gerücht mit Led Zeppelin als Überraschungsgast hatte sich natürlich rasend schnell unter den Festivalbesuchern verbreitet.

"Stairways to Heaven", brüllte nun einer aus den vorderen Reihen.

Das Gerücht, an das niemand so recht zu glauben wagte, schien sich also doch zu bewahrheiten, und plötzlich schwappte eine Welle der Euphorie über das Gelände, die niemand unberührt ließ.

"Ze-pe-lin, Ze-pe-lin", fing eine kleine Gruppe an zu rufen. "Ze-pe-lin, Ze-pe-lin." Immer mehr Menschen stimmten in den Kanon ein: "Ze-pe-lin, Ze-pe-lin."

"Es ist uns gelungen einen der größten Künstler aller Zeiten..."

"Ze-pe-lin, Ze-pe-lin" klang es nun aus allen Kehlen.

"Einen der größten Künstler aller Zeiten heute für euch ..."
"Ze-pe-lin, Ze-pe-lin." Im Rhythmus der Worte, die nun bis zur Gnadenkapelle zu hören waren, wurden tausende Fäuste in die Luft gestreckt.

"... heute für Euch zu verpflichten."

"Ze-pe-lin, Ze-pe-lin!"

"Bitte begrüßt mit einem donnernden Applaus ..."

"Ze-pe-lin, Ze-pe-lin!" Die Menge rastete komplett aus. Selbst die Bierverkäufer verließen ihre Stände, um näher an die Bühne zu kommen.

"Ze-pe-lin, Ze-pe-lin!" Jeder wollte bei diesem Ereignis ganz vorne dabei sein. Led Zeppelin zum ersten Mal seit Jahrzehnten live. In Altötting. Der Fall der Berliner Mauer hatte nur halb so viel Bedeutung wie dieser historische Moment.

"Ze-pe-lin, Ze-pe-lin!"

"Bühne frei für ..." Günther Rlafschnee machte eine ausgedehnte Kunstpause.

"Ze-pe-lin, Ze-pe-lin!"

"... für Helena Fleischer."

"Ze-pe-lllll ..." Die Menge verstummte.

Niemand kreischte mehr, niemand johlte, niemand schrie.

Günther Ralfschnee stand sehr einsam auf der Bühne.

Was ihm nun entgegenschlug war eisiges Schweigen und abgrundtiefer Hass.

Er hatte sein Ziel erreicht.

34

Die Ankündigung von Günther Ralfschnee, dass nun Helena Fleischer statt RINNSTEIN die Bühne betreten würde, schlug ein wie eine Bombe. Zuerst dachten die Besucher, es handelt sich um einen schlechten Witz, dann dachten sie, es handelt sich um einen sehr schlechten Witz, um dann festzustellen, dass es sich leider um überhaupt keinen Witz handelte.

Helena Fleischer stürmte auf die Bühne, und legte eine Show hin, wie man sie lange nicht gesehen hatte. Sie wusste, dass es sich um ein schwieriges Publikum handeln würde, und deshalb gab sie sich besondere Mühe. Die Idee, die Show mit ihrem Mega-Hit „Schlechter Atem in der Nacht" zu eröffnen, kam ihrem offiziellem Lebensgefährten Sebastian Rostblech, der sie begleitete, unmittelbar vor dem Auftritt und wurde auch so umgesetzt.

So stand sie nun auf der Bühne und sang so schön wie noch nie, während unter ihr das Chaos ausbrach. Zunächst nur vereinzelt, aber spätestens mit Einsatz des Refrains, flogen von allen Seiten Bierbecher auf die Bühne. Erst leere, dann volle.

Im Backstage–Bereich hinter der Bühne verlief – im Gegensatz zum Sicherheitsbereich vor der Bühne - alles wie vom Veranstalter geplant. Zumindest noch für die nächsten zwei Minuten.

Innerhalb dieser zwei Minuten geschahen hier Dinge, die auch so manchen hartgesottenen Death-Metal-Fan die Tränen in die Augen trieben.

Die Band Rubber Maiden war gerade dabei, sich professionell auf ihren Auftritt vorzubereiten. Über das Stadion, sich mit Aufwärmübungen, Instrumente stimmen oder gar die Lieder vor dem Auftritt nochmal kurz durchzugehen, waren sie schon längst hinaus. Vollprofis eben.

Ihre Vorbereitung auf den Auftritt bestand darin, möglichst viel Alkohol und illegale Drogen zu konsumieren, um so in die richtige Stimmung zu kommen. Mit illegalen Drogen war natürlich nicht so Kinderkram wie Haschisch gemeint.

Blöderweise war das Konzert nicht ganz so gut organisiert, wie erhofft, und so konnte der Veranstalter der 4-köpfigen Band auf die Schnelle nur acht Gramm einer bis dato unbekannten Droge besorgen. Sie hieß Mystic Death und entsprang einem Versuchslabor im Hinterhof einer tschechischen Kleinstadt. Richtig getestet hatte den Stoff wohl noch niemand, allerdings war bekannt, dass die Wirkung vergleichbar mit einer Mischung aus LSD, Kokain, Crack, Heroin, Extacy, Amphetamin, Psilocybin, MDMA, Speed und Christal Meth war. Nur wesentlich stärker. Die Dosierung wurde mit maximal 0,2 Gramm pro Person angegeben. Am Anfang besser nur die Hälfte.

Nun brach innerhalb der Band eine leidenschaftliche Diskussion darüber aus, wie man die acht Gramm am besten einteilt, um den restlichen Abend wenigstens noch ein bisschen etwas Positives abgewinnen zu können. Verschiedenste Modelle wurden hin und her diskutiert:

Jetzt eher wenig nehmen, und dafür auf der Bühne einen klaren Kopf haben, jetzt etwas mehr nehmen, und dafür auf der Bühne mehr Spaß haben, jetzt gar nichts nehmen und dafür einen guten Auftritt hinlegen und sich danach so richtig abschießen, jetzt erst mal was trinken und dann weiterdiskutieren.

Schließlich kam vom Schlagzeuger die Idee, jetzt sofort alles auf einmal zu nehmen und dann völlig breit aufzutreten. Nach einer leidenschaftlichen Diskussion war sich die Band darüber einig, dass dieser Vorschlag der Dümmste und Unvernünftigste von allen war, und nahm ihn einstimmig an.

Der Bassist, der bandintern den Ehrentitel „Drogenobmann" trug, wurde beauftragt, vier gleich große Lines auf dem Biertisch vorzubereiten. Mit der für ihn typischen Genauigkeit und Akribie machte er sich ans Werk. Seine Bandkollegen würden stolz auf ihn sein.

Inzwischen kamen die ersten Meldungen aus dem Bereich vor der Bühne im Backstage-Bereich an, und sorgten teilweise für Beunruhigung, teilweise für Belustigung.

Eher beunruhigt war Sebastian Rostblech, der seine Freundin Helena Fleischer von hinten beobachtete, die auf der Bühne gerade beim Refrain ihres Hits angelangt war: „Rein und raus – immer wieder" sang sie voll Inbrunst, während die Hells Angels vor ihren Augen auf die B.u.s.s.i.-Ordner einprügelten.

Rostblech Basti, der selbst im Showgeschäft eine Größe war, und ein untrügliches Gespür für Stimmungen hatte, merkte, dass hier hinter der Bühne die Stimmung möglicherweise auch bald kippen könnte. Er musste handeln. Immer wieder fuhr er sich mit der Hand durch seine goldenen Haare und zwirbelte seinen Schnauzbart, während er sich eine Strategie zurechtlegte. Dass sein Erscheinungsbild hier etwas unangemessen war, war auch ihm inzwischen aufgefallen. Weißblau kariertes Hemd, weiße Hose, blaue Schuhe und roter Umhang passten nicht so wirklich zu den anderen Outfits hinter der Bühne. Egal ob Techniker, Musiker oder Roady: Alle trugen, einem unausgesprochenen Gesetz folgend, ausschließlich Klamotten in den Farben Schwarz, Tiefschwarz oder ausgewaschenem Schwarz. Aber vielleicht half ja gerade sein Äußeres dabei, hier hinten für gute Stimmung zu sorgen?

Wenn Basti eines wirklich perfekt konnte, war es für gute Stimmung zu sorgen. Das war sein Spezialgebiet, hiermit verdiente er ein Vermögen.

Allerdings war sein Publikum im Normalfall doch etwas anders veranlagt, als diese Typen hier.

Sebastian Rostblech nahm das ganz sportlich, schnappte sich sein Akkordeon, das er wie immer dabeihatte und rief laut:

„Wo man singt, da lass dich nieder – denn böse Menschen haben keine Lieder." So zog er die allgemeine Aufmerksamkeit auf sich.

Nachdem er sich sicher war, im Mittelpunkt des Geschehens zu stehen, sprang er dynamisch auf einen Biertisch, rief laut: „Leute singt's mit, jetzt wird's zümpftig", griff in die Tasten und fing lauthals an zu singen:

„Hoch auf dem gelben Wa-ha-gen, sitz ich beim Schwager vorn …"

Dass der Rostblech Basti, bei seinem sportlichen Sprung sich ausgerechnet den Tisch ausgesucht hatte, auf dem der Bassist von Rubber Maiden gerade das Mystic Death Pulver hergerichtet hatte, war eigentlich kein Problem.

Dass er bei seinem Sprung einen Becher Cola umwarf, war eigentlich auch kein Problem.

Dass die verschüttete Cola ausgerechnet über das ganze Pulver lief und selbiges in den Festivalrasen spülte, war allerdings schon ein Problem. Ein großes Problem. Ein sehr großes Problem, um genau zu sein.

Zumindest für die Musiker von Rubber Maiden und für den Rostblech Basti.

Normalerweise war Sebastian Rostblech es gewöhnt, dass bei seinen Auftritten die Menschen sich spontan an den Händen nahmen, sich umarmten oder unterhakten und schunkelten. Es hatte immer etwas Versöhnliches, Vereinigendes, Berührendes.

Diesmal hatte es nichts Versöhnliches oder Vereinigendes. Allerdings etwas Berührendes. Die Gitarre, die der Rubber Maiden Gitarrist am Hals mit zwei Händen hielt, und mit aller Kraft schwang, berührte den Rostblech Basti von hinten in den Kniekehlen.

Die Berührung kam allerdings so unvermittelt, hart und schnell, dass der Getroffene im hohen Bogen vom Biertisch flog und in sein Akkordeon krachte.

Ein B.U.S.S.I.-Ordner, der zufällig direkt daneben stand, erkannte sofort die Brisanz der Situation und wusste was er zu tun hatte. Ohne zu zögern schritt er ein, um Schlimmeres zu verhindern:

Er sprang nach vorne, schnappte sich Basti Rostblech, zerrte ihn zur Seite und stellte ihn auf die Beine.

Dann packte er ihn mit der linken Hand an der Gurgel, schlug ihm mit der rechten Faust immer wieder senkrecht auf den Kopf und brüllte:

„Nein, du wirst nicht singen! Nein, du wirst nicht singen!"

Danach fesselte er den völlig verdatterten Basti an einen Baum und knebelte ihn.

35

Im Bürocontainer der Festivalleitung saß Jörg Sparklefrosch mit seiner Assistentin Mathilda Bologna und nahm die Anrufe entgegen, die immer bedrohlicher klangen und in immer kürzeren Abständen auf sie einprasselten. Erst meldete sich der B.U.S.S.I. Chef, dass es eine Schlägerei vor der Bühne gebe, dann kamen Meldungen, dass Teile der Bühnentechnik ausgefallen waren, weil Bier in die Verteilerkästen gelaufen war, schließlich die ersten Meldungen von Plündereien der Bierstände und mutwilliger Beschädigung der Verstärkerboxen. Über die Zustände im Backstagebereich waren allerding noch keine Meldungen eingetroffen.

„Schätzchen, ich glaube wir haben ein Problem. Wir verlieren gerade die Kontrolle."

„Ich hab' dir doch gesagt, dass du nicht doppelt so viel Karten verkaufen sollst, wie feuerpolizeilich erlaubt. Vor den Toilettenhäuschen gibt es auch schon Ärger, weil die Leute nicht so lange warten können, bis sie …"

„Äh, das mein ich nicht. Richtig Ärger. Ich rede von Plünderungen, Schlägereien, Vandalismus und so Zeug. Was machen wir denn jetzt?"

„Fuck! Wir sind nicht versichert. Das wird teuer. Wenn die Bands dann nicht spielen können, verlangen die Regress, die Fans flippen aus, und dann auch noch die Schmerzensgeldforderungen … uiuiui …"

„Denk dir was aus! Du hast doch immer so super Ideen, Schätzchen. Weißt du noch, als wir die Karten für die Ramones-Tournee verkauften, ohne zu wissen, dass die schon fast alle tot waren, und du dann die Idee hattest …?"

„Mein Gott, das ist doch schon ewig her. Fang doch nicht immer mit diesen alten Geschichten an, ich glaube nicht, dass heutzutage …"

„Aber du bist doch meine einzige Hoffnung, Schätzchen! Wenn irgendjemand eine gute Idee hat …"

Die Assistentin holte aus und schrie los: "Wieso soll immer ich dich aus der Scheiße holen? Kannst du nie mal Verantwortung für den Mist übernehmen, den du baust? UND SAG NIE WIEDER SCHÄTZCHEN ZU MIR, VERSTANDEN?"

Der Aschenbecher krachte wenige Zentimeter neben Jörg Sparklefroschs' Kopf an die Wand und zerbrach in tausend Stücke.

„OK, OK beruhig dich. Wir müssen jetzt alle einen kühlen Kopf bewahren. Hab` ich dir eigentlich schon gesagt, dass ich ernsthaft über eine Lohnerhöhung für dich nachdenke, Schätz …"

Diesmal war es eine volle Weinflasche die in der Nähe von Jörg Sparklefroschs' Kopf an der Wand zerschellte. Zu seinem Leidwesen nicht neben, sondern direkt über seinem Kopf.

„Verdammt jetzt beruhig dich doch mal. Wenn ich pleite bin, kann ich dir gar nichts mehr zahlen. Und einen neuen Job findest du auch nicht, wenn rauskommt, dass du von all meinen Geschäften gewusst hast." Vorsichtig schüttelte der Konzertveranstalter Wein und Scherben aus seinen Haaren.

„Ach, jetzt kommt also die Nummer? Bin ich jetzt vielleicht auch noch schuld, wenn hier alles den Bach runtergeht?"

Die Assistentin nahm vorsichtshalber schon mal die halbleere Whiskyflasche in die Hand, die vor ihr auf dem Tisch stand und machte eine drohende Geste. Jörg Sparklefrosch hob schützend die Unterarme vor sein Gesicht und schaute sie flehentlich an.

Ganz Unrecht hatte er allerdings nicht. Wenn das alles aufflog, war sie mit dran. Sie musste sich etwas ausdenken. Erst knetete sie ihre Unterlippe, dann rieb sie mit dem Zeigefinger unter ihrer Nase hin und her.

„Ich hab' ,ne Idee!" rief sie plötzlich und schnippte mit den Fingern.

Sie griff zum Telefon und wählte 110.

36

„Polizeiinspektion Altötting, Vollmerer am Apparat. Wer spricht? ... Wie war der Name? ... Mathilda Bologna ... was ist denn das für ein komischer Name? ... ach so, verstehe ... sie sind also Italienerin... quasi aus Italien sozusagen ... und wie schreibt man das? ... Aha, und woher soll ich wissen, wie man die Stadt schreibt? Ich bin da ja nie ... oder meinen sie, dass ich jetzt meinen Urlaub extra wegen ihnen ...? gut

… aha … Moment! … Alles der Reihe nach … Weshalb rufen sie an? … Terror? Sind sie sicher? … Ja, aber ich muss doch erstmal ihren Namen ordentlich … junge Dame, jetzt mäßigen sie sich bitte mal, ja? Offensichtlich kennen sie die vier W-Regel nicht, wenn man einen Notruf tätigt, oder? Die muss strikt eingehalten werden … Haben sie noch nie gehört? Das hab' ich gerne: Völlig uninformiert … aber dann am Telefon … Ja hören sie mir halt zu. Die vier W stehen für: „wer spricht?"… "wo findet das Geschehen statt?" …"Wann ist es passiert?" und „Warum ist es passiert?". Verstehen sie? Die vier W-Wörter am Anfang der Fragen. Daher der Name vier W-Regel … ja aber hören sie… nein! Das ist sehr wichtig, dass die vier W-Regel eingehalten wird. Man muss doch einen Notruf ordnungsgemäß absetzen können, oder? Wo kommen wir denn da hin, wenn jeder bei den Ermittlungsbehörden anruft und einfach irgendwas? … wir sind ja nicht bei den Hottentotten … Doch natürlich! Die vier W-Regel lernt man doch schon im Kindergarten. Können sie alles im Internet nachlesen … Nein, also gerade bei Notrufen sollte es schon alles sehr exakt… bei uns geht es ja schließlich oft um Sekunden … Jetzt beruhigen sie sich doch mal Fräulein … äh wie war der Name? … ach, da steht's ja, also Fräulein Bologna, von wo aus rufen sie an? … Aha, das Gelände hinter der Herrenmühlstraße … Jaja die kenn ich gut, da hinten auf der Wiese hat ein Kollege von mir als Kind immer Drachen steigen lassen, hat er mir mal erzählt… Jaja ich weiß schon, da ist dieses Rock n'Roll Festival heute, gell?… Jetzt hören's doch mit dem Geschrei auf, das ist eh so laut bei ihnen da… Nein, das muss nicht so laut sein, man kann gute Musik auch ohne… sie jetzt werden's nicht frech, ja! … Ach sie sind die Veranstalterin? … nicht? … ach so, die Assistentin, verstehe … und … aha … jetzt kommen wir mal zum nächsten W, damit hier was vorwärts geht … wie, ich? … also, das überlassen sie bitte der Polizei, wie wir auf was reagieren. Wir sind ja schließlich Profis und nicht irgendwelche Anfän ... Nein da brauchen sie mir gar nicht ... haben sie überhaupt eine Genehmigung für das Festival? Ich mein dieser Lärm ... Also, was ist jetzt passiert bei ihnen? ... Terror? ... Wieso Terror? Was denn für einer genau? ... Na, ich mein Linksterror oder Rechtsterror oder Islamistischer ... doch, das ist schon wichtig, wegen dem Protokoll! Hab' ich ihnen doch schon erklärt. Wenn sie nicht dauernd so rumschreien würden.... Gab es denn eine Explosion? ... ja verstehe ... ja, wenn sie auch die Musik so laut machen müssen ... keine Explosion vermutlich ... ja und wie kommen sie dann darauf ... ach so... ja vielleicht ist das ja nur so eine Schlägerei... wegen einer gebrochenen Nase kommen wir da sicher nicht ... ach so, ja aha ... na gut ... was soll das denn jetzt heißen? ... Der Straftatbestand der Beamtenbeleidigung des diensthabenden Beamten im Dienst ist nicht ohne, des wissen sie hoffentlich ... Jaja, schon Recht ... Also, wissen's was? Wir schicken ihnen da jetzt mal eine Streife vorbei, und die schaut sich das Ganze mal in Ruhe an ... ja natürlich schnell ... was glauben denn sie? Das wir mit der Schneckenpost kommen? Hahaha ... Jaja ... gut ... auf Wiederhören."

Vollmerer legt den Hörer auf, lehnte sich zurück und schaut zu seinen Kollegen Honkenmöller, der gelangweilt in der Nase bohrt.

„Mein Gott, war das ein hysterisches Weib." Er verdreht die Augen.

„Was war?"

„Ruft von diesem Musikfestival da hinten an. Angeblich irgendwie, eventuell, vielleicht ein Terroranschlag. Allerdings ohne Explosion, ohne Schießerei und ohne nennenswerte Verletzungen. Das ich nicht lache! Terror? So ein Quatsch! Dank Erdogan ist ja heutzutage schon jeder Zeitungsverkäufer ein Terrorist."

„Und wenn doch was dran ist?"

„Dann würden doch bei uns die Telefone nicht mehr stillstehen. Wenn da nur ein einziger Anruf kommt, ist doch klar, dass da gar nix dran ist, oder? Sagt mir doch mein Polizisteninstinkt."

„Hast Recht. Sag mal, ich wollte doch jetzt noch was zum Essen holen. Magst du deine Pommes lieber mit Majo oder mit Ketchup?"

„Hm. Schwierige Frage. Ist eigentlich beides lecker. Was meinst du?"

„Kann dir da schlecht was raten. Kenne ja deinen Geschmack nicht so gut. Mit Ketchup ist es halt mehr klassisch-traditionell und mit Majo halt eher so modern-progressiv."

„So gesehen hast jetzt du wieder Recht. Ich denke hier in Bayern sind wir ja eher so traditionell, oder? Anderseits dem Modernen gegenüber auch aufgeschloss…"

„Nimm doch einfach beides!" unterbricht Honkenmöller die Gedankengänge seines Kollegen. Vollmerer sieht in verdutzt an. „Geht das denn auch?"

„Ja klar geht das auch. Ich kenn mich da aus. Das nennt man dann Pommes rot-weiß." Stolz auf seine Fachkenntnisse und leicht überheblich nickt Honkenmöller und die Arme. „In Profikreisen spricht man auch von Pommes-Schranke".

„Wieso Schranke? Ach so, verstehe. Weil Bahnschranken ja auch rot-weiß angestrichen sind. Rot wie Ketchup, weiß wie Majo. Ist ja eigentlich ganz logisch, wenn man darüber nachdenkt, gell? Da fällt mir ein: Ich habe irgendwo mal gelesen, dass die im Norden sogar Pommes-Leuchtturm dazu sagen."

„Ich dachte du wusstest gar nicht, dass man Pommes mit beidem nehmen kann? Jetzt hast du es ja doch schon mal gehört."

„Ja, ich hab' das damals nicht verstanden, verstehst? Hatte mich schon gewundert, warum die das so nennen. Dachte, das ist halt so eine norddeutsche Spezialität. Aber jetzt im Nachhinein fügen sich alle Informationen zusammen und ergeben plötzlich einen Sinn. So ist das als Polizist: Man muss immer wachsam und aufmerksam sein. Immer alles merken, immer den Überblick behalten. Und plötzlich fügen sich alle Puzzleteile ineinander und man hat den Fall gelöst!"

Honkenmöller ist beeindruckt. Vollmerer ist ein Genie. Der Sherlock Holmes von Altötting. Ein Vollblutpolizist wie er selbst.

„Weißt du was?" Honkenmöller haut seinem Kollegen und Freund anerkennend auf die Schulter. „Du bist ein Genie!"

Vollmerer ist stolz und schlägt seinerseits Honkenmöller auf die Schulter: „Und du bist echt a oide Fischhaut!"

37

Punkt 19 Uhr kamen Rony und Armin in Altötting an. Dank des Hardrockfestivals war der Parkplatz am Dultplatz ziemlich voll und sie konnten ihr Auto unauffällig zwischen den anderen Wagen parken. Sissi wurde noch mal kurz rausgelassen, machte tatsächlich brav ihr Geschäft und schleppte sich zurück ins Auto.

„Braver Hund." Rony musste grinsen.

„Mistköter." murmelte Armin genervt.

Ohne ein weiteres Wort zogen sie die durchsichtigen Gummihandschuhe an, warfen sich lässig die Tragetaschen über die Schultern, und gingen los. Den Weg sind sie so oft im Gedanken gegangen, dass ihnen alles schon fast wie Zuhause vorkam. Um nicht an der Polizeistation vorbei zu müssen, gingen sie über die Schlotthamer Straße. Als sie in die Burghausener einbiegen wollten kam ihnen der Polizist Honkenmöller entgegen, der gerade Pommes für sich und seinen Kollegen geholt hatte.

Es war die zweite zufällige Begegnung in ihrem Leben, und natürlich ahnte Honkenmöller auch diesmal nicht, dass die beiden dafür verantwortlich sein sollten, dass er bald weltberühmt werden würde.

Nette Menschen, dachte sich Honkenmöller, nachdem die beiden Fremden, die ihm entgegenkamen, die Straßenseite gewechselt hatten. Die wissen noch, was sich gehört. Respekt vor Uniformen. Polizisten Platz machen. So gehört sich das. Könnte ja schließlich ein wichtiger Einsatz sein.

Der Duft von Pommes Schranke stieg durch die Papiertüte in seine Nase.

„Puh, das war knapp", zischte Rony.

Weiter ging es nach links, dann in die Marienstraße und am Kreuzweg rechts in den Park. Dort hinter ein Gebüsch. „Läuft ja alles nach Plan bis jetzt. Perfekt", raunte Rony Armin zu. Dieser wollte fragen, was denn bisher hätte schiefgehen können, verkniff es sich aber und nickte nur bestätigend.

Inzwischen waren beide so nervös, dass sie anfingen zu zittern und Probleme hatten ihre Reißverschlüsse einzufädeln. Trotzdem hatten sie zwei Minuten später ihre blauen Overalls an, setzten die Perücken auf, klebten sich die Bärte ins Gesicht und gingen mit ihren blauen Taschen weiter Richtung Kapellplatz. Kaum waren sie an der Gnadenkapelle angekommen trennten sie die blauen Stoffrechtecke, die sie mit Klettverschlüssen befestigt hatten von den Taschen und den Overalls ab und stopften sie in eine Plastiktüte. Auf ihren Rücken, auf der Brust, auf den Tragetaschen und für die ganz Doofen auch noch auf ihren Oberarmen stand nun in großen weißen Lettern das Wort „POLIZEI".

So drängelten sie sich vorbei an den andächtig betenden Pilgern, nach vorne in den Raum mit der Schwarzen Madonna. Dort angekommen nahm Armin das viel zu große Megaphon aus der Tasche, hielt es einer älteren Dame ans Ohr und schrie völlig hysterisch und ein paar Oktaven zu hoch los:

"ACHTUNG; ACHTUNG! HIER SPRICHT DIE POLIZEI! WIR HABEN EINE AKUTE GEFAHRENLAGE! WE HAVE A SITUATION! BITTE VERLASSEN SIE SOFORT DIE GNADENKAPELLE UND BEGEBEN SIE SICH IN DIE NÄCHSTEN SCHUTZRÄUME! ACHTUNG! ACHTUNG! DIES IST KEINE ÜBUNG!"

Ein paar dutzend Augenpaare sahen die beiden völlig entgeistert an. Niemand rührte sich. „Entschuldigung, was haben sie gesagt?" fragte ein offensichtlich schwerhöriger Mann aus dem hinteren Teil der Kapelle. Armin blickte fragend zu Rony. So hatte er sich das nicht vorgestellt. Rony blickte genauso fragend zurück. Auch er hatte sich das nicht so vorgestellt. Armin nahm wieder das Megaphon hoch und begann von Neuem:

„ÄÄHHMM... GRÜSS GOTT! Wir sind von der Polizei, und wollten ihnen nur mitteilen, dass hier eine Gefahrensituation besteht und sie bitten, ganz schnell nach Hause ... äh ... ich mein ... Dings in die Kirche ... Quatsch in die Schutzräume, also ich meine in Sicherheit sollen sie sich halt begeben. Schnell."

Die Pilger sahen sich ratlos an. Was sollte das? Die beiden Typen da vorne sahen irgendwie nicht wirklich wie Polizisten aus. War das so eine Scherzsendung mit versteckter Kamera?

„Wieso stören sie hier unsere Andacht?" rief jemand von hinten. "Wir sind doch schon in der Kirche." „Soll das ein Witz sein, oder was?" maulte ein anderer los. „Ist ihnen eigentlich gar nix mehr heilig?" Mehrere Personen fingen an nach ihren Handys zu greifen. Das musste gefilmt werden. Schließlich brauchte man Beweise, wenn man sich beim Fernsehen beschweren wollte. Versteckte Kamera in der Gnadenkapelle von Altötting. Das ging nun wirklich zu weit. Fehlte nur noch, dass der Gottesdienst in Zukunft von Werbeblöcken unterbrochen wird.

Den beiden fing an, die Situation zu entgleiten. Das war so überhaupt nicht geplant. In seiner Verzweiflung riss Rony das Megaphon an sich und fing an zu brüllen:

"ALLAH IST GROSS! ALLAHU AKBAR! ALLAH IST GROSS! ALLAHU AKBAR! ALLAH IST GROSS!"

Das war offensichtlich kein Spaß mehr. Nun kam Bewegung in die gerade noch fußlahmen Pilger und Gläubigen. Und wie! Jeder stürmte, so schnell er konnte, nach draußen. Alle schrien durcheinander: "HILFE! ... MOSLEMS! ... OH GOTT HILF! ... MADONNA BESCHÜTZE UNS! ES IST SO WEIT! SIE SIND DA! ... OH MEIN GOTT!!" Keiner nahm mehr Rücksicht auf den anderen. Jeder schubste, drängelte und rannte, wie vom Teufel verfolgt um sein Leben.

Eine alte Frau stürzte, konnte sich aber gerade noch an einem Kerzenständer hochziehen, bevor der Pilgerstrom über sie hinweg getrampelt wäre. Sie reihte sich wieder ins Gedränge ein, schaffte es irgendwie nach draußen, aber der Kerzenständer fiel um, die Kerze löste sich und rollte immer noch brennend unter eine Holzbank. Genauso schnell wie das Chaos ausbrach, war es auch wieder vorbei, nachdem die letzten Gläubigen aus der Kapelle entkommen waren und nun Richtung Kirche hasteten, um dort die Schutzräume aufzusuchen. Zumindest lautete so die Anordnung der Polizei, falls sie das richtig verstanden hatten.

In der Gnadenkapelle war schlagartig Ruhe eingekehrt. Rony musste grinsen. Armin nickte ihm zu und öffnete seine grüne Polizei-Tasche, aus der er den Vorschlaghammer mit dem extra langen Stiel heraus kramte. Wie besprochen kletterte er auf die Balustrade, um auf der anderen Seite herunter zu springen. Oben angekommen rutschte er aus, stolperte nach vorne, fiel und griff in einem Reflex nach dem weißen Tuch, das auf dem Altar unterhalb des Madonnenschreins lag.

„Ave Maria" stand darauf, wie Armin noch aus dem Augenwinkel lesen konnte, während er zu Boden fiel und das Tuch mit sich riss. Auf dem Tuch wiederum standen links und rechts je drei Kerzenständer sowie einige Vasen mit Blumen, die nun ebenfalls in eine schnelle Abwärtsbewegung versetzt wurden. Als Armin auf den Boden vor dem Altar aufschlug, konnte er gerade noch das Leinentuch über sich ziehen, bevor die Kerzenständer und Vasen mit ihren Rosensträußen auf ihn niederkrachten. Er verlor das Bewusstsein.

Durch das Blumenwasser entstand auf dem Leinentuch ein Abdruck von Armins Gesicht, der Dank des falschen Bartes aussah wie das Grabtuch von Turin.

„Verfluchte Scheiße!" Rony rannte zur Balustrade, kletterte vorsichtig auf die andere Seite und zerrte das Leinentuch von seinem leblosen Freund. Was sollte er jetzt machen? War jetzt schon alles vorbei? Wie sollte er Armin aus der Kapelle schaffen? Aufgeben? Armin liegenlassen und alleine abhauen? Mit erhobenen Händen aus der Kapelle gehen?

Nein, das alles waren keine Optionen für einen Vollblutgangster wie ihn. Die Sache wurde durchgezogen. Egal wie. Verletzte wurden nicht zurückgelassen.

„Wir sind hier zusammen rein und wir gehen hier auch wieder zusammen raus", sagte er zu sich selbst. Wie bei den Navy Seals.

Rony musste jetzt zunächst einfach mal Armins Aufgaben übernehmen. Er nahm sich den Vorschlaghammer, holte wie ein Golfspieler mit beiden Armen Schwung, zielte genau auf den Glaskasten mit der Schwarzen Madonna und krachte scheppernd etwa 40cm zu weit rechts mit dem Hammer in das Gesicht einer fein gearbeiteten silbernen Engelsfigur, deren Aufgabe wohl darin bestand die Schwarze Madonna zu beschützen. Der Kopf der Engelsfigur brach ab, war aber so weit nach innen gestülpt, dass er nun am Hammer hängenblieb und scheinbar verzweifelt durch seinen eigenen Hinterkopf Richtung Himmel schaute, als Rony erneut Schwung holte und sich der Hammerkopf mit atemberaubender Geschwindigkeit Richtung Schrein bewegte. Diesmal hatte er besser gezielt und traf in den unteren Bereich der Scheibe, die entgegen aller Erwartungen keinerlei Widerstand leistete und in tausend Stücke zersprang. Die Scherben prasselten herunter und blieben größtenteils auf Armin liegen, der immer noch bewusstlos vor dem Altar lag. Die Alarmanlage schrillte mit ohrenbetäubendem Lärm los. Rony nahm die Schwarze Madonna vorsichtig aus ihrem angestammten Platz im Altar und fing sofort an, sie nach Peilsendern zu durchsuchen. Als er unter ihr Kleid schaute, stellte er entsetzt fest, dass die Holzfigur gar keine Beine hatte.

In ihrem Erpresserbrief, den sie draußen deponieren wollten, hatten sie doch angedroht, der Madonna ein Bein abzusägen. Und nun? War ihr Erpresserbrief jetzt ungültig? Vor Schreck glitt ihm die Madonna aus der Hand und fiel nach unten, wo sie direkt auf Armins Stirn knallte.

Wie durch ein Wunder erwachte selbiger daraufhin aus seiner Ohnmacht und rappelte sich auf. „Wo bin ich?" fragte er benommen und griff sich an den Kopf.

„In Sicherheit. Mach dir keine Sorgen. Alles ist gut.", sagte Rony beschwichtigend und legte Armin die Hand auf die Schulter. „Entspann dich."

Der nervtötende, schrille Ton der Alarmanlage sorgte für einen solchen Adrenalinstoß, dass Armin langsam die Situation begriff und wieder voll bei der Sache war.

Rony nahm die Sprühflasche zur Hand und fing an den Tatort einzusprühen.

Als das erledigt war, schnappten sie sich ihre Tragetaschen, und machten sich so schnell sie konnten auf nach draußen, Richtung Tilly-Statue.

Das erste was sie sahen war, dass inzwischen auf dem Kapellplatz so etwas wie die Vorstufe von Panik ausgebrochen war. Einige der Pilger waren immer noch nicht an der Kirche angekommen, da sie doch schon etwas betagt waren und häufig mit körperlichen Gebrechen zu kämpfen hatten. Viel Zeit war ja auch noch nicht vergangen. Die Operation Klingelbeutel hatte, nachdem alle Gläubigen die Kapelle verlassen hatten, weniger als 90 Sekunden gedauert.

Als sie an der Tilly-Statue ankamen, fiel Rony auf, dass sie vor lauter Aufregung vergessen hatten, die Madonna einzupacken. Fluchend rannte er zurück in die Kapelle, schnappte sich die Heiligenfigur und war kurze Zeit später wieder bei Armin. Der hatte inzwischen den Erpresserbrief an Graf von Tilly festgebunden und sie rannten weiter.

Die Ladenbesitzer kamen aus ihren Läden, nachdem mehrere Stände umgerissen worden waren, und wussten zunächst nicht was los war. Schreiende Menschen rannten und humpelten, von der Kapelle kommend, in alle Richtungen, viele suchten Schutz in den Geschäften, aber die meisten wollten in die Stiftspfarrkirche, da es dort ja angeblich Schutzräume gab. Eine Pilgergruppe älterer Leute aus Rosenheim war inzwischen in der Kirche angekommen und versetzte die dort anwesenden Touristen in Panik.

Schreie wie „Terror, Oh mein Gott, Moslems, Maria hilf!" usw. hallten durch die Kirche und über den Kapellplatz, auf dem es immer chaotischer zuging. Der Ladenbesitzerin

Anna Maria Schwegelin war klar, dass hier etwas ganz besonders Schreckliches passiert sein musste, wenn sogar die zwei Polizisten in den grünen Overalls erst hinter der Tilly-Statue Schutz suchten und dann feige in Richtung Park des Kreuzwegs wegrannten. Schnell ging sie zurück in ihren Laden und wählte die 110.

Im Park des Kreuzwegs angekommen versteckten sich die Beiden hinter einem Gebüsch und öffneten die Klettverschlüsse ihrer Overalls. Im Nu konnten sie so den Polizeianzügen entsteigen und standen wieder in ihren Zivilklamotten da. Schnell noch eine rote und eine grüne Tasche herausgeholt, die blauen Taschen da hinein und aus den Polizisten, waren wieder zwei normale Bürger geworden. Wie besprochen gingen sie getrennte Wege zurück zum Auto. Armin über die Trostberger, Rony über die Bahnhofstrasse. Dann im Abstand von gut 100 Metern über die Rupertusstraße zum Dultplatz. Während sie liefen, entfernten sie die angeklebten Bärte, sobald sie sich unbeobachtet fühlten. Armin war zuerst am Auto, verstaute die Madonna und die Tasche unter den Plastiktüten voller Altglas im Kofferraum. Sissi schlief auf der Rückbank und bekam von all dem nichts mit.

Kurz darauf kam Rony und verstaute auch seine Tasche im Kofferraum.

„Ach, ihr Auto ist das also?"

Die beiden erschraken, wie noch nie in ihrem Leben und drehten sich langsam um. Hinter ihnen stand der Polizist mit der Pommestüte.

„Ich kam hier gerade vorbei und hab den armen Hund da eingesperrt in ihrem Auto gesehen. Habe schon überlegt, ihn gewaltsam zu befreien. Aber da sie ja jetzt da sind, ist das offensichtlich nicht mehr nötig. Gott sei Dank kann ich jetzt zurück ins Polizeirevier gehen. Wissen sie, die Pommes werden langsam kalt."

Ohne eine Antwort abzuwarten drehte Honkenmöller sich um und ging weiter Richtung Polizeirevier. Verdutzt sahen Rony und Armin sich an. Dann schlenderten sie betont unauffällig zum Festival. Für ihr Alibi mussten sie sich ja mit den Gegebenheiten auf dem Festivalgelände vertraut machen. Außerdem wäre es zu riskant gewesen jetzt gleich mit dem Auto zu fliehen. Wer wusste schon, wie gut und reaktionsschnell die Polizei in Altötting war?

Der Plan war, am Ende des Konzertes mit den Massen nach draußen zu strömen und im allgemeinen Durcheinander zu entkommen. Auf dem Weg zum Festival kamen sie wieder in die Nähe des Kapellplatzes vorbei, von wo aus ihnen die ersten Menschen panikartig entgegenliefen. Im Vorbeirennen riefen sie ihnen Warnungen vor den Terroristen zu. Unbeirrt gingen sie weiter und standen 10 Minuten später auf dem Festivalgelände.

Die Musik, die von der Bühne herüber wehte, entsprach nicht so ganz ihren Vorstellungen, was sie zu dem Entschluss brachte, erstmal ein Bier zu trinken.

Eine unerwartete Abfolge unschöner Ereignisse sorgte zwischenzeitlich dafür, dass sich die Stimmung auf dem Festival kontinuierlich verschlechterte. Zunächst war da noch die Enttäuschung, dass Led Zeppelin doch nicht spielen würden. Dann kamen erste Meldungen zu den Vorfällen in der Gnadenkapelle bei den Metalfans an, und jetzt bekamen auch immer mehr Menschen mit, dass es zwischen den anwesenden Rockergruppen zu handfesten Schlägereien kam. Niemand verstand so richtig um was es ging, weil man sich auf den Schlachtruf „Rache für Lillifee" keinen Reim machen konnte. Angeblich gab es sogar Schlägereien hinter der Bühne, und die Security Angestellten von B.U.S.S.I. waren auch keine Hilfe, da sie zwischen die Fronten gerieten und sowohl von den Banditos, als auch den Hells Angels verdroschen wurden.

Das Schlimmste aber war, dass Helena Fleischer auf der Bühne stand und die ganze Szenerie auch noch relativ unpassend musikalisch untermalte.

Armin und Rony waren mit ihrem Bier noch nicht mal zur Hälfte fertig, als ihnen langsam klar wurde, dass der weitere Verlauf des Festivals möglicherweise nicht mehr so ganz den Erwartungen der Fans und Veranstalter entsprechen würde.

38

In der Altöttinger Polizeidienststelle häuften sich nun die Anrufe. Nach dem vermeintlich falschen Hinweis auf einen Terroranschlag auf dem Festivalgelände, kamen nun immer mehr Meldungen von der Gnadenkapelle, in der wohl Terroristen um sich schossen. Offensichtlich kam es auf dem Kapellplatz zu panikartigen Szenen. Aber auch das Gerücht mit dem Terroranschlag auf dem Hardrock Festival schien sich zu bewahrheiten. Zumindest kamen von dort immer mehr Meldungen über Gewaltausbrüche und Schlägereien.

Stefan Vollmerer sah seinen Kollegen Honkenmöller ernst in die Augen, während er sich eine Hand voll Pommes in den Mund stopfte.

„Olli, hier ist eine verdammt große Sache am Laufen. Der Ernstfall ist da. Jetzt müssen wir absolut professionell handeln. Von uns hängt alles ab. Diesmal können wir der Welt zeigen, was wir draufhaben. Das Schicksal hat uns auserkoren."

Honkenmöller wischte sich einen Ketchupfleck von der Hose.

„Stefan du hast natürlich vollkommen Recht. Wir müssen nun mit Nachsicht, kühlem Kopf und absolut entschlossen handeln. Pass auf, wir schlagen erstmal Alarm, dann fahre ich zum Festival und du zur Gnadenkapelle. Wir schnappen uns die Kerle, bevor sie weiteren Schaden anrichten können."

„So machen wir's", antwortete Vollmerer und griff zum Telefon. Er ließ sich direkt mit Berlin verbinden und forderte die GSG9 an. Um seinen Forderungen Nachdruck zu verleihen, bauschte er die bisherigen Meldungen ein wenig auf und sprach von mehreren Explosionen und etlichen Toten, die schon zu beklagen seien.

In Berlin wurde sofort Großalarm ausgelöste und eine gut eingespielte und oft geübte Maschinerie setzte sich in Bewegung. Während die Sondereinheiten der GSG9 aus allen Standorten verteilt über die Bundesrepublik abberufen und nach Altötting geschickt wurden, wurde das Bundeskabinett zusammengetrommelt und in den Schutzbunker unter dem Bundeskanzleramt gebracht. Dort wurde ein Lagezentrum eingerichtet und Kontakt mit den Nachbarländern und internationalen Verbündeten aufgenommen. An den Wänden hingen Monitore mit Liveschaltungen nach Washington, Moskau, Peking, ins NATO-Hauptquartier und zu Thomas Gottschalk.

In der Zwischenzeit hatte Oliver Honkenmöller bei seinen Kollegen in Erfahrung gebracht, dass zufällig ein Sondereinsatzkommando der Polizei in der Nähe zu einer Übung stationiert war. Er ließ sich direkt mit dem Vorgesetzten verbinden und bat um polizeiliche Unterstützung. Nachdem der Trick mit den Übertreibungen bei seinem Kollegen Vollmerer so gut funktioniert hatte, setzte er noch einen oben drauf. Bei ihm gab es nicht nur Explosionen und Tote, sondern auch Geiselnahmen und eine Massenpanik. Das SEK machte sich sofort auf den Weg und versprach in 15 Minuten vor Ort zu sein.

„Das hätten wir."

Honkenmöller war ein bisschen stolz auf sich und seinen Kollegen.

„Zumindest kann später keiner sagen, wir hätten den Ernst der Lage nicht erkannt oder etwas verharmlost."

„Ja, aber wir sind noch lange nicht am Ende. Wir werden nicht ruhen, bis wir den letzten der Terroristen gefangen und der Gerechtigkeit zugeführt haben."

Vollmerer blickte zu allem entschlossen zu seinem Kollegen. Honkenmöller verstand ihn ohne ein weiteres Wort.

Nun war ihre Stunde gekommen. Dies war keine harmlose Übung. Dies war Ernst. Blutiger, tödlicher Ernst. Beiden war klar, dass möglicherweise keiner von ihnen da lebend rauskommen würde. Aber genau deswegen sind sie ja Polizisten geworden: Weil sie Willens waren, jedes Opfer zu bringen. Für die Freiheit und für Deutschland. Aufrecht und voller Stolz gingen sie ihrem Schicksal entgegen.

Oliver Honkenmöller und Stefan Vollmerer waren bereit zu sterben.

39

Als Chef der Münchner Polizei wurde Oberinspektor Tappick schon unmittelbar nach den ersten Meldungen aus Altötting informiert und fuhr sofort ins Präsidium. Das, was er immer befürchtet hatte, war nun offenbar tatsächlich eigetreten. Ein großangelegter Anschlag auf ein Festival oder eine kirchliche Einrichtung. Oder beides. Noch war nicht klar, was genau geschehen war, aber schon auf dem Weg ins Präsidium trafen so viele – teils widersprüchliche - Informationen bei ihm ein, dass er wusste, die Sache ist so groß, dass er sich nun keinerlei Fehler leisten dürfte. Tappick machte normalerweise auch keinerlei Fehler, aber es gab ein Problem:

Der Vorfall war in Altötting eingetreten. Und in Altötting gab es zwei Polizisten, deren Vorgehen im Zweifelsfall immer zum größtmöglichen Chaos führten.

Die Welt schaute in diesem Moment auf diese Stadt. Sollte einer der beiden Kollegen in Erscheinung treten und Scheiße bauen, hätte das sicherlich zur Folge, dass irgendwelche Presseheinis nachbohren würden, und dann käme vielleicht doch noch die Sache mit dem Kasperltheater ans Licht und dann würde Innenstaatssekretär Knarfhofer....

Tappick überkam das Grauen. Warum musste ihm kurz vor der Pensionierung so etwas widerfahren? Warum ausgerechnet ihm? Er musste einen kühlen Kopf bewahren.

40

So schnell es ging, fuhr Oliver Honkenmöller zum Festivalgelände. Blaulicht und Martinshorn sorgten dafür, dass alle Passanten, die in der Stadt unterwegs waren zur Seite sprangen. Seinen ursprünglichen Plan, vom Haupteingang kommend mit dem Einsatzwagen direkt durchs Publikum vor die Bühne zu fahren, verwarf er, als er die tausenden Fans sah, die größtenteils besoffen und teilweise unter dem Einfluss von Mythtal Death umher schwankten. Hier war Improvisationstalent gefragt. Er stellte den Einsatzwagen quer in den Haupteingang, um den Terroristen den Fluchtweg zu verbauen, rannte über das Gelände und schrie immer wieder: "Lassen sie mich durch, ich bin Polizist!"

Natürlich interessierte sich keiner der Festivalbesucher für einen kreischenden Polizisten, und so war Oliver Honkenmöller gezwungen, mehrere Warnschüsse mit seiner Dienstpistole abzugeben, um sich den Weg zur Bühne zu bahnen.

Hier bot sich ihm ein Bild, das er so nicht erwartet hatte. Die Künstlerin Helena Fleischer hatte gerade fluchtartig das Podium verlassen, nachdem von allen Seiten nur noch Bierbecher auf sie und ihre Band herabgeprasselt waren.

Vor der Bühne lagen mehrere verletzte Ordner von B.U.S.S.I. im Schlamm und krümmten sich vor Schmerzen. Die anderen Ordner von B.U.S.S.I. beneideten ihre Kollegen um diese Situation, da sie selbst das Schlimmste noch vor sich hatten. Sie wurden gerade von den Hells Angels angegriffen, die entdeckt hatten, dass man die Absperrgitter vor der Bühne aus der Verankerung reißen und als Wurfgeschoße verwenden konnte. Diese besaßen offensichtlich gute Flugeigenschaften und verursachten lustige Knackgeräusche, wenn sie im Gesicht ihrer Gegner landeten.

Oliver Honkenmöller konnte sich um solche Nebensächlichkeiten jetzt natürlich nicht kümmern, da er weit Schlimmeres verhindern musste. Es galt den Terroristen zuvorzukommen, und das Festivalgelände zu räumen, bevor sie zuschlagen konnten. Hierzu war es absolut notwendig, mit psychologischem Feingefühl vorzugehen, um eine Massenpanik zu verhindern. Eine Panik unter den Konzertbesuchern konnte unter Umständen noch schlimmere Folgen haben, als der Terroranschlag selbst. Es galt, bei seiner Rede Autorität auszustrahlen und die Aufmerksamkeit sowie das Vertrauen der Zuhörer zu erlangen.

Mit dynamischen Schritten lief Honkenmüller auf die Bühne, bewegte sich zielstrebig auf den Mikrofonständer zu, rutschte in einer Bierpfütze aus, knallte mit dem Kopf an den Mikroständer, riss selbigen um und lag schon auf dem Boden, noch bevor das Mikrofon neben seinem Kopf auf die Bühnenbretter krachte, und einen ohrenbetäubenden Lärm verursachte.

Die Aufmerksamkeit der Festivalbesucher hatte er zumindest schon mal. Honkenmöller rappelte sich auf und stand etwas nervös und voller Bierflecken auf der Bühne. Ein Bühnentechniker gab ihm ein neues Mikrofon und

Honkenmöller hob dem Arm, um dem Publikum Ruhe zu gebieten.

„Achtung! Ruhe! Hier spricht die Polizei!" fing er seine Ansprache an.

Das war für das inzwischen leidgeplagte Publikum dann doch etwas zu viel des Guten. Erst kam dieser komische Schlumpfheini in Karottenhosen und beschimpfte sie als Kuschelrockfans, dann wurde RINNSTEIN abgesagt, dann kam statt Led Zeppelin Helena Fleischer auf die Bühne und jetzt stand da auch noch ein Bulle und machte einen auf dicke Hose.

Von allen Seiten kamen Buh-Rufe. Wieder flogen Bierbecher auf die Bühne. Seitlich entstand ein Sprechchor, der immer lauter wurde: „Bullen sind Nullen, Bullen sind Nullen!" Von der gegenüberliegenden Seite hörte man: „Wir sind besoffen, prall und high – was nervt ist nur die Polizei!"

Honkenmöller musste sich Autorität verschaffen. Das war ja hier schließlich eine ernsthafte Situation und kein Kinderfasching. Er zog seine Dienstwaffe und zielte ins Publikum. Die Besucher starrten ihn entgeistert an. Langsam wusste niemand mehr, was hier eigentlich los war? Nachdem es ruhiger wurde, steckte Honkenmöller seine Waffe wieder ein und setzte seine Ansprache fort:

„Liebe Festivalbesucher, uns liegen Informationen vor, dass hier auf dem Gelände ein terroristischer Anschlag unmittelbar bevorsteht. Bitte bleiben sie ruhig. Es besteht kein Grund in Panik zu gerat…" Weiter kam er nicht.

Auf dem gesamten Gelände brachen Chaos und Panik aus.

41

Kurz nachdem Sein Kollege Honkenmöller zum Festival losgefahren war, schnappte sich Vollmerer seine schußsichere Weste und stürmte aus der Polizeidienststelle.

Jetzt war der Augenblick des Handelns gekommen. Jetzt war die Zeit für echte Männer. Männer, die wussten was zu tun ist. Männer wie er.

Deshalb war er schließlich Polizist geworden und nicht Wurstfachverkäuferin. Weil er auserkoren war, die Welt zu retten.

Er fuhr los zum Kapellplatz. Vermutlich wäre er zu Fuß schneller am Tatort gewesen, aber Einsatzwagen mit Blaulicht und Tätütata macht einfach mehr her. Man muss den Gegner ja schließlich auch beeindrucken. Dann macht er Fehler und ist leichter zu überwältigen. Alte Polizeitaktik.

Vollmerer kannte alle Tricks.

Mit quietschenden Reifen raste er die Burghauser Straße hinunter. Nach 180 Metern erreichte er den Tillyplatz und war somit am Einsatzort angekommen.

Vollmerer dachte nach. Wenn er jetzt auf den Platz stürmen würde, wäre er ein leichtes Ziel. Sollte er getroffen werden, wären alle Zivilisten den Terroristen völlig schutzlos ausgeliefert. Das durfte nicht passieren. Besser war es wohl, an den Eigenschutz zu denken. Er war jetzt die wichtigste Person am Tatort. Er musste auf jeden Fall am Leben bleiben. Am besten unverletzt. Nur so war er handlungsfähig.

Vollmerer rannte zurück zum Auto und umkreiste mit Höchstgeschwindigkeit den Kapellplatz. Lehrbuchmäßig wandte er die sogenannte Krenn'sche Kreiseltechnik an. Sie wurde von einem Professor Dr.T.Krenn am Forensischen Institut Amsterdam entwickelt. Die Taktik besteht darin, den Täter zu umkreisen und langsam den Kreis immer enger zu ziehen. So konnte man ihn zwangsläufig irgendwann dingfest machen.

Nachdem er fast einmal im Kreis um den Kapellplatz gefahren war, merkte Vollmerer, dass er keine Möglichkeit hatte, mit dem Wagen noch engere Kreise zu ziehen. Er musste aussteigen und zu Fuß weiter. Er lief ein paar Meter zurück, links in eine Seitengasse und war kurz darauf bei einer Tiefgarageneinfahrt angekommen.

Genau in diesem Moment kam ein Bus angefahren, bremste scharf ab und etwa 20 schwerbewaffnete SEK Beamte stürmten aus dem Wagen Richtung Kapellplatz.

Vollmerer lief ihnen entgegen und schrie:

"Ich kenne mich hier aus und habe mir schon einen Überblick verschafft! Folgen sie mir! Alles hört auf mein Kommando!"

Ohne ihn zu beachten liefen die ersten Polizisten an ihm vorbei. Vollmerer breitete die Arme aus:

„Stop! Stehen bleiben!" rief er verzweifelt.

Ein bulliger SEK Beamter packte ihn am Kragen und schrie ihn an: „Halt du mal lieber die Rettungsgasse frei, du Seichtpfütze!" Dann schubste er ihn zu Seite und rannte weiter.

Vollmerer stand völlig verdattert da, als zwei weitere Busse ankamen und die SEK Beamten anfingen den Kapellplatz von der Nordseite her abzuriegeln und sich in Schussposition zu begeben.

Der Scharfschütze Dieter D. kletterte auf die Terrasse vor dem Rathaus. Von hier aus hatte er den Kapellplatz gut im Blick. Vollmerer folgte ihm. So konnte er ihm am besten Anweisungen geben, auf was zu schießen sei.

Am Himmel hörte man Hubschrauberlärm näherkommen.

Die GSG 9 war im Anflug.

42

Nachdem Oliver Honkenmöller seine Ansprache beendet hatte, brach – wie schon erwähnt - auf dem Festivalgelände Chaos aus. Armin und Rony standen sehr weit hinten und konnten so das Gelände frühzeitig verlassen. Sie zwängten sich an dem Polizeiwagen vorbei, der quer im Eingang stand und rannten los. Das Chaos kam ihnen absolut entgegen. Um nicht wieder am Kapellplatz vorbei zu müssen, nahmen sie einen kleinen Umweg und waren 10 Minuten später am Auto. Armin setzte sich ans Steuer und fuhr los.

„Fahr langsam. Cool bleiben." Mehr brachte Rony nicht heraus. Sein Mund war vollkommen ausgetrocknet, er war voll Adrenalin und schwitzte wie ein Weltmeister. Armin sagte gar nichts und konzentrierte sich darauf, vorsichtig zu fahren. Das Zeitfenster zur Flucht war extrem kurz. Sie mussten es zur Mühldorfer Straße schaffen, bevor sich das Chaos vom Kapellenplatz her auf die ganze Altstadt ausbreitete. In der Mühldorfer Straße angekommen, traute sich Armin so richtig Gas zu geben, und sie fuhren mit 30km/h weiter zur A299 Richtung Autobahn nach München. Kaum waren sie auf der Autobahn, wurden sie ruhiger.

„Jetzt volle Konzentration!" mahnte Armin. „Wir sind nun bei Abschnitt B der Operation Klingelbeutel angekommen. Du weißt, was das bedeutet."

Rony nickte und schaltete das Radio an. BR24-Nachrichten natürlich. Er nahm die Liste aus dem Handschuhfach und fing an vorzulesen:

"Dein Bart, Overall, Plastiktüte mit Abdeckungen, Deine Perücke, Megaphon, Deine Gummihandschuhe, mein Bart…" Ein Utensil nach dem anderen wurde abgefragt, genommen und in einen Stoffsack gesteckt. Bis alles außer der Sprühflasche und Ronys Handschuhen darin verstaut war.

Beim ersten Parkplatz fuhren sie raus und hatten Glück. Sie waren allein. Rony sprang aus dem Auto, lief zu dem Metallabfalleimer, stopfte den Stoffsack mit allen Beweisstücken hinein, übergoss das Ganze mit Benzin und zündete es an. Eine riesige Stichflamme schoss hoch. Viel größer als erwartet und von weitem zu sehen. Fast hätte Rony sich verbrannt, als er seine Gummihandschuhe dazu warf. Aber Hauptsache es brannte zuverlässig und die Fahrt konnte weitergehen.

Kaum waren sie wieder auf der Autobahn, änderte sich ihre Stimmung. Waren sie gerade noch hektische Nervenbündel die zitternd in ihrem Auto saßen, wurden sie nun von Glücksgefühlen durchströmt und fingen an zu jubeln.

„Wir haben's geschafft! Wir sind die Größten! Erfolg! Erfolg!" Es war wie damals, als sie die Maus mit dem Fallschirm abgeworfen hatten. Als sie noch oben im Hochhaus standen und überzeugt waren, ihre Mission sei geglückt.

Sie lachten und schrien, sangen und jubelten, hauten sich gegenseitig auf die Schultern, und waren die glücklichsten Menschen der Welt.

Noch.

43

Kurz nachdem Honekenmöller mit all seinem psychologischen Geschick die Festivalbesucher vor der terroristischen Gefahr gewarnt hatte, beschloss er, nun möglichst schnell den Kapellplatz aufzusuchen, um vor Ort nach dem Rechten zu sehen.

Mit einem dynamischen Sprung von der Bühne landete er auf dem Festivalrasen und rannte los Richtung Ausgang zu seinem Streifenwagen. Er war nun mit Sicherheit die wichtigste Person auf dem ganzen Gelände, und von daher konnte er keine Rücksicht auf die anderen nehmen.

„Polizei! Platz da! Lassen sie mich durch!" rief er immer wieder, während er die Festivalbesucher, die ihm im Weg standen, wegstieß. Als auch noch eine Frau mit dickem Bauch viel zu langsam vor ihm herlief, platzte ihm der Kragen.

„Weg da, du fette Nudel!" schrie er sie an, sprühte ihr Reizgas ins Gesicht und schubste sie eine Böschung runter. Wie durch ein Wunder brach sie sich nur ein Bein und zwei Rippen, und konnte so eine Woche später ihr gesundes Baby zur Welt bringen.

Als er endlich am Ausgang bei seinem geliebten Polizeiauto ankam, schossen ihm die Tränen in die Augen. Der Wagen, den er quer in die Durchfahrt gestellt hatte, blockierte selbigen nicht nur für die Terroristen, sondern zunächst auch für die Heavy Metal Fans, die panisch einfach über das Auto stampften, um auf der anderen Seite in Freiheit zu gelangen. Durch die Masse der Menschen, die völlig rücksichtslos über den Wagen trampelten, hatte selbiger inzwischen seine ursprüngliche Form eingebüßt, und wurde Stück für Stück immer weiter in den matschigen Festivalrasen eingearbeitet. Honkenmöller schätzte, dass der Einsatzwagen inzwischen nur noch über eine Gesamthöhe von vielleicht 60cm verfügte und erkannte scharfsinnig, dass dieser wohl heute nicht mehr zum Einsatz kommen würde.

Spontan änderte er seine Strategie und rannte zu Fuß weiter Richtung Gnadenkapelle. Schon von Weitem hörte er Schüsse und Explosionen.

44

Inzwischen waren Armin und Rony schon einige Zeit unterwegs und fühlten sich immer sicherer. Sie hatten keine Ahnung davon, was mittlerweile in Altötting los war, als ein Radiobeitrag über das interessante Leben und die Fortpflanzungsmethode des großen Leberegels unvermittelt unterbrochen wurde.

„Sie hören BR24. Wir unterbrechen unser laufendes Programm für eine Eilmeldung: Offensichtlich ist es in Altötting zu einem schweren Zwischenfall gekommen. Laut verschiedener Meldungen kam es im Rahmen eines Musikfestivals zu einem Amoklauf oder einem Anschlag. Aus der Gnadenkapelle in der Altstadt Altöttings soll Rauch aufsteigen. Sobald wir über weitere Informationen verfügen, werden wir uns wieder melden. Bis dahin fahren wir mit unserem Wissenschaftsbeitrag über das interessante Leben und die Fortpflanzungsmethode des großen Leberegels fort."

„Wieso kommt Rauch aus der Kapelle? Also damit haben wir ja wohl nichts zu tun, oder?" fragte Rony.

„Keine Ahnung", antwortete Armin.

„Jetzt wird's spannend", sagte Rony, dem plötzlich gar nicht mehr zum Jubeln war.

Langsam sickerte es den beiden ins Bewusstsein, dass die Operation Klingelbeutel vielleicht doch kein Kinderstreich war.

45

Wie und warum genau die Gefechte in Altötting ausgebrochen waren, konnte im Nachhinein nicht mehr mit letzter Klarheit ermittelt werden. Mehrere Zeugen beschworen, dass schon kurz nach dem Überfall Rauch aus der Kapelle aufstieg. Die Spurensicherung konnte später ermitteln, dass wohl eine brennende Kerze unter eine Holzbank gerollt war, und sie in Brand gesetzt hatte.

Fest steht zumindest auch, dass zunächst ein Sondereinsatzkommando der Polizei, das zufällig in der Nähe war, und 20 Minuten nach den ersten Meldungen eintraf, Position nördlich der Gnadenkapelle bezog. Kurze Zeit später erreichte eine Vorhut der GSG 9 den Einsatzort und bezog südlich der Gnadenkapelle Stellung.

Das Hauptproblem war wohl, dass sowohl die GSG 9 als auch das SEK keinerlei Kenntnis darüber hatten, dass eben die andere Sondereinheit der Polizei auch vor Ort war. Die genauen Hintergründe, warum der Scharfschütze Dieter D. den ersten Schuss abgab, konnte auch der später eingerichtete Untersuchungsausschuss nicht endgültig klären.

Ermittelt werden konnte allerdings, dass der Schuss von Dieter D. ein oberes Fenster der Gnadenkapelle durchschlug, auf der anderen Seite wieder austrat, und den auf dem Vordach der Stiftspfarrkirche liegenden GSG 9 Beamten traf. Dieser wurde durch einen Streifschuss am Oberarm leicht verletzt, konnte aber noch mit letzter Kraft seine Kollegen anweisen, das Feuer zu erwidern.

Zunächst wussten diese nicht genau, worauf sie eigentlich schießen sollten, entschieden dann aber spontan, sicherheitshalber mit einer Panzerfaust in die Gnadenkapelle zu feuern.

Die Folge war, dass nahezu alle der dort aufbewahrten Kunstschätze für immer verloren waren. Außerdem brannte die Kapelle nun mit solch einer Intensität, dass die Hitze dazu führte, dass die meisten Silberherzen, in denen die echten Herzen der Wittelsbacher und anderer wichtiger Personen aufbewahrt waren, zu heiß wurden und aufplatzten.

Die dadurch entstandenen Knallgeräusche wiederum überzeugten die GSG 9, dass die Terroristen noch am Leben seien und so beschloss man die Kapelle mit Sperrfeuer einzudecken.

Dieses wiederum prasselte nun über den Köpfen der SEK-Beamten, die auf der anderen Seite Position bezogen hatten, in die Gemäuer und durfte natürlich nicht unbeantwortet bleiben. Zunächst wurden einige Schock.- und Blendgranaten über die Kapelle gefeuert, um dann sicherheitshalber noch ein paar Maschinengewehrsalven hinterher zu schicken.

Das alles geschah, bevor die Situation völlig eskalierte.

Inzwischen trafen nämlich die ersten Besucher des Festivals in der Gegend um den Kapellplatz ein und sorgten für weiteres Chaos. Schreiend und panisch rannten sie durch die Straßen, schlugen auf der Suche nach Schutzräumen Schaufensterscheiben ein und versuchten sich an allen möglichen und unmöglichen Orten in Sicherheit zu bringen.

Zusätzlich brachte die nicht sehr kleine Gruppe der Mystal Death Konsumenten, Verwirrung in das Durcheinander, da sie sich völlig seltsam benahmen. Inzwischen hatte sich die Wirkung der Droge komplett entfaltet, was zu verschiedenartigsten Reaktionen führte:

Manche hielten sich für unsterblich und rannten mit ausgebreiteten Armen nackt über den Kapellplatz, andere dachten sie seien Gott oder könnten fliegen. Ganz besonders schlimm hatte es einen jungen Mann erwischt, der offensichtlich eine Mystal Death Dosis konsumiert hatte, die alles bisher da gewesene in den Schatten stellte. Die Dosis war so hoch, dass in seinem Gehirn völlig neue Synapsenverbindungen entstanden, die so von der Evolution nie vorgesehen waren.

Der arme Mann war nun tatsächlich der Meinung ein guter Politiker zu sein und begann ungefragt den Anwesenden die Welt zu erklären. Er stellte sich unweit der Tilly Statue auf eine umgedrehte Bierkiste und begann seine Ansprache:

„Überlasst die Klimapolitik den Profis, denn ein Tempolimit ist gegen jeden Menschenverstand."

Natürlich hörte keiner zu, da alle in Panik verfallen waren, während um sie herum Schüsse einschlugen und Blend-Schock-Granaten explodierten.

Dem vermeidlichen Politiker war das egal und unbeirrt fuhr er fort:

„Ich weiß nur das, was wir wissen. Ob ich alles weiß, was wir wissen, weiß ich auch nicht, aber ich weiß natürlich, niemand von uns weiß etwas, was er nicht weiß."

Leider erlangte er damit immer noch nicht die ihm zustehende Aufmerksamkeit und so schaltete er einen Gang höher:

"Mindestlohn ist DDR pur ohne Mauer!", rief er, um dann zum Höhepunkt seiner Rede zu kommen:

"Diejenigen, die gestern gegen Kernenergie, und heute gegen Stuttgart 21 demonstrieren, die müssen sich dann auch nicht wundern, wenn sie übermorgen irgendwann ein Minarett im Garten stehen haben."

Leider beging der junge Mann bei diesem Teil seiner Ansprache den kapitalen Fehler, sich selbst zuzuhören, was zur Folge hatte, dass sein Gehirn wegen Überlastung kurzzeitig den Betrieb einstellen musste und ihn in eine gnädige Ohnmacht fallen ließ. Bewusstlos brach er zusammen und blieb neben der Tillystatue im Rasen liegen.

Einigen der im Drogenrausch Umherirrenden war kalt geworden und sie entzündeten Lagerfeuer in den Geschäften mit den eingeschlagenen Fensterscheiben. Andere wiederum kreischten hysterisch herum, aber die meisten waren einfach völlig entspannt und legten sich mitten auf den Straßen und Bürgersteigen zum Schlafen nieder.

In all diesem Chaos durfte man natürlich nicht die Pilger vergessen, die ebenfalls schreiend durch die Straßen rannten und Maria anflehten, sie vor den Moslems zu beschützen.

In dem Moment, als einer von ihnen vor der Institutskirche St.Josef niederkniete, und um die Vergebung seiner Sünden flehte, erschien - einem Engel gleich - Oliver Honkenmöller und betrat die Bühne des Geschehens.

46

STRENG VERTRAULICH

Auszug aus dem vorläufigen Bericht des Untersuchungsausschusses der Bundesregierung zu der sogenannte „Terrornacht von Altötting".

Kap.13.Abs:47/III Zif.4

Auslöser der Schießereien:
Über den Auslöser der Schießereien gibt es bisher widersprüchliche Aussagen.

Aussage 1 von Polizist Stefan Vollmerer:

Nachdem immer mehr widersprüchliche Nachrichten von den angeblichen Terroristen bei uns eintrafen, und auch schon die ersten Spezialeinheiten Stellung bezogen hatten, begab ich mich in den Bereich der Gnadenkapelle, um mir selbst ein unabhängiges Bild der Situation zu verschaffen.

Nördlich der Gnadenkapelle befindet sich das Gebäude der Stadtverwaltung mit dem Rathaus. Am südöstlichen Eck dieses

Gebäudes ist unterhalb des Türmchens eine kleine Terrasse im ersten Stock. Hier lag der Polizeibeamte Dieter D. mit seinem Schafschützengewehr in Stellung und hatte die Gnadenkapelle im Visier. Ich begab mich auch auf diese Terrasse, da man von hier aus den optimalen Überblick hat, und ich somit am besten in der Lage war, die Einsatzleitung zu übernehmen.

Ich ging leise zu ihm, um ihn nicht zu erschrecken. Ich verhielt mich absolut professionell und unauffällig.

Warum Kollege D. das Feuer eröffnete ist mir bis heute ein Rätsel. Es gab keinerlei Veranlassung dafür.

Soweit ich informiert bin, löste der Kollege damit eine folgenschwere Kettenreaktion aus, und ist somit als der Hauptverantwortliche für die Geschehnisse dieser Nacht zu betrachten.

<u>Aussage 2 von Polizeihauptkommissar Dieter D.:</u>

Seit 12 Jahren bin ich beim Sondereinsatzkommando der Bayerischen Polizei.

Seit 7 Jahren bin ich als Scharfschütze ausgebildet. Ich bin darauf trainiert, stundenlang ein Ziel im Visier zu haben und dann innerhalb von Sekundenbruchteilen zu entscheiden, ob ich die Zielperson neutralisieren soll.

Nach den ersten Meldungen über die angeblichen Terroranschläge in Altötting, fuhr unser Sondereinsatzkommando mit dem Bus zum Tatort und begab sich in Position.

Ich bezog Stellung auf einer kleinen Terrasse nördlich der Gnadenkapelle. Von hieraus hatte ich gute Sicht und ein freies Schussfeld auf die Gnadenkapelle, in der wir die Täter vermuteten.

Unaufgefordert folgte mir Kollege Vollmerer und setzte sich neben mich.

Plötzlich schrie er ohne Vorwarnung „Na du oide Fischhaut!" in mein Ohr, und schlug mir mit solcher Wucht auf die rechte Schulter, dass sich ein Schuss löste.

Ich hatte keinerlei Möglichkeit mehr, zu verhindern was danach geschah.

Anmerkung des Untersuchungsausschusses:
Bei genauerer Betrachtung fallen Diskrepanzen zwischen den beiden Aussagen auf. Da bisher keine weiteren Zeugenaussagen beizubringen waren, steht formaljuristisch Aussage gegen Aussage.

Möglicherweise wird es sich nie klären lassen, was nun genau der Auslöser der Ereignisse der sogenannten „Terrornacht von Altötting" war.

Dieser Untersuchungsbericht ist vorläufig und nicht für die Öffentlichkeit bestimmt.

Der Inhalt ist streng vertraulich!

47

Mit gezückter Pistole rannte Oliver Honkenmöller in die Kirche und brüllte immer wieder: „Wo sind die Schweine, wo sind die Terroristen?"

Ein Pfarrer, der sich unter einer Holzbank verkrochen hatte, rief ihm zu: "In der Tillygruft sind sie nicht. Da ist nur eine Pilgergruppe!" Dummerweise explodierte genau in diesem Moment eine Handgranate vor der Kirche und Honkenmöller verstand nur: "In der Tillygruft sind sie..."

Geistesgegenwärtig schlug er einen Haken und rannte zur Tillygruft. Die Pilgergruppe, die dort zunächst Schutz gesucht hatte, musste feststellen, dass sie in einer Sackgasse gefangen war und beschloss die Gruft wieder zu verlassen. Gerade als sie den oberen Treppenabsatz erreichten, kam auch Honkenmöller an. Durch das schlechte Licht erkannte er nur die Umrisse der Pilger, konnte aber ihre Köpfe klar ausmachen.

Honkenmöller war ein guter Schütze. Aus fünfzig Metern Entfernung konnte er locker einem Baby den Schnuller aus dem Mund schießen. Eiskalt erhob er seinen Arm mit der Waffe. Er zielte auf die Köpfe der vermeintlichen Terroristen und eröffnete das Feuer. In seinem Magazin waren noch neun Patronen.

48

„Hier ist BR24 mit den Nachrichten:
Wir unterbrechen unser laufendes Programm für eine Eilmeldung:
Altötting: In der Oberbayrischen Kreisstadt Altötting ist es nach bisher unbestätigten Berichten zu einem Terroranschlag gekommen. Augenzeugen berichten von mehreren Explosionen und Schüssen in der Altstadt rund um den Kapellplatz. Sondereinsatzkräfte der Polizei sind vor Ort und liefern sich laut Zeugenaussagen schwere Gefechte mit bewaffneten Tätern, die sich in der Gnadenkapelle und in verschiedenen Kirchengebäuden verschanzt haben sollen. Auch erste Meldungen über Tote und Verletzte sind eingegangen. Anwohner sprechen von Dutzenden Leichen, die im Innenstadtbereich auf den Straßen liegen. Auch soll es zu Geiselnahmen gekommen sein. Eine offizielle Bestätigung für diese Angaben liegt zur Stunde noch nicht vor. Die Polizei rief die Anwohner von Altötting dazu auf, ihre Häuser nicht zu verlassen.
Berlin: Aufgrund der Vorkommnisse in Altötting hat die Bundesregierung einen Krisenstab eingerichtet. Er tagt zur Stunde im abhörsicheren Atombunker unter dem Bundeskanzleramt. Mehrere Spezialeinsatzkräfte, unter anderem auch die GSG 9 befinden sich auf den Weg nach Altötting. Angeblich gibt es innerhalb der Regierungskoalition heftige Diskussionen darüber, ob auch die

Bundeswehr zum Einsatz kommen soll. Der Bundesinnenminister und der Kanzler wollen in etwa einer Stunde gemeinsam vor die Presse treten und eine Erklärung abgeben.

Brüssel: Im Nato-Hauptquartier in der belgischen Hauptstadt kam es zu einem Sondergipfel, in dem geklärt werden soll, ob die Ereignisse in Altötting den Bündnisfall auslösen können. Nato Oberbefehlshaber Wolters ließ verlauten, dass hierzu noch keine endgültige Entscheidung getroffen wurde. Allerdings wurden alle europäischen Natopartner in erhöhte Alarmbereitschaft versetzt. Mehrere bewaffnete Flugstaffeln sind inzwischen in der Luft und einsatzbereit.

Washington: Der amerikanische Präsident hat der deutschen Regierung vorgeworfen, im Kampf gegen den Terror zu versagen. Trotzdem sei die amerikanische Regierung jederzeit bereit und auch Willens, einen atomaren Erstschlag gegen die Terroristen in Altötting auszuführen.

Inzwischen hat sich auch das „Islamische Kalifat" zu Wort gemeldet, und den Anschlag für sich reklamiert. Auf der Internetseite der Terrororganisation heißt es wörtlich:

„Ihr habt das Tor zur Hölle aufgestoßen! Die Unterdrückung des wahren Islam durch die Kreuzritter ist ein für alle Male beendet. Wir werden in Eurem Blut waten und euch eurer gerechten Strafe zuführen. Mit Hilfe von Allah dem Barmherzigen werden wir eure Eingeweide herausreißen und eure Hoden zerquetschen. Eure Herzen werden noch schlagen, wenn wir sie den Schweinen zum Fraß vorwerfen. Eure Gehirne werden noch bei Bewusstsein sein und vor Schmerz zucken, wenn wir sie aus euren Köpfen reißen, in einen Vorwerk Thermomix TM6 (gerade bei LIDL im Angebot für 1399.-) werfen und Käsekrainer daraus machen. Die Ungläubigen werden wir bei lebendigem Leibe verbrennen und ihre Frauen und Töchter versklaven.

Gepriesen sei Mohammed der Friedvolle!

Und nun noch ein paar Meldungen zum Sport:
München: Durch seine 1:7 Heimniederlage gegen den TSV 1860 hat der FC Bayern den Einzug in das Champions League Halbfinale endgültig verpasst und scheidet frühzeitig aus dem Turnier aus. Uli Hoeneß erklärte hierzu im Anschluss an das Spiel, dass die Fehlentscheidungen des Schiedsrichters ..."

Armin schaltete das Radio aus. Keiner sagte ein Wort.

49

Am Morgen des nächsten Tages waren die meisten Feuer gelöscht, und die ersten freiwilligen Feuerwehren aus den umliegenden Landkreisen begannen ihre Schläuche einzurollen. Natürlich konnte noch keinerlei Entwarnung gegeben werden, da noch niemand den genauen Überblick über das Geschehene hatte, aber zumindest wurde nicht mehr geschossen, und es bestand auch keine Gefahr mehr, dass das Feuer weiter unkontrolliert von einem Gebäude zum nächsten übersprang.

„Oh mein Gott, das sieht ja übel aus!" Zu einer geistreicheren Bemerkung war Dr. Knarfhofer nicht in der Lage, als er aus dem Hubschrauber schaute, mit dem er in seiner neuen Funktion als Innenminister eine erste Inspektion des Unglücksortes vornahm.

Von oben sah alles noch viel schlimmer aus, als die ersten Fernsehbilder vermuten ließen. Das Zentrum der Altstadt war mehr oder weniger komplett zerstört. Die meisten Kirchendächer waren eingestürzt und nur die verkohlten Grundmauern gaben noch so etwas wie eine Orientierung, wie es früher einmal ausgeschaut haben musste.

Durch das ausgebrannte Dach der Gnadenkapelle sah er einen einsamen Mann in den Trümmern herumirren. Es war Dekan Geromiller, der kurz darauf vor die Presse treten sollte, um von einem wahren Wunder Kunde zu tun:

Die Schwarze Madonna von Altötting war nicht zu Schaden gekommen, sondern offensichtlich leibhaftig durch das zerstörte Dach gen Himmel aufgefahren.

Was hingegen schon zu Schaden gekommen war, waren etliche Gebäude im Umkreis um die Gnadenkapelle und die danebenstehenden Kirchen. Die Häuser in den Nebenstraßen waren größtenteils beschädigt, wenn auch nicht nur durch Feuer. In der Maria-Woelki-Allee konnte man deutlich erkennen, dass wohl ein großer Feuerwehrwagen an den Fassaden der Einkaufspassagen entlang geschrammt war und selbige zum Einsturz gebracht hatte. Der Wagen kam erst zum Stehen, als er frontal in den Sankt-Florians-Brunnen krachte, und somit eine Hauptwasserleitung beschädigte. Angeblich stand der Fahrer unter dem Einfluss einer neuartigen Droge, aber das musste noch genauer untersucht werden.

Auf jeden Fall strömte nun schon seit über zehn Stunden ein Wasserschwall die Maria-Woelki-Allee hinab und flutete das Rathaus, dessen Keller inzwischen komplett unter Wasser stand. Und zwar genau unter dem Wasser, dass durch den Rohrbruch nun nicht mehr in den Hydranten zur Verfügung stand. Das war sehr schade, da die Feuerwehren der Nachbargemeinden, die zu Hilfe geeilt waren, ja gerne die eine oder andere Kirche vor den Flammen gerettet hätten.

Ebenfalls bedauerlich war, dass wegen Renovierungsarbeiten das Altöttinger Stadtarchiv vorübergehend in den Keller des Rathauses ausgelagert war. Durch das Wasser waren nahezu sämtliche Unterlagen seit dem 7. Jahrhundert in eine matschige Pampe verwandelt worden und erste Kindergärten fragten schon an, ob man das Pappmaschee haben könne, um damit etwas Schönes zu basteln?

Abgesehen von den Kirchen und der Schatzkammer (die ebenfalls komplett in Flammen aufgegangen war), waren aber auch noch etliche Privathäuser und Wohnungen dem Feuer zum Opfer gefallen. Durch die wilden Schießereien und die Explosionen der Blendgranaten waren unzählige Fensterscheiben geborsten, und so konnte sich das Feuer leicht ausbreiten.

Der Innenminister hielt sich die Hände vors Gesicht und stammelte erneut vor sich hin: „Verdammt, das sieht echt übel aus."

Wie schon gesagt: Zu einer geistreicheren Bemerkung war Dr.Knarfhofer nicht in der Lage.

50

„Hier ist BR24.

Wir unterbrechen unser Programm für eine Eilmeldung: Nach besätigten Berichten seitens der Katholischen Kirche, ist die Schwarze Madonna von Altötting gestern Abend als einziger sakraler Gegenstand der Feuersbrunst in der Gnadenkapelle und den umliegenden Kirchen entkommen. Offensichtlich fuhr sie durch das zerstörte Kapellendach direkt in den Himmel auf. Damit wäre es das erste wissenschaftlich nachgewiesene Wunder in Altötting. In ganz Bayern finden heute Abend Gottesdienste statt, um der Heiligen Jungfrau Maria für dieses Wunder zu danken.

Mehr dazu in unseren Nachrichten in Kürze."

STRENG VERTRAULICH

Auszug aus dem vorläufigen Bericht des Untersuchungsausschusses der Bundesregierung zu der sogenannte „Terrornacht von Altötting".

Kap.15.Abs:49/II Zif.2

Geiselbefreiung in der Tilly Gruft in der Stiftskirche St. Philipp und Jakob:

Um 21:20 traf der Polizeibeamte Oliver Honkenmöller am Tatort rund um die Gnadenkapelle ein. Da er Informationen hatte, dass es innerhalb der Stiftskirche St. Philipp und Jakob zu einer Geiselnahme durch die Terroristen gekommen war, begab er sich dorthin.

Gegen 21:23 näherte sich der Polizeibeamte Honkenmöller der Tilly-Gruft aus der ihm mehrere Menschen entgegen kamen. Laut eigener Aussage hatte er die Information, dass es sich um Terroristen handelt.

Um keinerlei Risiko einzugehen, eröffnete der Polizeibeamte sofort das Feuer und schoss so lange auf die Köpfe der vermeidlichen Terroristen, bis sein Magazin leer war. Insgesamt neun Schüsse wurden so aus nächster Nähe auf die Verdächtigen abgegeben.

Wie im Nachhinein ermittelt werden konnte, handelte es sich aber nicht um Terroristen, sondern um eine Pilgergruppe aus Rosenheim, deren jüngstes Mitglied 76 Jahre alt war.

Wie durch ein Wunder kam es bei dieser Schießerei zu keinen nennenswerten Verletzungen, da die Dienstpistole des Polizeibeamten nur mit Platzpatronen geladen war.

Warum in der Dienstpistole nur Platzpatronen und keine scharfe Munition war, muss noch gesondert untersucht werden.

Dieser Untersuchungsbericht ist vorläufig und nicht für die Öffentlichkeit bestimmt.

52

Nachdem am gestrigen Abend die ersten Meldungen aus Altötting eingetroffen waren, lief die Polizeimaschinerie innerhalb kürzester Zeit auf Hochtouren. Schon lange waren sämtliche Behörden auf einen größeren Terroranschlag vorbereitet, und so griffen alle Zahnräder perfekt ineinander. Die einzelnen Abteilungen der Polizei für Fahndung, Aufklärung, Spurensicherung, Öffentlichkeitsarbeit und Schutz der Bürger wussten ebenso gut was zu tun ist, wie der Staatsschutz, die Politik, die Boulevardpresse, der Katastrophenschutz und die Krankenhäuser, deren Notfallpläne schon unmittelbar nach den ersten Meldungen in Kraft gesetzt wurden.

Gott sei Dank waren die Kollateralschäden wesentlich geringer als befürchtet, und so hatten es die Rettungskräfte hauptsächlich mit kleineren Verletzungen, Alkoholvergiftungen und den Folgen von falsch dosierten Drogenexperimenten zu tun.

Trotzdem hatte die ganze Angelegenheit schon am nächsten Morgen eine solche Dimension angenommen, dass die Bundesanwaltschaft den Fall an sich zog, und ab sofort der Staatsschutz die Ermittlungen leitete. Der Bundesinnenminister persönlich rief bei Tappick an, um ihm mitzuteilen, dass man den Fall übernehmen werde. Lediglich ein paar kleinere Hilfstätigkeiten würde man gerne den normalen Polizeidienststellen übertragen, und hätte deshalb die Altöttinger Kollegen gebeten, den Teilbereich DNA zu bearbeiten.

Der Teilbereich DNA war der Undankbarste innerhalb der ganzen Ermittlungsarbeit. Fremden Menschen mit Wattestäbchen im Mund herumfummeln, seitenweise Excel-Tabellen ausfüllen, Laborergebnisse abgleichen und so weiter. Den Ruhm heimsten dann natürlich wieder andere ein. Normalerweise war also niemand darauf erpicht, den Teilbereich DNA zu übernehmen, und jeder versuchte diese Aufgabe weiterdelegieren zu können.

Nicht so Oberinspektor Tappick. Als er hörte, dass die Altöttinger Kollegen – und somit möglicherweise auch die Vollhonks – in die Ermittlungsarbeit involviert werden sollten, schrillten bei ihm sämtliche Alarmglocken. Mit Müh und Not konnte er den Innenminister davon überzeugen, doch bitte den Teilbereich DNA ihm persönlich anzuvertrauen. Das Münchner Polizeipräsidium verfüge über ein exzellentes Labor, und die Beamten hier seien hochmotiviert, an der Lösung des Falles mitzuarbeiten. Außerdem hätten die Kollegen in Altötting ja wirklich gerade andere Probleme.

So kam es also, dass Oberinspektor Tappick die undankbarste aller Arbeiten an sich riss, nur um zu verhindern, dass die Vollhonks irgendeinen Mist anstellen konnten. Schon heute sollte eine großangelegte Reihenuntersuchung in Altötting und den angrenzenden Gemeinden beginnen. Natürlich zunächst auf freiwilliger Basis. Und so gaben der Bürgermeister, geistliche Würdenträger, Lokalprominente und sogar der Minister für Heimat.- und Sachkunde öffentlichkeitswirksam ihre DNA-Proben ab.

Das Ganze wurde begleitet von einer großangelegten Medienkampagne und innerhalb kürzester Zeit hatten die Ermittlungsbehörden tausende Speichelproben eingesammelt, die nun bei Oberinspektor Tappick im Büro gestapelt wurden. Alle Proberöhrchen waren aus Datenschutzgründen anonymisiert und lediglich mit einem Strichcode versehen worden. Nur Tappick hatte die Klarnahmen zu allen Proben, und konnte so im Fall eines positiven Resultates einen Haftbefehl beantragen.

Ein positives Resultat hatte man bisher zwar noch nicht vermelden können, allerdings konnte man nach mehreren Vergleichstests mit an Sicherheit grenzender Wahrscheinlichkeit davon ausgehen, dass die sichergestellten DNA-Spuren auf dem Erpresserbrief identisch mit denen vom Tatort waren. Man hatte zwei verschieden DNA-Sequenzen isolieren können und war nun dabei, diese mit den eingesammelten Speichelproben zu vergleichen. Das Labor war völlig überlastet, man arbeitete im Schichtbetrieb und musste trotzdem mit ansehen, wie die unbearbeiteten Röhrchen immer mehr wurden.

Tappick saß an seinem Schreibtisch, starrte auf die Kisten voller Spuckeproben und dachte nach: Die Täter schienen sich in Altötting bestens auszukennen. Vermutlich waren sie von dort. Sie waren hochgradig intelligent – so viel war klar. Nur bei den DNA-Hinterlassenschaften hatten sie gravierende Fehler gemacht. Auf dem Vorschlaghammer, am Tatort und auf dem Brief war die Polizei fündig geworden. Besser ging's fast nicht. Dass seine Kollegen in den nächsten Tagen einen Treffer vermelden würden, hielt Tappick für extrem unwahrscheinlich.

Noch war die Abgabe von Speichelproben freiwillig und kein Verbrecher der Welt wäre so dämlich, unaufgefordert einen Beweis gegen sich abzuliefern. Bei vergleichbaren Fällen fuhren die Straftäter dann gerne in den Urlaub, waren krank oder hatten berufliche Gründe nicht zur Speichelabgabe zu erscheinen. Aber der gesellschaftliche Druck nahm zu, der Kreis der Verdächtigen wurde immer kleiner und die Schlinge zog sich langsam zu. In ein paar Wochen hätten sie ihn, und Tappick konnte dann endlich diese unzähligen, widerlichen Plastikröhrchen entsorgen lassen. Während er so nachdachte und auf seinem Bleistift herumkaute, läutete plötzlich sein Telefon.

Semmel war dran. Semmel hieß eigentlich Semmer, aber nachdem er unvorsichtigerweise mal erzählt hatte, dass seine Vorfahren alle Bäcker waren, nannte man ihn im internen Dienstgebrauch nur noch Semmel bzw. „Die Semmel".

„Hallo Chef, hier Semmer", rief er aufgeregt ins Telefon.

„Ah, die Semmel, was gibt's denn?"

„Wir sind im Labor einen Schritt weitergekommen."

Tappick fuhr hoch. Doch schon ein Treffer?

„Erzähl, was ist los?"

„Naja, wir haben uns das Trägermaterial nochmal genauer angeschaut, und dabei eine komische Sache festgestellt."

„Mach's jetzt bitte nicht so spannend Semmel, OK?"

„Chef, es ist wirklich sehr komisch das Ganze. Nachdem wir festgestellt hatten, dass die DNA-Spuren auf dem Brief und der Tatwaffe identisch waren, haben wir uns das genauer angeschaut."

„Verdammt Semmel, du wiederholst dich. Könntest du jetzt bitte so freundlich sein und mal zum Punkt kommen?"

Langsam wurde Tappick ungeduldig. Semmel war eine unglaubliche Labertasche und konnte jeden in den Wahnsinn treiben. Deshalb hatte man ihn auch ins Labor abgeschoben.

„Also, Chef ich sag das jetzt mal so ganz direkt von Mann zu Mann quasi, sozusagen, ja?"

„Sag es einfach, Semmel, OK? Du schaffst das. Ich glaube ganz fest an dich!" Tappick spürte, wie sein Blutdruck anstieg und seine Hände anfingen zu zittern. Er war langsam zu alt für diesen Beruf. Er nahm seine Dienstpistole in die Hand, zielte auf ein Fahndungsplakat an der Wand und stellte sich vor, es wäre die Semmel.

„OK Chef, aber nicht, dass sie dann was Komisches über mich denken. Ich kann echt nix dafür."

Tappick überlegte, wie groß der bürokratische Aufwand wohl wäre, Semmel nach Altötting versetzen zu lassen.

„Verdammt Semmel, ich habe in drei Stunden Feierabend. Meinst du, du schaffst es bis dahin mir zu sagen was los ist, oder muss ich wegen dir Überstunden machen?"

Tappick war inzwischen dazu übergegangen, sich die Dienstpistole an die Schläfe zu halten.

„OK Chef, also ich hab's echt nicht geglaubt am Anfang, und wir haben das mehrmals nachgeprüft, aber es stimmt wirklich ..."

„Hör zu Semmel: Ich zähle jetzt langsam von Zehn rückwärts. Wenn du es bis Null nicht geschafft hast, mir mitzuteilen weshalb du mich vor gefühlt zwei Stunden angerufen hast, lege ich auf, komme runter ins Labor und erschieße dich. Zehn, Neun, Acht ..."

„Chef lass das. Das ist nicht witzig."

„Sieben, Sechs, Fünf ... "

„Der Toni ist zuerst darauf gekommen, dass da was nicht ganz normal ist, und ich hab' dann gesagt ... "

„Vier, Drei, Zwo ... "

„ ... und dann hab' ich gesagt, wir müssen dich sofort anrufen, weil das echt wichtig ist, und ... "

„Eins, Null!" Tappick knallte den Hörer auf die Gabel, lud seine Pistole durch und wollte gerade zur Tür gehen, als das Telefon erneut klingelte. Aus reiner Gewohnheit hob er ab.

„Oberinspektor Tappick. Wer spricht?"

„SPERMA!"

„Wie heißen sie?"

„Sperma, Chef. Es handelt sich um Sperma."

„Bitte Semmel, erklär mir jetzt ganz genau was da los ist, OK?"

„Naja, wir haben auf dem Erpresserbrief, am Tatort und an der Tatwaffe DNA-Spuren von zwei verschiedenen Personen sichern können. Und jetzt, nach genauerer Überprüfung können wir mit hundertprozentiger Sicherheit sagen, dass es sich um Sperma handelt."

„Du meinst also, unsere beiden Attentäter haben den Erpresserbrief genommen und ... und ... " Tappick schnappte nach Luft.

„Semmel, das ist ja wohl total ekelhaft, was du mir da erzählst." Vor seinen Augen entstanden Bilder, die er nicht zur Seite schieben konnte.

„Ja Chef, vor Allem wenn man sich vorstellt, wie die DNA Spuren in der Kapelle..."

Soweit hatte Tappick noch gar nicht gedacht. Wortlos legte er auf und starrte die weiße Wand vor sich an.

Der Fall bekam offensichtlich gerade eine völlig neue Dimension.

53

„Hier ist BR24:
Wir unterbrechen unser Programm für eine Eilmeldung:
Wie die Polizei inzwischen offiziell bestätigte, ist die Schwarze Madonna von Altötting wohl doch nicht in den Himmel aufgestiegen, sondern entführt worden. In ganz Bayern finden heute Abend Gottesdienste statt, in denen dafür gedankt werden soll, dass die Marienfigur noch unter uns ist. Auch wenn momentan niemand weiß, wo genau.
Weiter Informationen hierzu in Kürze in unseren Nachrichten."

54

Es ist eine altbewährte und möglicherweise auch die wichtigste Säule der amerikanischen Außen.- und Innenpolitik, sich mit einem Superbösewicht zu beschäftigen. Dieser wird aufwendig aufgebaut (falls er das nicht selber macht), verteufelt, bekämpft und letztendlich zur Strecke gebracht.
Die Superbösewichte der letzten Jahre waren unter anderem Saddam Hussein, Osama Bin Laden, Muamar el Gadhaffi, und der Islamische Staat. Nachdem Letztgenannter besiegt war, wäre nun - den Wetten der englischen Buchmacher zufolge - eigentlich der ostkoreanische Diktator Fat Young Ill an der Reihe gewesen. Dummerweise erklärte aber der amerikanische Präsident ausgerechnet diesen zu seinem besten Freund und brachte somit seine Administration in peinliche Erklärungsnöte.
Dann kam es aber glücklicherweise zu den Ereignissen in Altötting und ein neuer Superbösewicht war gefunden. Die apokalyptischen Fernsehbilder der zerstörten Altöttinger Altstadt, sowie die öffentliche Einschätzung der Gesamtsituation langten, um mehrere Abende lang auf allen Kanälen die amerikanische Bevölkerung auf die neue Gefahr einzuschwören. Da man leider immer noch nichts über die Täter und ihre Hintermänner wusste, bezeichnete man die ominöse Terrorgruppe so, wie sie sich selbst nannte:
Als „Die Schwarze Hand".
Über die Schwarze Hand konnte man zur Stunde lediglich mit Gewissheit sagen, dass die Gefährlichkeit der Attentäter gar nicht hoch genug einzuschätzen war.
Das einzige Problem war, dass man über die Schwarze Hand so gut wie gar nichts wusste, und auch die Fotos der Überwachungskameras kaum weiterhalfen. Die Täter hatten ihre Gesichter hinter riesigen Bärten und Sonnenbrillen versteckt und waren schlicht und einfach nicht zu erkennen.

Trotzdem schafften sie es mit diesen Bildern auf Platz eins der FBI Most Wanted Liste und in vielen amerikanischen Kleinstädten bildeten sich Bürgerwehren, um einem Angriff der Schwarzen Hand entgegenzutreten zu können.

Innerhalb der EU kam es größeren Spannungen zwischen den Mitgliedsländern. Ein osteuropäisches Land forderte sogar, Deutschland aus der EU auszuschließen.

Ein Zerfall der EU konnte gerade noch abgewendet werden, da man versprach, die Agrarsubventionen für die osteuropäischen EU-Partner deutlich zu erhöhen.

Innerhalb Deutschlands war die Situation etwas verworrener. Nachdem der Bundesinnenminister zurückgetreten war, forderte die Alternative vom Deutschland, dass die Regierung weg müsse und Neuwahlen ausgerufen werden sollten, worauf sich die Bundesregierung aber nicht einließ. Die Parteivorsitzende der AvD erklärte hierzu, dass es nun wohl nicht mehr zu übersehen wäre, welche Folgen die Flüchtlingspolitik der Regierung hätte, aber dass darüber ja die mit Zwangsgebühren finanzierte, gleichgeschaltete Lügenpresse nicht berichten würde.

In Bayern war der Innenminister schon am frühen Morgen direkt nach den Anschlägen gefeuert und durch seinen bisherigen Staatssekretär Dr.Knarfhofer ersetzt worden. Dieser war in die ganze Angelegenheit nicht involviert und so versprach die Personalie einen sauberen Neuanfang.

Die diversen SEKs und MEKs wurden genauso wie die GSG 9 aufgelöst und eine neue Sondereinsatzgruppe wurde gegründet. Auch hier war ein Neuanfang die einzig mögliche Lösung. Die neue Gruppe bekam den Titel „Polizeiliche Eingreif Notfall Gruppe 9" kurz PENG 9. Die Zahl 9 war eine Reminiszenz an die alte GSG 9 die seit Mogadischu immer noch großes Ansehen in der Bevölkerung genoss. Für was die Zahl 9 ansonsten eigentlich steht, wusste niemand, aber das war ja bei der GSG 9 auch schon so und von daher nicht weiter wichtig.

Die Medien kannten natürlich nur ein einziges Thema, wenn auch die Gewichtung der Berichterstattung sehr unterschiedlich war. Während die Süddeutsche Zeitung „Fakten, Analysen und Hintergründe" im Angebot hatte, konnte FOKUS lediglich mit „Fakten, Fakten, Fakten" aufwarten. Die BILD hatte gar nicht so viele Titelseiten, wie sie Überschriften hatte: „Pilger SCHOCK! Alle Gebete vergeblich?" lautete eine. „ANGST! Was plant die irre Schwarze Hand als nächstes?" lautete eine andere. „WUT! Warum schützt uns der Staat nicht?" eine dritte.

SPIEGEL ONLINE hatte den meistgeklickten Artikel seiner Geschichte mit der Überschrift: „Was wir bisher über die Schwarze Hand wissen – und was nicht." Der Bayernkurier stellte die Frage. „Wie schwarz ist die Schwarze Hand wirklich?"

55

In den kommenden Tagen standen die beiden Attentäter ständig unter Hochspannung. Rony wohnte wieder dauerhaft bei seiner Mutter und es herrschte – wie besprochen – Funkstille. Die Madonna wurde bei Armin erstmal unter der Schmutzwäsche versteckt.

Die Tage vor und nach dem Madonnenraub hatte sich Armin Urlaub genommen. Ihm war klar, dass er in der Zeit nach dem Überfall nicht in der Lage gewesen wäre zu arbeiten, und außerdem war es sicher auch besser, der Sabine vom Marketing nicht zu begegnen. Zu viel Gefühlschaos. Aber es ließ sich trotzdem nicht ganz vermeiden, da Gerhard Geburtstag hatte, und sie beide bei ihm eingeladen waren.

Armin ließ Sissi daheim, als er zu der Party aufbrach. Der Hund wurde täglich schwächer, die Krankheit nahm immer mehr Besitz von ihm. Aber auch eine gesunde Sissi wäre Armin schlicht und einfach zu peinlich gewesen, um sie mitzunehmen.

Das Hauptgesprächsthema der Party war natürlich – wie überall – die Terrornacht von Altötting, und Armin hielt es für die beste Entscheidung, sich aus all den Diskussionen herauszuhalten. Es wäre einfach unvernünftig gewesen, zu dem Thema irgendetwas zu sagen, und möglicherweise aus Versehen Täterwissen preiszugeben. Viel vernünftiger erschien es ihm, sich stattdessen so richtig zu betrinken. Und weil er schon dabei war, wäre es ja auch eine gute Gelegenheit, mal die Sabine ein bisschen anzubaggern, die ganz zufällig neben ihm in einem kleinen Kreis von Leuten stand, die sich unterhielten.

Auch sie hatte ja schon etwas Alkohol intus, und so war es absolut naheliegend, mal ein wenig den Arm um sie zu legen, und die Hand auf ihre Hüften gleiten zu lassen. Ganz geschickt und unauffällig. So wie das echte Profis machen, die genau wissen, was Frauen so mögen. Und wenn die Hand schon da war, konnte man ja auch gleich die Finger ein wenig in Bewegung setzten. Das war auf jeden Fall eine charmante Zärtlichkeit und hatte sicher nichts mit aufdringlichem Rumgefummel zu tun.

Offensichtlich genoss die Sabine es, da sie seine Hand nicht wegschob und auch sonst nicht protestierte. Der Zufall ergab, dass sie plötzlich allein im Eck standen und in dem Moment drehte Sabine sich zu ihm und sah ihm in die Augen.

Jetzt kommt es, dachte Armin. Jetzt sagt sie mir, wie sehr sie mich liebt. Jetzt kommt endlich der Kuss, auf den die ganze Welt wartet. Es ist so weit.

Sabine spitzte die Lippen ein wenig. Diese Lippen. Diese unglaublichen Lippen.

„Armin, kannst du mir bitte sagen, warum du die ganze Zeit an mit rumgrabschst? Ich finde das etwas übergriffig und würde dich bitten das zu lassen. Danke."

Damit, verbunden mit einem wunderschönen Lächeln, ließ sie ihn stehen, ging an die Bar und nahm sich noch einen Whiskey.

Der restliche Abend war dann nicht mehr so toll.

Zumindest für Armin.

Die anderen, die von dem Vorfall nichts mitbekommen hatten, amüsierten sich, genauso wie die Sabine, die der ganzen Angelegenheit offensichtlich keine weitere Bedeutung beimaß. Damit es nicht komplett peinlich wurde, blieb Armin auf dem Fest, tat so als wäre nichts passiert und trank munter weiter.

Da er sich nun nicht mehr mit der Sabine beschäftigen konnte, machte sich wieder ein ungutes Gefühl in ihm breit. Das Gefühl mit der ganzen Geschichte in Altötting viel zu weit gegangen zu sein. Die Gewissheit, dass die Sache ein paar Nummern zu groß für ihn war und die Angst vor dem, was jetzt auf ihn zukommen könnte.

Armin stellte erneut fest, dass er nur noch ein reines Nervenbündel war und aufpassen musste nicht zu zittern, wenn er angesprochen wurde. Wie gesagt, der restliche Abend war dann nicht mehr so toll, und er machte sich früher auf den Heimweg als ursprünglich geplant.

Zufällig nahm dann die Sabine den gleichen Bus zurück in die Innenstadt. Armin tat so, als wäre nichts gewesen und versuchte es mit Smalltalk:

„Nettes Fest war das, oder? Und der Wein war ganz hervorragend. Die Musik hätte etwas lauter sein können, was meinst du?"

„Weißt du Armin, ich finde es gibt Menschen im Leben, die sind einem unglaublich nah und wichtig. Die bedeuten einem wirklich etwas. Aber ich finde auch, wenn man sie einfach nicht so sehr liebt, wie man sie lieben sollte, um etwas mit ihnen anzufangen, dann sollte man das auch nicht tun."

Armin blieb der Mund offen stehen. Das war wieder typisch für die Sabine vom Marketing. Sie machte ihn nicht zur Schnecke. Sie warf ihm seine Annäherungsversuche nicht vor. Sie wusste genau, dass er etwas von ihr wollte und ersparte ihm den größten Mist, den man in so einer Situation sagen konnte. Den schlimmsten Satz der Welt:

„Wir können doch einfach so gute Freunde sein."

Nein, die Sabine vom Marketing war einfach zu rein, zu ehrlich, zu perfekt. Sie sagte ihm ganz offen ins Gesicht, was sie empfand. Besser gesagt, was sie zu Armins Leidwesen leider nicht empfand. Außerdem hatte sie einen Freund und würde ihn sicher nicht betrügen.

Nachdem Armin ein paarmal tief durchgeatmet hatte, fand er seine Worte wieder:

„Aber damals am Fischbrunnen, da hätte ich dich ..."

Sabine ließ ihn nicht ausreden:

„Ja, damals am Fischbrunnen, da hättest du mich küssen können. Nein, nicht können. Müssen. Du hättest mich küssen müssen. Es lag so in der Luft."

Ein letzter, verzweifelter Versuch:

„Aber jetzt ist es zu spät?"

„Ja, jetzt ist es zu spät."

„Ich habe es wohl vergeigt."

Sabine sah ihn mit dem bezauberndsten Blick der Welt ins Gesicht:

„Ja, Armin du hast es wohl vergeigt."

Das war nun so ein Moment, in dem man am besten während der Fahrt aus dem Bus springt, sich in den Kopf schießt oder einfach nur vor Scham im Boden versinkt.

Aber das war sicher keiner von den Momenten, in denen man einfach weiter zusammen im Bus sitzt und so tut als wäre nichts passiert.

Armin und Sabine saßen weiter zusammen im Bus und taten so als wäre nichts passiert.

Das lag natürlich in erster Linie an der Sabine, die es mit ihrem Humor und ihrer Schlagfertigkeit sofort schaffte, wieder eine andere Stimmung zu erzeugen und die ganze Peinlichkeit des Abends weg zu wischen.

Die weitere Fahrt verlief relativ entspannt und am Hauptbahnhof machte Sabine etwas, womit Armin nie im Leben gerechnet hätte:

Sie fragte ihn, ob er noch mit ihr in eine Bar gehen wolle? Armin war platt. Zusammen in eine Bar? Zusammen mit Sabine in eine Bar? Er war noch nie mit ihr zusammen in einer Bar. Sie waren überhaupt noch nie zusammen abends aus. Was für Möglichkeiten würde ihm das eröffnen? Wie nah könnte er ihr da kommen?

Komischerweise machte er sich diese Gedanken überhaupt nicht. Er machte sich gar keine Gedanken. Er hörte nur auf sein Bauchgefühl. Und das war eindeutig.

„Ach, ich glaub, ich hab´ da jetzt nicht mehr so Lust drauf. Ist wohl besser ich geh ins Bett. Komm gut heim und schlaf schön." Ein scheuer Kuss auf die Backe und sie gingen getrennte Wege in die Nacht.

Alles andere wäre wohl auch etwas zu viel „Lass uns gute Freunde bleiben" gewesen.

56

Es kam selten vor, dass bei Armin B. der Festnetzanschluss läutete. Eigentlich gab es nur zwei Menschen, die ihn anriefen.

Der erste war ein Mann von der Telekom, der ihm ein neues Gesamtpaket für seinen Anschluss aufschwatzen wollte. Darin enthalten waren der Telefonanschluss, der - wie gesagt – eigentlich fast nur noch für den Mann von der Telekom selbst wichtig war, sowie ein ab sofort noch schnelleres Internet und außerdem würde Armin ja auch noch 50 Cent im Monat sparen. Der Vertrag würde sich wieder um 24 Monate verlängern, und Armin hoffte, dass er für die nächsten 23 Monate seine Ruhe haben würde. Aber leider hatte sich die Telekom schon nach ein paar Wochen ein neues Produkt ausgedacht und sein Festnetzanschluss klingelte erneut.

Armin wusste sehr wohl, dass das alles nicht besonders schlau von ihm war. Er brauchte überhaupt kein schnelleres Internet. Er streamte gelegentlich Filme und das klappte problemlos. Er konnte sich keine Anwendung vorstellen, die einen höheren Datendurchsatz verlangte. Trotzdem wurde sein Internetanschluss nach jedem Telefonat mit dem Mann von der Telekom angeblich noch schneller, was er aber nie überprüfte.

Viel schlauer wäre es gewesen, endlich mal den Anbieter zu wechseln, das Festnetz abzuschaffen und so eine Menge Geld zu sparen.

Aber auf diesem Gebiet war Armin ein Feigling. Normalerweise war er zumindest am Telefon nicht ängstlich und ging Auseinandersetzungen auch nicht aus dem Weg, aber die Telekom und die diversen anderen Telekommunikationsanbieter, bei denen er seine Handyverträge gehabt hatte, hatten ihn gebrochen.

Er war psychisch nicht mehr in der Lage, mit diesen Anbietern zu telefonieren. So einen Anruf wie neulich wegen der gesperrt SIM-Karte, würde er nervlich nicht nochmal durchstehen. Und telefonieren müsste er bei einem Anbieterwechsel.

Abgesehen davon gab es noch andere Probleme: Er kannte die Geschichten zu gut. Eigentlich gab es in seinem Bekanntenkreis niemand, bei dem ein Anbieterwechsel problemlos funktioniert hatte. Das Telefon ging nicht mehr, das Handy hatte plötzlich eine andere Nummer, weil das mit der Nummernmitnahme ja bei dieser Art von Vertrag leider doch nicht möglich war, das Internet war für Wochen abgeschaltet, voice over IP verursachte nur Pfeifgeräusche und so weiter.

Armin ertrug es einfach nicht. Er wäre bereit gewesen, 50.- mehr im Monat zu zahlen, wenn er dafür die Garantie bekäme, sofort einen kompetenten, netten Menschen in der Leitung zu haben, falls er doch mal Hilfe brauchte. Leider gab es so ein Angebot nicht, und so hielt es Armin mit seinen Anbietern wie mit seinem Computer im Büro und daheim. Never change a running system.

Er behielt seinen Festnetzanschluss, den er nicht brauchte, hatte eine Netzgeschwindigkeit, die er nicht brauchte, eine SMS-Flatrate die er nicht brauchte und einen Kasten an der Wand befestigt, an dem er drei Faxgeräte mit individuellen Nummern gleichzeitig anschließen konnte.

Was er auch nicht brauchte.

Heute war aber nicht der Telekom-Mann am Apparat, sondern der andere Mensch, für den der Festnetzanschluss noch da war: Seine Mutter.

„Hallo Arminherzischatzilein, deine Mutter ist dran."

Das konnte sie sich einfach nicht verkneifen. Diese saublöden Kosenamen. Naja, solange es keiner hört, kann es mir ja egal sein, dachte er sich.

„Hallo Mama, schön von dir zu hören. Wie geht's?"

„Danke gut. Aber dass du dich nie bei uns meldest, finde ich ja schon …"

„Ich hätte mich die Tage sowieso gemeldet, Mama. Ich habe nur gerade so viel um die Ohren."

„Gibt es was Bestimmtes? Hast du Probleme in der Arbeit?"

„Nein gar nicht. Alles easy, alles wie immer."

„Aber, wenn alles wie immer ist, wieso hast du dann viel um die Ohren?"

„Ja hab halt gerade Stress, so mehr im Privatleben."

„Das hört sich aber sehr nach einer Frau an. Sag bloß du hast endlich eine Freundin?"

Das ging ja schneller als erwartet, dass sie wieder bei dem Thema landet, dachte er genervt.

„Nein Mama, ich habe keine Freundin. Tut mir leid."

„Aber das versteh ich nicht, mein Junge. Du bist doch so ein lieber Kerl, hast einen tollen Beruf – was machst du da nochmal genau? - und du schaust doch auch ganz passabel aus. Sogar unsere Nachbarin, die Frau Fischmüller findet, dass du ein ganz ein Fescher bist."

„Sag der Frau Fischmüller, ich komm zu ihr rüber, wenn ich euch das nächste Mal besuche. Ich steh auch auf sie."

„Armin, ich will nicht, dass du so daherredest. Untersteh dich bei einer fast 90jährigen Frau irgendwelche dummen Sprüche loszulassen."

„Mama, ich bin nicht doof."

„Sag mal Armin, jetzt ganz im Vertrauen, so zwischen Mutter und Sohn. Du kannst mir das ganz offen sagen, ich werde auch wirklich nicht schimpfen … "

Plötzlich wurde alles sehr ernst und Frau B. mühte sich spürbar ab, ihre Frage zu formulieren.

„… sag mal Armin … äääh … bist du schwul?"

„Nein Mama, nur weil ich seit längerem solo bin, bin ich nicht schwul. Aber es ist nett, dass du mich deswegen nicht schimpfen würdest."

„Nein, so mein ich das doch nicht ... ich wollte nur sagen ... das wäre doch auch kein Weltuntergang. Heutzutage sind doch sowieso fast alle schwul. Sogar die CSU ist bei dieser Schwulenparade in München mit einem eigenen Wagen ... "

„Mama, bitte ..."

„Und du weißt doch, dass wir uns so sehr Enkelkinder wünschen, und da gibt es ja auch so Beziehungen, wo ein Schwuler und eine lesbische Frau zusammen ein Kind zeugen, nur damit ..."

„Mama, hörst du mir eigentlich zu? Ich bin nicht schwul. Wenn du es genau wissen willst: Es gibt sogar eine Frau, die mir sehr gut gefallen würde."

„Aber, das ist ja wunderbar! Hat mein Herzilein jetzt doch eine Frau bekommen? Wie ernst ist es denn? Kann man die junge Dame vielleicht mal kennenlernen?"

„Nein Mama, man kann die junge Dame nicht vielleicht mal kennenlernen. Es ist auch nicht wunderbar. So wie es aussieht, will sie nichts von mir"

„Also, wenn sie nichts von dir will, scheint sie ja auch nicht so toll zu sein, würde ich mal sagen, oder?"

„Können wir das Thema wechseln?"

„Immer willst du gleich das Thema wechseln. Es wird ja wohl noch erlaubt sein, dass eine Mutter sich dafür interessiert, wann ihr Sohn mal ein Kind bekommt, oder nicht?"

„Mama, da ich – wie du gerade richtig festgestellt hast – dein Sohn bin, muss ich dich leider mit der Tatsache konfrontieren, dass Söhne in der Regel die Eigenschaft besitzen, männlichen Geschlechts zu sein. Vielleicht weißt du es noch nicht, aber Männer können keine Kinder bekommen. Das wollte der liebe Gott nicht. Es tut mir leid."

„Hör auf so saudumm daher zu reden. Du weißt genau wie ich das meine."

„Können wir dann jetzt bitte das Thema wechseln?"

„Von mir aus. Aber wenn es da mal eine potentielle Enkelkindermutter in deinem Leben gibt, wäre es schon nett von dir informiert zu werden."

„Mama, du bist die erste die es erfährt, OK?"

Armin blickte auf Sissi, die auf einer alten Decke am Boden lag. Der Zustand des Hundes verschlechterte sich täglich. Er musste sie bald zum Einschläfern bringen, das war unausweichlich. Sollte er darüber mit seiner Mutter reden? Um auf ein anderes Thema zu kommen? Worüber könnte man sonst noch reden?

„Hast du eigentlich von dieser Altöttinggeschichte gehört? Das ist ja ganz furchtbar alles."

Verdammt! Das war wirklich ein Thema, über das Armin noch weniger sprechen wollte als über zukünftige Enkelkindermütter oder Hunde die eingeschläfert werden sollen. Jetzt musste er vorsichtig sein.

„Äh ... ja ... Mama ... ganz schlimm das Ganze, ja."

„Weißt du denn da Genaueres, Armin?"

„Warum sollte ich?"

„Na du wohnst doch in der Stadt, und hast so ein Internet und all das Zeug. Da erfährt man doch alles viel schneller."

„Mama, ich weiß auch nur, was in der Zeitung steht und was so im Fernsehen kommt. Das Fernsehprogramm bei uns ist das gleiche wie bei Euch."

„Also im Bayerischen Fernsehen lief gestern so eine Sondersendung ..."

Auch das ging schneller als erwartet. Jedes Mal, wenn man mit ihr über irgendwas sprach, kam zwangsläufig dieser Satz: „Also im Bayrischen Fernsehen bla ... bla ... bla ..." Armins Mutter bezog ihr gesamtes Wissen aus dem Bayerischen Fernsehen.

„… und da haben sie gezeigt, wie das in Altötting jetzt ausschaut. Also, das ist ja ganz furchtbar, was diese Terroristen da gemacht haben."

„Mama, man weiß doch noch gar nicht, wer da was gemacht hat bis jetzt."

„Also, dass diese Terroristen Moslems waren, das ist ja wohl klar."

„Das ist doch Quatsch. Die, die diese Terroranschläge machen, sind keine Moslems, sondern Islamisten. Da ist ein Unterschied."

„Was soll denn da für ein Unterschied sein?"

„Ganz einfach Mama: Moslems glauben, dass Allah sie beschützt, und Islamisten glauben, dass sie Allah beschützen müssen."

„Aber, dass sie unsere heilige Muttergottes klauen, das geht ja wohl wirklich zu weit!" schimpfte Armins Mutter plötzlich los.

„Mama, die haben nicht die heilige Muttergottes geklaut, sondern eine Holzfigur. Das war wirklich nur ein Stück Holz. Wie ein Bein von deinem Stuhl in der Küche. Außerdem waren das ja vielleicht auch nur ganz harmlose, normale Kriminelle."

Armin merkte, dass er vorsichtig sein musste. Er verharmloste die Vorkommnisse in Altötting und verteidigte die Täter.

„Du wirst doch jetzt nicht die heilige Marienfigur aus Altötting mit einem Stuhlbein vergleichen? Junge du versündigst dich."

„Warum denn nicht? Das ist doch auch nur ein Stück Holz. Du weißt genau, wie sehr ich das ablehne, irgendwelche Gegenstände anzubeten. Am schlimmsten ist das mit Fahnen. Die werden überall gehisst und verehrt und geschändet und was weiß ich alles. Da werden Kriege geführt, nur damit am Schluss eine andere Fahne an einem Mast hängt."

„Aber du musst das doch verstehen, mein Kind. Das sind doch Symbole."

Jetzt wurde Armin richtig wütend und laut:

„Das sind Symbole für Schwachsinn, und sonst gar nix. Jemand der eine Fahne verehrt ist doch geisteskrank. Ich hab' neulich erst gesehen, wie amerikanische Feuerwehrleute bei einem Waldbrand ein riesen Geschiss veranstaltet haben, um eine Fahne zu retten. Eine Fahne, verstehst du? In der Zeit hätten sie locker ein paar Bäume retten können. Eine Fahne ist nichts weiter als ein bunter Lappen! Damit kannst du dein Geschirr abtrocknen, und sonst gar nichts."

Verdammt, ich muss mich beruhigen, dachte Armin. Ich flippe ja gerade komplett aus.

„Armin, jetzt beruhig dich doch mal. Du flippst ja gerade komplett aus. Was ist denn los mit dir?"

„Tut mir leid Mama, ich bin halt gerade echt gestresst."

„Also, Arminherzi, manchmal verstehe ich dich nicht. Du kannst doch nicht so tun, als wär' das alles ganz harmlos was da passiert ist. Allein der Sachschaden soll ja mehrere hundert Millionen Euro betragen. Stell dir das mal vor. Wer soll das denn alles bezahlen? Und dann auch noch die Heiligenfigur. Die hat ja nachweislich doch schon einige Wunder bewirkt."

„Mama, weißt du noch, wie ich Windpocken hatte? Damals habe ich zu dem Stuhlbein gebetet und bin wieder gesund ... "

„Armin kannst du einmal nicht alles ins Lächerliche ziehen? Ich finde das alles ein Verbrechen und hoffe, dass diese Terroristen bis an ihr Lebensende im Knast sitzen."

„Mama, ich glaube, das waren gar keine Terroristen. Das waren gewöhnliche Kriminelle, die jetzt ein paar Millionen erpressen wollen. Soll die Kirche das halt zahlen, den Rest übernimmt die Versicherung, in Altötting entstehen neue Arbeitsplätze, wenn alles wiederaufgebaut wird, und alles ist gut."

„Na das möchte ich mal sehen, wie weit die kommen mit ihrem Geld? Neulich erst war im Bayrischen Fernsehen ein Bericht, da haben sie gesagt, dass seit über 50 Jahren in ganz Deutschland keine einzige Erpressung im Sinne der Erpresser gelaufen ist. Die haben immer alle geschnappt. Immer. Entweder gleich bei der Geldübergabe, oder später."

„Ah, interessant, Mama."

Das war wirklich interessant. Armin hatte sich bisher überhaupt noch keine Gedanken darüber gemacht, wie die Lösegeldübergabe aussehen sollte? Da müsste er mal mit Rony drüber sprechen. Auch sonst verlief das Gespräch nicht gut. Armin gefiel die ganze Materie nicht. Er wollte das Thema wechseln.

„Was macht eigentlich Papa? Wie geht es ihm?"

„Er ist gerade bei seinen Schafkopffreunden und verspielt unser Geld. Ansonsten geht es ihm gut. Also, ich glaube, dass diese Terroristen das noch so richtig bereuen werden."

Noch ein Versuch das Thema zu wechseln. Weg von Altötting und weg von potentiellen Enkelkindermüttern. Irgendwas Anderes halt. Egal wie doof es auch war.

„Weil du vorhin wegen dem Internet angefangen hast, Mama: Soll ich euch nicht mal einen Anschluss einrichten?"

„Ach, das lohnt sich doch gar nicht mehr in unserem Alter, mein Junge"

„Was soll das heißen? Natürlich lohnt das. Ihr müsst mir nur endlich mal die Erlaubnis geben und dann mache ich das für euch."

Es gab kaum etwas, das er weniger gerne machen würde, als für seine Eltern einen Internetanschluss einzurichten. Wenn er nur an die Telefonate mit den Anbietern dachte, bekam er schon zittrige Hände.

Armin rief Rony an und flüsterte mit verstellter Stimme: "Tanta Klara braucht Speicherplatz für das Rotkäppchen im Paralleluniversum!" Dann legte er auf.

Genau 90 Minuten später standen sie beide oben auf dem Alten Peter. Rony hatte eine Baseballmütze tief ins Gesicht gezogen und einen Stadtplan in der Hand. Armin trug eine übergroße Sonnenbrille und einen alten Fotoapparat um den Hals. Beide hatten die Krägen ihrer Jacken hochgeschlagen und taten so als würden sie sich nicht kennen. Sie schlenderten oben im Kreis herum, bis sie endlich allein waren und sich unbeobachtet fühlten.

„Was gibt's?" zischte Rony zwischen den Zähnen hervor, ohne den Mund zu öffnen. Er stand direkt neben Armin, schaute aber in eine ganz andere Richtung.

„Der Seemann hat Durst, aber die Yacht wird nicht untergehen", antwortete Armin leise und ging weiter.

Wiederum 45 Minuten später saßen die beiden an einem Tisch im Hofbräuhaus. Links von ihnen eine Gruppe Japaner, die ihre Schweinshaxen filmten, und rechts ein paar Amis, die sich über die „original bavarian culture and tradition" freuten. Der afroamerikanische Kellner und die sächselnde Bedienung in Tracht rundeten das Gesamtkunstwerk ab.

Beide bestellten erst mal ein Bier und machten unauffälligen Smalltalk. Armin erzählte, dass es Sissi immer schlechter ging und sie vermutlich nicht mehr lange zu leben hätte. Nachdem das Bier da war, kam Rony auf das eigentliche Thema:

„Was ist passiert, dass du den Notfallalarm auslöst?" Er sah seinen Freund neugierig an.

Der Notfallalarm wurde durch einen Geheimcode ausgelöst, den sich Rony ausgedacht hatte. Der Geheimcode durfte nur im äußersten Notfall ausgesprochen werden. Seit der Operation Klingelbeutel herrschte absolute Funkdisziplin, und eigentlich sollte jegliche Kontaktaufnahme vermieden werden. Dass Armin nun anrief und "Tanta Klara braucht Speicherplatz für das Rotkäppchen im Paralleluniversum!" sagte, bedeutete, dass man sich in genau 90 Minuten auf dem Alten Peter einzufinden hatte. Natürlich ohne Handy. Dort gab es weitere Codes zur Auswahl. „Der Seemann hat Durst, aber die Yacht wird nicht untergehen." bedeutete, dass man sich 45 Minuten später im Hofbräuhaus treffen würde.

Außenstehenden mag das etwas kompliziert vorkommen, aber Rony war, wie schon erwähnt, der Ansicht, dass man nur auf diese Weise eine realistische Chance hätte, die Polizei, den BND und diverse feindliche Geheimdienste auszutricksen.

„Mir ist was aufgefallen, und ich denke wir sollten darüber reden." Armin war die Sache wirklich wichtig.

„Aber auf keinen Fall hier!" zischte Rony ihn an. „Viel zu gefährlich. Lass uns am Monopteros auf dem Hügel treffen. Da sind sicher keine Bullen. Ich geh voraus. Komm du unauffällig in 10 Minuten nach." Damit stürzte er sein Bier runter und verließ, ohne sich über die Zeche Gedanken zu machen, das Hofbräuhaus.

Armin gönnte sich vor lauter Aufregung noch zwei Schnäpse, zahlte brav für beide und folgte seinem Freund so unauffällig er konnte in den Englischen Garten. Das war gar nicht so einfach, da er keine Ahnung hatte, wie man jemanden unauffällig folgen sollte, der 10 Minuten Vorsprung hatte? Auffällig wäre ja noch gegangen – aber unauffällig?

Kurz darauf saßen sie auf dem Hügel unterhalb des Monopteros.

„Also, was ist?" Rony pulte nervös im Gras herum und spähte ständig in alle Richtungen.

„Ich habe eine Schwachstelle in der Operation Klingelbeutel entdeckt."

„Eine Schwachstelle? Unmöglich! Der ganze Coup ist von Anfang bis Ende genial durchgeplant. Sollte es tatsächlich eine Schwachstelle geben, ist sie sicher in deinem Planungsabschnitt zu finden, stimmt's? Allein die Tatsache, dass sie dir jetzt erst auffällt, zeigt doch, dass du offensichtlich etwas zu langsam denkst, oder?"

Typisch Rony. Sein Plan war natürlich genial von Anfang bis zum Schluss, und sollte es dennoch Probleme geben, war auf jeden Fall Armin schuld. Aber Armin wusste, wie die Unterhaltung ablaufen würde, und war vorbereitet.

„Für welche Planungsabschnitte bin ich denn deiner Meinung nach verantwortlich?"

„Na, auf jeden Fall für den Raub, sag ich mal. Und wenn was schiefgegangen ist, dann genau da. Ist doch logisch, weil sonst gibt es ja nichts, wo was schiefgehen konnte."

Armin sah Rony mit einer Mischung aus Mitleid, Langeweile und Feindseligkeit an. Wobei sich die Mischungsverhältnisse langsam aber sicher in Richtung Feindseligkeit verschoben. Rony spürte, dass jetzt Vorsicht geboten war.

„OK. Raus mit der Sprache. Was für eine Schwachstelle hat Sherlock Holmes gefunden?"

„Hör zu du Witzbold: Du hast mich in diese ganze Scheiße reingezogen, OK? Ich wollte nur das Herz von der Sabine vom Marketing erobern, und sonst gar nichts. Leider war ich dumm genug, mich von dir zu so einem Schwachsinn überreden zu lassen. Die Folgen sind bisher, dass ich fast pleite bin, benutzte, fremde Kondome in meinem Kühlschrank hatte, Altötting in Schutt und Asche liegt, wir beide die zurzeit meistgesuchtesten Verbrecher im Universum sind ..."

„Pssst! Nicht so laut!" zischte Rony dazwischen.

„… im Universum sind, diese blöde Barbiepuppe geklaut haben und vor einem ganz großen Problem stehen."

„Was denn für ein Problem? Dass du nicht weißt, was du mit deinen fünf Millionen anfangen sollst? Ach, du Ärmster. Deine Probleme sind ja fürchterlich!" Rony verdrehte sarkastisch die Augen.

Armins Augen wiederum verengten sich zu Schlitzen, gegen die die Anfangsszene vom Lied vom Tod ein Mainzelmännchen-Minikrimi war.

„Jetzt pass mal ganz gut auf, du AGB-Leser! Du hast bei deiner supertollen Idee ja echt an alles gedacht. Wie du mein Geld ausgeben kannst und was du mit der ganzen Kohle machen willst, wenn du sie hast. Aber leider, leider, leider hast du das Wichtigste in deinen Planungen übersehen: Nämlich die Lösegeldübergabe, du Volltrottel!"

Rony fiel die Kinnlade runter.

„Verdammt, das habe ich übersehen."

Armin sah ihn nur an.

„Mein Gott, schau nicht so vorwurfsvoll. Da ist mir halt ein kleiner Fehler unterlaufen …"

„Ein-kleiner-Fehler-unterlaufen?" Armin presste jedes Wort einzeln und voller Verachtung zwischen seinen Zähnen hervor.

„Ein-kleiner-Fehler-unterlaufen? Soll ich dir mal was verraten? Der größte Fehler war, mit dir zusammen so einen Schwachsinn zu veranstalten. Du bist nämlich der Fehler! Der größte Fehler im Universum! Du bist ein großer, schwerwiegender Ausnahmefehler und sonst gar nichts!"

Armin wurde ziemlich laut, und die anderen Menschen auf dem Hügel begannen sich zu ihnen umzudrehen. Endlich mal was Unterhaltsames.

Rony machte eine beschwichtigende Geste und sprach so leise es ging: "Ok Armin. Du hast tatsächlich ein Problem aufgedeckt. Sehr gut! Ich weiß schon, warum ich dich als Partner auserwählt habe. Du denkst einfach mit. Und genau deswegen gehen wir jetzt unauffällig Richtung Turm, zischen uns jeder eine Maß rein und überlegen, was wir jetzt tun könnten."

Das klang zumindest nach einem Plan.

Zehn Minuten später saßen sie mit ihren Bieren etwas abseits des großen Trubels im Schatten unter einem Baum und lauschten der Blasmusik, die vom Turm herüber wehte. Keiner sagte etwas. Die Möglichkeiten, die Geldübergabe mit Drohnen oder Bitcoins durchzuführen, hatten sie schnell verworfen. Da hatten sie nicht die geringsten Chancen gegen die Polizei.

Armin unterbrach das Schweigen: „Und wenn wir die Madonna ...äh Barbie ... einfach zurückgeben? Dann hören sie vielleicht auf, uns zu jagen, und wir können wenigstens wieder besser schlafen. Hat mich dann zwar eine Stange Geld gekostet, aber das werd' ich schon überleben. War dann halt leider nix mit Anton aus Tirol und so ..."

„Sag mal, bist du weich in der Birne?" Rony sah ihn entgeistert an.

"Erst drehen wir das größte Ding aller Zeiten – bisher übrigens absolut erfolgreich, wenn ich das kurz anmerken darf – und dann willst du alles hinschmeißen und unseren größten Trumpf aus der Hand geben? So was Saudummes habe ich ja überhaupt noch nie gehört!"

„Bisher übrigens absolut erfolgreich, wenn ich das kurz anmerken darf ..." äffte Armin ihn nach.

„Und warum so absolut erfolgreich, wenn ich das kurz fragen darf ...?" Armin blieb bei seinem Tonfall.

„Ich verrate es dir Mister Einsatzleiter: Wir waren deshalb so erfolgreich, weil ich alles finanziert habe, und der Plan des Überfalles auch von mir kam. Von dir kam bisher nämlich überhaupt noch nichts, außer einem idiotischen Gesamtkonzept, in dem der wichtigste Aspekt von so einer Aktion - nämlich die Lösegeldübergabe - leider vergessen wurde. Und jetzt sitzen wir hier, um zu überlegen, was wir tun können, und das einzige, was dir bisher eingefallen ist, ist mir zu sagen, dass ich weich in der Birne bin."

„Nun komm mal runter du Sensibelchen."

Jetzt wurde Rony auch langsam sauer.

„Wie du richtig erkannt hast, war das Gesamtkonzept von mir, und es ist nach wie vor genial. Das mit der Lösegeldübergabe ist eine Schwachstelle – das geb' ich ja auch zu – aber dir ist das ja vorher offensichtlich auch nicht aufgefallen, wenn ich das richtig überblicke, oder? Da war der Herr Superschlau wohl ein bisschen zu viel mit Frau Sabine vom Marketing beschäftigt, oder? Jetzt mal im Ernst: Die Barbie zurück geben ist so ziemlich das Hohlste, was man machen kann. Wenn wir schon kein Geld damit machen können, dann wenigstens was anderes Vernünftiges. Halt kein Anton aus Tirol, sondern eine NoNoNo Nummer. Einfach irgendwas total Aufregendes. Zum Sabine beeindrucken."

Das war nun wirklich billig. Viel zu offensichtlich. Rony war sein Versagen so peinlich, dass er versuchte, die ganze Aktion Klingelbeutel jetzt in ein „Du-wolltest-doch-sowieso-nur-die-Sabine-beeindrucken-und-weil-ich-ein-guter-Freund-bin-helfe-ich-dir"-Unternehmen umzudeklarieren.

Armin durchschaute seinen Freund, fand die Idee aber prinzipiell gar nicht so doof. Das Geld war ihm nie so wichtig, und jetzt eine ganz andere Sache mit der Madonna anzustellen, war vielleicht viel besser, um die Sabine damit zu verzaubern. Eigentlich brauchten sie nur eine gute Idee…

„Eigentlich brauchen wir nur eine gute Idee." Auffordernd sah er Rony an, der gerade den Maßkrug absetze und ein lautes „Aaaah" von sich gab. „Warum machen die Leute eigentlich immer „Aaaah", wenn sie getrunken haben?", fragte Rony mehr sich selbst.

„Gute Frage. Erklär's mir."

Rony dachte angestrengt nach. Sich erst mal mit dem „Aaah"-Problem beschäftigen war vielleicht besser, als gleich eine Lösung für das Madonna-Problem präsentieren zu müssen. „Schätze das ist genetisch, weil man das ja ganz automatisch macht. Ein natürlicher Reflex sozusagen. Hat sicher was mit Steinzeitmenschen oder so zu tun. Möglicherweise haben sie damit den anderen Neandertalern signalisieren wollen, dass sie jetzt getrunken haben und wieder die Höhle bewachen können oder Dinosaurier jagen?"

Armin sah seinen Freund mit einer Mischung aus Faszination und Fassungslosigkeit an. Gerade wollte er ihn fragen, ob er möglicherweise irgendwelche bunten Pillen geschluckt hatte, als dieser unbeirrt fortfuhr:

"Es war ja früher so, also bei den alten Ägyptern und Römern, dass die schon ganz früh den Alkohol entdeckt hatten und damit Handel trieben. Jetzt war es ja schwierig mit den ganzen verschiedenen Sprachen, dass die sich verständigen konnten, und da haben sie sich ein internationales Codewort ausgedacht, das jeder versteht. Und das war dann halt „Aaah". Das stand für Alkohol. Immer, wenn man Alkohol getrunken hatte, hat man „Aaaah" gesagt. Und das ist dann logischerweise – die Evolutionstheorie wird dir ja wohl bekannt sein – in die Gene übergegangen und somit fest in unserer DNA verankert. Darum fängt ja das Wort „Alkohol" auch in allen Sprachen mit dem Buchstaben „A" an. Wegen „Aaaah". Verstehst du?"

Armin nahm den Faden auf: „Ach, und wenn jetzt so ein alter Römer einfach „Wwwwh" statt „Aaaah" für den Alkohol gesagt hätte, dann würden wir heute „Walkohol" dazu sagen?"

„Nein ohne „a". Also nur „Wlkohol". Aber das klingt ja irgendwie doof und lässt sich schwer aussprechen, gerade wenn man viel Alkohol getrunken hat."

„Du meinst, wenn man viel Wlkohol getrunken hat, oder? Weil sonst würde man ja sowieso „Alkohol" sagen. Das wäre dann ja kein Problem."

„Ja, du hast Recht. Vermutlich standen da ein alter Ägypter und ein alter Römer da und haben nach einem internationalen Codewort gesucht, und dann haben sie halt alle Buchstaben mal durchprobiert. „Aaaah" führte zu Alkohol, „Bbbbh" zu Blkohol, „Ccccch" zu Clkohol und so weiter. Und dann haben sie festgestellt – die waren ja unheimlich schlau die alten Ägypter, und ihrer Zeit weit voraus – dass „Aaaah" am besten funktioniert. Und sie sollten Recht behalten. Noch heute, viele hunderttausend Jahre später, sagen alle Menschen „Alkohol" und machen „Aaaah", nachdem sie einen großen Schluck Bier getrunken haben."

Armin fragte sich, wer von den beiden hier eigentlich der mit der weichen Birne war, als Rony nach einem großen Schluck den Maßkrug absetzte, ihm in die Augen sah und „Wwwwh" machte.

Armin blickte betreten zu Boden. Warum konnte er nicht einfach ein ganz normales Leben führen? So wie fast alle anderen Menschen auch. Stattdessen saß er hier im Biergarten und musste sich diesen Schwachsinn von jemanden anhören, der das Ganze offensichtlich auch noch ernst meinte, und nach dem Biertrinken „Wwwwh" machte. Vermutlich wollte er in die Evolution eingreifen und die menschliche DNA umprogrammieren. Das alles war wirklich unendlich traurig.

„Hör zu Rony, wir sitzen hier, weil ich den Notalarm ausgelöst habe. Ich habe ihn ausgelöst, weil mir eine Schwachstelle in deinem Scheißplan aufgefallen ist. Du hast nämlich die Sache mit der Lösegeldübergabe nicht bedacht. Ich wiederhole: Du hast sie nicht bedacht. Deswegen sitzen wir hier. Und jetzt hältst du mir Vorträge darüber, was die alten Griechen und Römer ..."

„Nein, die alten Ägypter waren das. Ich habe nie von Griechen gespr ..."

„Rony halt jetzt die Schnauze. Bitte. Ich bin nämlich kurz davor, dir meinen Maßkrug über deine Hohlbirne zu schlagen. Und zwar so, dass du nie mehr aufstehst. Und das würde ich dann später bereuen, weil ja noch Bier drin war, das ich dann sinnlos verschüttet hätte. Also erspar mir bitte deine Vorträge über irgendwelche Steinzeitmenschen und Wickinger und mach ein paar richtig gute Vorschläge, wie wir aus der ganzen Angelegenheit wenigstens noch eine NoNoNo-Nummer machen können. Ich höre."

Damit lehnte er sich zurück, verschränkte provokant die Arme und sah Rony herausfordernd an.

„Äääh ... hmmm ... also, zunächst Mal muss uns klar sein, dass wir da ein Mega-Pfand in der Hand haben. Da können wir schon so richtig was dafür fordern. Zum Beispiel können wir verlangen, dass sie den Franz-Josef-Strauß-Flughafen in Wilhelm-Schlötterer-Flughafen umbenennen. Das wäre doch total witzig, oder?"

„Sag mal Rony, der FJS ist seit einer Ewigkeit tot. Ging's nicht etwas aktueller? Ich mein, was soll das? Du sagst selber, was wir da für ein tolles Pfand in der Hand haben, und das einzige, was dir dazu einfällt, ist den Flughafen umzubenennen? Das ist doch idiotisch."

„Hm, meinst du wirklich?"

„Ja, mein ich. Lass uns doch was ganz Anderes fordern. Irgendwas, das die Gesellschaft verändert. Etwas, das die Menschheit erfreut. Was Sinnvolles."

„Was meinst du denn? Der FC Bayern muss ab jetzt bei jedem Spiel ein Eigentor schießen? Im Radio darf keine Scheißmusik mehr laufen? Freibier für alle?"

„Ist das alles, was dir zum Thema „sinnvoll" einfällt? Freibier, Scheißmusik und Eigentore? Sonst nix? Außerdem halten die sich eh nicht daran, sobald sie die Barbiepuppe zurückhaben. Abgesehen davon, ist mir nicht klar, was der FCB mit der Barbie zu tun hat, und warum er für deren Rettung Eigentore schießen sollte? Nein, ich dachte eher daran, die Kirche zur Kasse zu bitten. Die haben doch Geld wie Heu. Sollen sie doch mal was Nützliches damit anstellen."

Rony blickte konzentriert in seinen Bierkrug. Offensichtlich schlich sich langsam so etwas wie ein vernünftiger Gedanke in sein Gehirn.

„Verdammt Armin, du bist genial! Die Kirche soll bluten, und zwar so richtig fett. Wieviel Geld hat die katholische Kirche überhaupt?"

„Keine Ahnung, muss man mal recherchieren. Aber das sind sicher zig Millionen. Die Frage ist natürlich, wieviel sie bereit sind zu zahlen? Sicher keine zig Millionen. Und wofür? Jeder potentielle Empfänger dieser Zuwendungen würde es doch ablehnen Geld aus einer Erpressung anzunehmen, oder?"

Armin beugte sich über seinen Maßkrug. Auch er war nun hochkonzentriert. Die Geschichte bekam eine völlig neue Wendung. Gestern waren sie noch von einem Gewinn von fünf Millionen pro Nase ausgegangen, vor 30 Minuten wollte er aufgeben und die Beute kleinlaut wieder abliefern und jetzt ging es um etwas komplett Neues:

Die Kirche sollte richtig viel Geld rauslatzen. Für viele gute Zwecke. Man musste sie so in die Enge treiben, dass ihr gar nichts anderes übrigblieb als mitzuspielen. Es musste ein unumkehrbarer Prozess sein. Nichts bei dem es plötzlich hieß, „wir haben die Madonna wieder und stellen alle Zahlungen ein".

„Weißt du was? Wir dürfen nicht unvorsichtig werden. Wir trennen uns jetzt. Jeder geht in ein Internetcafe und fängt an zu recherchieren. Hausaufgabe: Wieviel Geld hat die Katholische Kirche auf der hohen Kante, und was könnte man damit anfangen? In genau drei Stunden treffen wir uns im Ruffini und überlegen, wie es weitergeht."

„Was für Bier haben die im Ruffini?"

„Ist das jetzt so wichtig?"

„Ja."

„Keine Ahnung, aber ich glaube, es ist kalt."

„Passt. Bis nachher."

Exakt drei Stunden später saßen die beiden Freunde aufgeregt im Ruffini vor ihrem kalten Bier.

„Was hast du rausgefunden?"

Rony kramte seine Notizen raus. „Also, um ihr Geld machen die ja ein Riesengeheimnis. Da ist es echt schwer an Zahlen zu kommen. Laut Wikipedia schätzt man, dass sich Ende 2013 die Werte von Grundbesitz, Immobilien, Geldanlagen und Beteiligungen der katholischen Kirche und der zu ihr gehörenden Institutionen auf ein Vermögen von ca. 200 Milliarden Euro summieren. Nur die Katholische Kirche. Allein in Deutschland."

Armin nickte nur. Er hatte bei seinen Recherchen ähnliche Zahlen herausbekommen.

„Jetzt also zum Teil zwei der Hausaufgaben: Was kann man mit dem Geld machen?"

„Da hatten wir ja ursprünglich gesagt, dass soll für einen guten Zweck sein. Aber vielleicht wäre es besser, unsere Forderungen so zu gestalten, dass alle etwas davon haben. Nicht nur sozial Schwache, sondern auch Sportler, Klassik Fans, Physiker, die Industrie, und so weiter. Wir fordern Geld für Bildung und von mir aus sogar für die Polizei.

Hauptsache möglichst viele Leute haben etwas davon. Dann ist uns der Beifall der Massen sicher."

„Klingt gut. Weißt du was? Wir machen mal eine Liste und schreiben alles auf, was uns so einfällt."

Rony drehte seinen Notizzettel um und malte eine Tabelle. Jeder durfte abwechselnd einen Vorschlag machen. Nach zehn

Minuten waren sie fertig:

10 Opernhäuser von Weltniveau	5
BER abreißen und neu bauen	4
10.000 zusätzliche Lehrer für 10 Jahre. 50.000/Person/Jahr inkl. Schulgebäude etc.	5
10.000 zusätzliche Polizisten für 10 Jahre. 50.000/Person/Jahr inkl. Ausrüstung etc.	5
Patenschaft für 1.000.000 (1 Mio.!) Kinder in Afrika für 10 Jahre übernehmen (1.-/Kind/Tag)	3,65
Bau eines Teilchenbeschleunigers, der besser als CERN ist.	4,35
Sehr großzügige Spende an amnesty international, um die Situation von politischen Gefangenen weltweit zu verbessern.	0,5
Sehr großzügige Spende an human rights watch, um weltweit Verstöße gegen Menschenrechte zu dokumentieren.	0,5
5 Jahre jedem Grundschüler in Deutschland ein gesundes Frühstück in der Schule (2.-/Schüler, 200Schultage/Jahr, 2,75Mio. Schüler)	5,5
Wiederaufbau des vom Bürgerkrieg zerstörten Aleppo	10
Bau des Transrapid München Hauptbahnhof Flughafen	3
Jeder Harz 4 Empfänger bekommt 3000.- zur freien Verfügung (4,4 Mio. Harz 4 Empfänger)	13,2
TSV 1860 Erstligatauglich machen	0,2
Erschaffung eines Forschungszentrums für Autobatterien, um die heimische Autoindustrie zu unterstützen.	1
500 Gefährder 5 Jahre permanent überwachen (1 Mio./Gefährder/Jahr)	2,5
Erforschung und Bekämpfung des Bienen.-u.Insektensterbens	0,5
Bau der Stromtrassen von Nord nach Süddeutschland	15
Errichtung und 10 jährige Finanzierung eines Institutes zur Erforschung alternativer Energien	5
10 Jahre Freibier für alle auf dem Münchner Oktoberfest (7,5 Mio.Liter/Jahr a 14 Euro)	1,050
Einen Forschungsroboter zum Mars schicken	0,76
Errichtung und Finanzierung eines Institutes zur Erforschung des Klimawandels	5
Summe	90,71

„Mir fällt nix mehr ein." Armin schüttelte ungläubig den Kopf, als er die Liste betrachtete. „Weißt du, was ein Problem ist? Wir haben erst knapp die Hälfte des Geldes ausgegeben. Jetzt merk ich erst, wieviel 200 Milliarden wirklich sind."

„Ach, für die anderen 100 Milliarden wird sich schon was finden lassen, oder? Ansonsten können wir es ja auch so machen: Weitere 27.000.000 Kinder in Afrika bekommen für 10 Jahre eine Patenschaft finanziert. Das bedeutet Essen, medizinische Versorgung und vor allem eine gute Ausbildung. Dann wären die anderen 100 Milliarden fast weg."

„27 Millionen Kinder? Das nenne ich mal Fluchtursachen bekämpfen." Armin kratzte sich am Kinn. Irgendwie war das alles zu viel.

„Und du meinst, die lassen sich darauf ein? Für die Barbie?"

„Natürlich nicht."

„Ja, und was machen wir dann?"

„Wir müssen uns was ausdenken."

„Ach? Echt jetzt?"

„Ja, echt jetzt!" maulte Rony ihn an. Dieses dumme Dahergerede von Armin fing ihn an zu nerven. Er dachte nach.

„Ich habe eine Superidee!" entfuhr es ihm plötzlich.

Armin sah in fragend an. Die Musik von Bluekilla, die im Hintergrund lief, machte gerade eine Pause, und so entstand eine kurze Stille, wie um zu unterstreichen, dass Rony gerade einen unglaublichen Geistesblitz hatte.

„Wir verlangen gar kein Geld. Wir sagen ihnen nicht mal, was sie mit dem Geld machen sollen. Wir machen nicht mal Vorschläge, was man mit dem Geld machen könnte. Die ganze Liste hier ist doch Mist!"

Rony fing an, die Aufzeichnungen in kleine Schnipsel zu zerfetzen und in seinem Norgerl im Bierglas aufzuweichen.

„Ich hab' was viel Besseres!"
Armin wurde neugierig. Er spürte, dass die ganze Angelegenheit schon wieder in eine völlig neue Richtung ging.
„Wir verlangen für die Herausgabe der Barbiepuppe, dass die Katholische Kirche ihren ganzen Besitz offenlegt. Alles. Barvermögen, Aktien, Beteiligungen, Immobilien, Goldreserven, einfach alles. Sie müssen alles offenlegen. Am besten in einer Fernsehshow. Und dann dürfen alle darüber diskutieren, warum wir noch Kirchensteuer zahlen und ob die Kirche nicht die moralische Verpflichtung hat, mit ihrem Geld irgendwas zu bewirken?"
„Rony, ich halte dich zwar für den größten Knallkopf im Universum, aber diesmal bist du echt gut. So machen wir's."

58

Ungläubig schaute Tappick auf eine Kopie des Erpresserbriefes, der heute bei diversen Fernsehsendern, Printmedien, der katholischen Kirche und praktischerweise auch gleich direkt bei der Polizei eintraf. Das Original wurde gerade im Labor untersucht. Die letzte Forderung nach 10 Mio. Lösegeld für die schwarze Madonna wurde für nichtig erklärt und stattdessen kam eine völlig neue Forderung: Die Katholische Kirche sollte ihren gesamten Besitz offenlegen. In einer Fernsehshow, in der dann gleich eine Diskussion eröffnet werden sollte, was man denn mit dem ganzen Geld schönes machen könnte. Unterzeichnet war das Schreiben, wie schon das letzte Mal, mit „Die schwarze Hand".
„Was gibt's denn jetzt schon wieder?"
Tappick wurde zunehmend genervter, wenn er auf seinem Display sah, dass mal wieder die Semmel in der Leitung war. Semmer saß im Labor und war mit den zigtausenden Speichelproben beschäftigt, die die richtige Täter-DNA zutage bringen sollten. Tappick, sein Vorgesetzter

hatte darauf bestanden, dass er - und zwar nur er - informiert werden sollte, wenn es irgendwas Wichtiges gab. Gemeint war damit natürlich eine positive Speichelprobe.

Semmel wiederum, der auf keinen Fall etwas falsch machen wollte, da er endlich eine Beförderung und damit den Wechsel aus dem Labor in einen interessanteren Tätigkeitsbereich anstrebte, rief sicherheitshalber wegen der kleinsten Kleinigkeit bei seinem Chef an.

Inzwischen fragte er ihn, ob er die Proben lieber in alphabetischer, oder in chronologischer Reihenfolge abarbeiten solle, ob er die negativen Speichelproben in das linke oder das rechte Regal legen solle und Ähnliches.

Jetzt rief er also schon wieder an, und Tappick fragte sich noch während er den Hörer abnahm, ob Semmel jetzt nachfragt, wann er seine Mittagspause machen soll, als der schon losschnatterte.

„Chef, positiv. Wir haben ein positives Ergebnis. Nein, um genau zu sein, haben wir zwei. Die beiden positiven Proben wurden direkt hintereinander abgegeben. Als wären die Attentäter gleichzeitig zur freiwilligen Speichelabgabe erschienen. Komisch, oder? Also, ich habe ja den Verdacht, dass das eindeutig darauf hinweist, dass ..."

„Semmel, deinen Verdacht behältst du jetzt bitte mal schön für dich, und bringst die Codes nach oben, OK? Danke." Damit legte Tappick auf.

Das ging ja schneller als erwartet. Wieso gaben die Täter ihre Proben schon ab, solange alles noch freiwillig war? Die müssen sich ja verdammt sicher sein. Oder sind sie geisteskrank? Überhaupt, dass mit dem Sperma, war ja schon völlig unerklärlich. Pervers waren sie auf jeden Fall.

Tappick wusste, dass ihm jetzt keinerlei Fehler unterlaufen durfte. In wenigen Minuten wäre er der erste und einzige Mensch - außer den Tätern selbst natürlich - der wusste, wer hinter der Terrornacht von Altötting steckte.

Dann war es nur noch wichtig, dass die Täter nicht gewarnt wurden. Höchste Geheimhaltung war jetzt angesagt.

Es klopfte und ein völlig aufgeregter Semmer stand in der Tür:

„Hier Chef, die Codes. Ich denke, wir können die Angelegenheit jetzt von der DNA-Seite her als abgeschlossen betrachten. Soll ich schon mal eine Pressekonferenz einberufen? Es wäre mir eine Ehre, wenn sie sich neben mich auf das Podium setzen würden, um die Fragen der Pressefritzen zu beantworten und danach mit mir ..."

„Semmel!" Tappick unterbrach ihn unwirsch. „Wer weiß noch davon?"

„Bisher noch niemand, Chef, aber ich werde natürlich schnellstmöglich alle Stellen von unserem Erfolg in Kenntnis setzen und ..."

„Semmel!" Tappick wurde noch lauter. „Jetzt hör mir mal ganz genau zu, du Schmalspur-Tatort-Kommissar: Wenn die Täter erfahren, dass wir ihnen auf der Spur sind, und deswegen entkommen, werde ich dich persönlich dafür haftbar machen. Dann wirst du dein restliches Leben nichts Anderes machen, als DNA-Proben zu untersuchen. Und zwar die von Hundescheiße!"

Tappick fing plötzlich an zu brüllen:

„DU WIRST DANN NÄMLICH DIE HERRCHEN DIESER HUNDE AUSFINDIG MACHEN, UND DAFÜR SORGEN, DASS SIE IHRE VERWARNUNGSGEBÜHR IN HÖHE VON 15.- ZAHLEN. SO VIEL KOSTET ES NÄMLICH WENN DIE LEUTE IHRE ZAMPERL IN DIE FUSSGÄNGERZONE SCHEISSEN LASSEN! DU WIRST DEIN RESTLICHES LEBEN VOM STACHUS ZUM MARIENPLATZ UND ZURÜCK LAUFEN UND NACH HUNDEHÄUFCHEN AUSSCHAU HALTEN! UND WENN DU EINS FINDEST, WRST DU DEN TATORT WEITRÄUMIG

ABRIEGELN, ALLE AUFGABEN DER SPURENSICHE-RUNG SORGFÄLLTIG ERLEDIGEN, DEN KOTHAUFEN VON ALLEN SEITEN FOTOGRAFIEREN, EINE MATERI-ALPROBE ENTNEHMEN UND UNTER DEN SCHAU-LUSTIGEN ZEUGENBEFRAGUNGEN DURCHFÜHREN! WENN DU DANN DAS PROTOKOLL GESCHRIEBEN HAST, GEHST DU ZURÜCK IN DEIN INZWISCHEN NUR NOCH NACH HUNDESCHEISSE RIECHENDES LABOR UND UNTERSUCHST DIE DNA! HAST DU MICH VER-STANDEN DU BOMMELMÜTZENTRÄGER?"

„Ja Chef. Na klar. Logisch." Semmer war kleinlaut geworden. „Da haben sie natürlich total Recht, dass wir das für uns behalten sollten. Vielleicht ist es am besten, wenn ich zurück ins Labor gehe, und so tue als hätten wir noch nichts gefunden? Ich arbeite einfach die anderen Proben, wie gehabt weiter ab und rede mit keinem darüber, OK?"

„Ja Semmel, das ist wohl keine schlechte Idee. Wenn du das so machst, wird bestimmt noch ein großer Polizist aus dir."

„Danke Chef. Von ihnen kann man echt noch viel lernen."

Damit verließ er, rückwärtsgehend, Tappicks Büro.

Nachdem Semmer draußen war, ging Tappick zurück zu seinem Schreibtisch. „Schlimmer geht's wirklich nicht", murmelte er vor sich hin, als er die Liste mit den Klarnamen zu den Codes auf seinem PC anklickte.

In diesem Fall hatte er Unrecht. Es ging schlimmer. Viel schlimmer! Der geistig-moralische Tiefpunkt seines bisherigen Lebens stand unmittelbar bevor, als er noch unwissend und voll Vorfreude die Tabelle mit den Klarnamen öffnete. Gleich würde er wissen, wer die Täter waren. Er würde die Fahndung leiten und die Lorbeeren kassieren. Besser ging's nicht.

Nein, besser ging's wirklich nicht.

Aber, wie schon erwähnt, es ging schlimmer.

Erst dachte Tappick, es wäre ein Scherz, dann dachte er, dass er träumt, dann dachte er gar nichts mehr. Er starte nur noch auf die Namensliste vor sich, die Kinnlade klappte ihm runter und langsam, ganz langsam drang die Information in sein Gehirn vor.

Die beiden Speichelproben, die mit der Täter-DNA - besser gesagt mit deren Sperma - übereinstimmten, gehörten zu seinen ehemaligen Schülern Vollmerer und Honkenmöller.

Tappick verlor das Bewusstsein. Er kippte nach vorne und knallte mit der Stirn auf seine Schreibtischplatte.

59

„Schätzchen, wir haben ein Problem."
„Wirklich? Was denn für eins?"
Jörg Sparklefrosch war völlig aufgelöst und lief wie ein Tiger im Käfig in seinem Büro auf und ab.

„Die Versicherungen wollen den Schaden vom Festival nicht ersetzen, die meisten Bands fordern enorme Regresssummen, das Finanzamt will eine Steuervorauszahlung und Rinnstein hat uns auf 250.000.- verklagt, weil wir mit ihrem Namen geworben haben. Die Schmerzensgeldklagen sind noch gar nicht bearbeitet worden, und der Staat will, dass wir für den ramponierten Streifenwagen aufkommen. Insgesamt summieren sich die Forderung bisher auf über 2 Mio. Euro. Auf unserem letzten Kontoauszug hatten wir noch 735.- Euro Guthaben. Du weißt was das bedeutet."

Mathilda Bologna blickte gelangweilt nach oben.
„Nein, was denn?"
„Das wir pleite sind, du Dumpfbacke!"
Jörg Sparklefrosch ärgerte sich maßlos über die Begriffsstutzigkeit seiner Assistentin.

„Aber das macht doch nichts Chef. Du siehst das ganz falsch. Ich bin nämlich rein juristisch in keiner Weise in deine Firma involviert. Von daher stimmt es nicht, dass wir pleite sind. Der Einzige, der hier pleite ist, bist nämlich du. Ich bin fein raus. Von daher verstehe ich echt nicht, warum du mich jetzt so stresst?"

Mathilda Bologna lehnte sich entspannt zurück und zündete sich eine Zigarette an. Wenigstens musste sie sich in Zukunft nicht mehr dieses blöde „Schätzchen" anhören.

„Sehr witzig! Verdammt, du hast doch sonst immer so tolle Ideen gehabt, wenn es eng wurde. Wir waren doch immer ein Dreamteam wir beide. Komm, denk nach. Ich verlass mich jetzt total auf dich, Schätzchen. Sonst wird das nichts mehr mit deiner Lohnerhöhung. Und die Sache mit Clash kannst du auch vergessen."

Jörg Sparklefrosch stand flehend vor seiner Assistentin.

An die Lohnerhöhung glaubte Mathilda Bologna schon lange nicht mehr. Aber die Sache mit the Clash wurmte sie schon. Jörg hatte ihr schon vor Monaten versprochen, ein Konzert mit ihrer Lieblingsband in München zu veranstalten. Endlich hätte sie die Möglichkeit ihre Idole hinter der Bühne persönlich kennen zu lernen. Dafür würde es sich lohnen, ihrem Chef noch ein letztes Mal aus der Patsche zu helfen.

Mathilda begann mit dem Zeigefinger an ihrer Nase zu reiben. Erst senkrecht, dann waagrecht. Plötzlich schnippte sie mit den Fingern. „Ich hab's!" rief sie laut, während Sternchen um ihren Kopf herumflogen.

60

Nachdem der Inhalt des neuen Erpresserbriefes publik geworden war, ging die große Diskussion los, wie man darauf reagieren sollte. Die Öffentlich-rechtlichen Rundfunkanstalten positionierten sich zuerst und legten sich darauf fest, auf keinen Fall den Erpressungsversuchen von irgendwelchen Kriminellen nachzugeben.

Es wäre im völligen Widerspruch zu ihrem Bildungsauftrag und zur journalistischen Unabhängigkeit, wenn man mit den Entführern der Schwarzen Madonna gemeinsame Sache machen würde.

Die privaten TV-Sender freuten sich über diese Ankündigung und fingen an zu streiten, wer das beste Konzept für so eine Fernsehshow bieten könne. Selbstverständlich konnten sie sich nicht einigen und so wurden für den darauffolgenden Abend insgesamt fünf verschiedene Fernsehgalas angekündigt, in denen darüber debattiert werden sollte, was man alles mit dem Geld der Kirche anfangen könnte.

Hierzu wurden alle möglichen Fachmänner, Steuerexperten, Vertreter der Kirchen, Sozialpolitiker aller Parteien, Alfons Schuhbeck, Campino, Reinhold Messner und selbstverständlich auch Alice Schwarzer eingeladen.

Der mediale Rummel wurde noch dadurch angeheizt, dass im Laufe des Nachmittages eine Botschaft aus dem Vatikan veröffentlicht wurde, in der der Papst schon einen Tag vor den TV-Shows eine klare Position bezog.

Papst Franziskus verkündete darin, dass er sich eine arme Kirche wünsche und sich über eine Diskussion darüber freue, was man mit all dem Geld Gutes tun könne. Das wiederum brachte die anderen Vertreter der Kirche in Erklärungsnot, aber Gott sei Dank gelang es noch kurzfristig Tebartz-van Elst mit einer Sondermaschine einzufliegen, der den Forderungen des Papstes entgegentreten sollte.

Nun sahen sich auch die Öffentlich-rechtlichen Fernsehsender im Zugzwang und das ZDF beschloss eine Spendengala zu Gunsten der Katholischen Kirche zu veranstalten. Schließlich sei der Sachschaden in Altötting enorm und die Versicherungen weigerten sich bisher, für die entstandenen Kosten aufzukommen.

Der „Weisse Ring" meldete sich zu Wort und bot an, die Kosten für eventuell entstandene Schäden an der Schwarzen Madonna zu übernehmen.

Für große Aufregung bei der Vorbereitung der Spendengala sorgte nun, dass ein Konzertveranstalter anbot „Die Beatles in Originalbesetzung" zu verpflichten, wenn man ihm dafür eine Vermittlungsprovision in Höhe von 2,5 Mio. Euro überweisen würde. Das wollte man sich nicht zweimal sagen lassen und ging umgehend auf das Angebot ein. Lange Gesichter bei den Verantwortlichen gab es allerdings während der Generalprobe, als sich herausstellte, dass „Die Beatles in Originalbesetzung" nur aus zwei Personen bestanden. Nämlich aus dem Konzertveranstalter Jörg Sparklefrosch selbst, der in einem bis dato unbekannten Rhythmus auf einem Tamburin herumklopfte und seiner Assistentin Mathilda Bologna, die sich auf einem Bein hüpfend im Kreis drehte und immer nur „lalalala" sang.

Den verdutzten Vertretern des ZDF erklärten die beiden nun, dass „Die Beatles in Originalbesetzung" natürlich nicht die berühmten Pilzköpfe aus Liverpool seien, sondern eben sie selbst als Performance-Duo mit dem Künstlernamen „Die Beatles in Originalbesetzung". Das wäre ja wohl auch absolut logisch gewesen und würde sich übrigens im Kleingedruckten auf Seite 487 des Vertrages nachlesen lassen.

Das ZDF klärte sich also zähneknirschend bereit, die Provision zu bezahlen („Vertrag ist Vertrag"), bat aber das Performance-Duo, auf seine Darbietung zu verzichten. Stattdessen gelang es noch auf die Schnelle die Original Lustigen Zillertaler Herzblattbuben zu verpflichten, die sogar anboten völlig kostenlos („Ist ja für einen guten Zweck") aufzutreten, um ihren neuesten Hit („Oh du, mein schönes Heimatland") darzubieten. Die Verantwortlichen waren sich diesmal auch ziemlich sicher, dass dies eher den Geschmack des Publikums treffen würde.

61

Dass tatsächlich eine Fernsehshow stattfinden sollte, war ein Riesenerfolg, den Armin und Rony natürlich gebührend feiern mussten. Vom Trachtenvogel ging es über die Unhaltbar zum Holly Home. Eine Runde um den Gärtnerplatz mit diversen Einkehrmöglichkeiten und ein kleiner Abstecher zum Valentinstüberl waren nötig, um eine angemessene Grundlage für die Gayerwally zu schaffen. Von dort ging es weiter zum Unterdeck, um sich schließlich im Roten Hahn auf das Maria Passagne vorzubereiten. Doch auch die Absacker im Johannes Cafe und im Nana konnten nicht verhindern, dass der Abend zu Ende ging, und sie getrennte Wege nach Hause einschlugen.

Mit jedem Schritt, den Armin die Treppen nach oben zu seiner Wohnung ging, fühlte er sich elender. Das lag nicht nur an seinem Alkoholkonsum, sondern vor Allem an seinem schlechten Gewissen. Bisher hatte er den Abend genossen und versucht die Situation Zuhause zu verdrängen. Das war jetzt nicht mehr möglich.

Er wusste, was ihn erwarten würde, wenn er die Wohnung betrat: Ein sterbender Hund, der Höllenqualen litt und sich vermutlich nach seinem Frauchen sehnte. Falls er überhaupt noch lebte.

Armin schloss vorsichtig die Tür auf und lauschte. Durch die Dunkelheit hörte er ein ganz leises Wimmern aus der Küche. Er machte das Licht an. Er konnte es sich selbst nicht erklären, aber plötzlich hatte er das Gefühl, er müsse ganz leise sein und schlich vorsichtig auf Zehenspitzen in die Küche. Als er Sissi auf ihrer Decke liegen sah, schnürte sich ihm die Kehle zu. Der Hund hatte sichtlich Schmerzen und jeder Atemzug schien ihm seine letzte Kraft zu kosten. Sissi bewegte den Kopf kaum merklich und drehte die Augen in Armins Richtung. In ihrem Blick lag etwas Flehendes.

Armin wusste nicht so recht was er machen soll, ließ sich an der Wand nach unten gleiten, und kam so direkt neben dem Hund zum Sitzen. Er blickte sich in der Küche um. Das Futter hatte Sissi nicht angerührt und offensichtlich auch nichts getrunken.

"Verdammt, ich Idiot", sagte er leise zu sich selbst, als ihm klar wurde, dass der Futternapf und die Wasserschüssel viel zu weit von Sissi entfernt standen. Der Hund hatte einfach keine Kraft mehr, sich hinzuschleppen. Armin stand auf, holte die beiden Schüsseln und stellte sie direkt vor Sissis Nase. Dann setzte er sich wieder neben den Hund und beobachtete ihn.

Mühsam hob Sissi den Kopf, schlabberte etwas von dem Wasser und ließ ihn wieder auf den Boden sinken.

Plötzlich wurde Armin klar, dass der Boden mit der dünnen Decke darauf viel zu hart für den Hund sein musste. Schnell stand er auf, ging zum Schrank und holte seinen Lieblingspullover und noch ein paar T-Shirts heraus.

Vorsichtig hob er Sissis Kopf an und legte ihn auf den Pullover. Die T-Shirts schob er an alle Stellen, die ihm zu hart erschienen unter den Hund.

Armin fühlte sich schlecht und schuldig. Er hatte einen riesigen Kloß im Hals und konnte kaum noch schlucken.

Er wollte Sissi sagen, dass es ihm leidtue, aber es kam zunächst nur ein Krächzen aus seinem Hals. Er musste sich räuspern und schlucken.

Beim zweiten Versuch gelang es ihm zu sprechen. Allerdings klang es sehr heiser und verstockt:

„Hey Sissi, es tut mir leid. Wirklich. Ich mein, du kannst doch auch nix dafür. Für dein Aussehen, und dein Frauchen, und deinen Blähungen und all das."

Der Hund versuchte in Armins Augen zu schauen. Sein Wimmern und Jaulen wurden etwas leiser. Irgendwie ruhiger. Armin kam es vor, als würde der Hund ihn verstehen.

„Weißt du Sissi, du bist gar nicht so falsch. Ich mein, du hast nie jemand gebissen, du hast nie rumgekläfft, du hast nie etwas mit Absicht kaputtgemacht. Eigentlich wolltest du doch auch nur leben, oder?"

Er legte seine Hand hinter Sissis Ohr und kraulte sie vorsichtig. Ihm fiel auf, dass es das erste Mal war, dass er den Hund freiwillig anfasste. Diese Erkenntnis bohrte sich wie ein glühendes Schwert in sein Herz.

„Verdammt Sissi, ich bin echt ein Idiot, weißt du? Ich heul dauernd rum, wegen der Sabine vom Marketing und bin selber zu keiner liebevollen Handlung fähig. Ich habe dich die ganze Zeit nie gestreichelt, obwohl du es verdient hättest. Ich war immer nur gemein zu dir. So wie ich zu allen gemein bin. Schon als Kind habe ich Gummibärchen gestohlen und Mäuse vom Hochhaus geworfen. Ich beschimpfe und demütige arme, verwirrte Seelen von den Zeugen Jehovas und ziehe auch noch Kinder in meine grausamen Spiele hinein. Die kleine Fanny hatte Albträume wegen mir, verstehst du?"

Armin musste sich schnäuzen und hatte Tränen in den Augen. Er legte seine andere Hand an Sissi Schnauze, die sich ganz trocken anfühlte, und streichelte sie zärtlich.

„Weißt du, ich verstehe es selber nicht, warum ich so ein böser Mensch bin? Du warst doch immer nett zu mir. Ich wollte dich schlachten und einer Gottheit opfern, ich wollte dich in die Isar schmeißen, ich habe immer nur Gemeinheiten im Kopf gehabt, wenn ich an dich dachte. Sogar die Zecke auf dir, habe ich mehr gemocht als dich."

Armins Stimme erstickte fast. „Mensch Sissi, weißt du es ... es ... verdammt Sissi, es tut mir so unendlich leid, und jetzt wo du stirbst, komme ich daher und bitte um Vergebung. Aber dafür ist es jetzt zu spät. Es ist immer zu spät in meinem Leben. Weil ich so ein Egoist bin ... "

Armin konnte sich nicht mehr halten. Tränen liefen über sein Gesicht und er zitterte am ganzen Körper. Aus seinem Mund kam nur noch ein unverständliches Schluchzen. Es muss Ewigkeiten her sein, dass ich so geweint habe, dachte er sich noch, als es passierte:

Er spürte es nur ganz leicht, und trotzdem war es die intensivste Berührung, die er seit Jahren wahrgenommen hatte. Sissi Zunge schleckte ganz vorsichtig über seine Fingerspitzen. Sie fühlte sich trocken, rau und schwach an. Aber in ihrer Berührung lag alle Zärtlichkeit der Welt. Plötzlich wusste Armin, warum Hunde die besten Freunde des Menschen sind: Weil sie einen verstehen, weil sie mit einem fühlen, weil sie in der Lage sind zu vergeben.

Er und Sissi waren plötzlich wie Seelenverwandte. Armin legte sich neben sie auf den harten Boden und ging mit seinem Gesicht ganz nah zu ihr. Er hörte ihr leises Wimmern, spürte ihre Schmerzen, atmete ihren Atem. Er weinte und weinte und weinte und konnte nicht aufhören. Er spürte die Zunge, die vorsichtig über seine Fingerkuppen fuhr und wusste: Sissi will mich trösten. Trotz allem, trotz aller Gemeinheiten und obwohl sie es war, die im Sterben lag, versuchte sie in ihren letzten Stunden Trost zu spenden. Armin

schluchzte und heulte wie ein kleines Kind, als er seinen Kopf noch näher an Sissi legte, die leise wimmerte.
„Sissi, du bist das liebenswerteste Geschöpf auf Erden. Danke, dass ich dich kennenlernen durfte. Danke, dass es dich gibt Sissi. Ich liebe dich."
Sie waren sich so nah wie es ein Hund und ein Mensch nur sein können.
Mit der Gewissheit, dass er Sissi morgen zum Einschläfern bringen musste, schlief Armin neben ihr ein

62

Horst Tappick lehnte sich zurück. Nachdem er sich von seinem Ohnmachtsanfall erholt hatte, fasste er einen Entschluss, der sein Leben verändern sollte. Das erste Mal seit längerer Zeit konnte er sich etwas entspannen. Diese ganze Geschichte mit Altötting hatte ihn kaum noch zur Ruhe kommen lassen.
Es war ein Erdbeben durch die Politik gegangen und dass Köpfe rollen mussten lag auf der Hand. Es sind auch Köpfe gerollt. Einige. Warum seiner noch auf seinem Hals saß, erfuhr Tappick relativ schnell. Dr.Knarfhofer, der nach seinem kurzen Gastspiel als Innenstaatssekretär inzwischen Innenminister war, hatte ihn angerufen. Natürlich war klar, dass in erster Linie die Kollegen Vollmerer und Honkenmöller für den ganzen Schlamassel in Altötting verantwortlich waren, aber das dürfe auf gar keinen Fall an die Öffentlichkeit geraten. Es war absolut vorrangig, die beiden Namen aus der Sache herauszuhalten. Wenn die ganze Geschichte mit dem Kasperltheater ans Licht käme, wäre Knarfhofer nicht mehr zu halten gewesen. „Und sie zieh ich mit runter in den Abgrund!" brüllte er Tappick durchs Telefon an. „Sie haben mir doch die ganze Scheiße mit diesen

zwei Deliriumwanzen eingebrockt! Eins sag ich ihnen Tappick: Noch halte ich meine schützende Hand über sie. Aber bei der nächsten Kleinigkeit mit diesen zwei Saukerlen sind sie dran. Verlassen sie sich drauf! Sorgen sie dafür, dass niemals irgendwer irgendwas von dieser Kasperltheaternummer erfährt! Verstanden?!"

Tappick wusste, dass das Blödsinn war. Knarfhofer konnte ihm nicht drohen. Er war selber viel zu tief in die Angelegenheit verstrickt. Trotzdem: Über alles was die Vollhonks taten, musste nach außen hin Stillschweigen bewahrt werden. Nichts durfte an die Öffentlichkeit gelangen. Niemals. Dass die beiden positiven DNA-Proben ausgerechnet auch noch den Beiden zugeordnet werden konnten, behielt er für sich. Je weniger Leute davon wussten, desto besser.

Tappick konnte seine abgrundtiefen Hassgefühle, die er seit Jahren gegenüber seinen Kollegen Vollmerer und Honkenmüller pflegte, nur noch schwer unter Kontrolle halten. Sobald er an sie denken musste, fing sein Blut an zu kochen. Und er musste oft an sie denken. Zu oft. Zum Beispiel jedes Mal, wenn sein Arm schmerzte. Seit er sich wegen den beiden Vollidioten die Hand und den Unterarm mehrfach gebrochen hatte, spürte er jeden Wetterumschwung in seinem rechten Arm. Er spürte es auch wenn er sich falsch aufstützte, eine schnelle Bewegung machte oder sich im Schlaf auf die falsche Seite drehte. Der stechende Schmerz ließ ihn dann jedes Mal hochschrecken und mindestens eine Stunde nicht mehr einschlafen. Das passierte jede Nacht. Mehrmals. Er musste an die beiden denken, wenn er kleine Kinder sah, wenn er irgendwas hörte das mit Nazis, Drogen, Sex oder Terror zu tun hatte, oder einfach nur, wenn er verträumt aus dem Fenster blickte.

Abgesehen von den körperlichen Schmerzen, belastete die ganze Angelegenheit zeitweise auch seine Ehe. Es fing damit an, dass seine Frau ihn dabei erwischte, wie er mit goldenen Nadeln auf zwei selbstgemachte Polizei-Voodoopuppen einstach.

Kurz darauf beobachtete sie ihn in einer Vollmondnacht, wie er im Garten die Voodoopuppen verbrannte, und mit Schaum vor dem Mund um das Feuer tanzte. Am Schluss bekam er einen hysterischen Lachanfall, während er auf die Glut urinierte.

Manchmal blickte er nur noch starr vor sich hin oder führte Selbstgespräche. Er begann sich in der Öffentlichkeit seltsam zu benehmen. So fing er einmal in einem Restaurant an, wie von Sinnen auf zwei grüne Paprikastreifen einzuhacken, die auf seiner Pizza lagen.

Aber Dank eines guten Psychotherapeuten, bekam Tappick die Sache wieder einigermaßen in den Griff, und seine Frau glaubte schließlich, dass er einfach nur überarbeitet war.

Dann passierte die Sache mit Altötting, und alle Wunden waren wieder aufgerissen. Tappick wusste, dass er eine endgültige Lösung für das Vollhonkproblem finden musste.

Als Polizist musste er sich bei der Lösung des Problems natürlich im Rahmen des Gesetzes bewegen. Er musste sich an die Menschenrechte halten und auch an seine christliche Erziehung. Das hieß vergeben und verzeihen. Nach friedvollen Wegen suchen.

All das ließ er in seine Überlegungen einfließen, und kam so zu der Erkenntnis, dass es nur eine Möglichkeit gab, mit der allen Beteiligten in dieser Angelegenheit am besten gedient wäre:

Er würde die beiden Idioten töten. Möglichst schnell.

Nachdem Tappick diesen Entschluss gefasst hatte, ging es mit seiner Lebensfreude wieder aufwärts und gelegentlich huschte sogar wieder ein Lächeln über sein Gesicht.

Zunächst holte er aus der Asservatenkammer der Mordkommission ein kleines, braunes Glasfläschchen, das ein geruchs.-und geschmacksneutrales Nervengift enthielt. Nur ein Tropfen davon genügt, um einen Elefanten zu töten. An den Mordopfern lässt es sich nur sehr schwer nachweisen, und so stellen die Ärzte in der Regel einen Totenschein aus, bei dem „natürliche Todesursache" angekreuzt ist. Eine ältere Dame aus Starnberg hatte damit im Laufe der Jahre insgesamt drei Ehen und zwölf Liebesaffairen beendet, und die Sache wäre auch nie ans Licht gekommen, wenn sie sich nicht auch noch am Dackel des Nachbarn vergriffen hätte, dessen Gekläffe sie so genervt hatte. Der Nachbar wiederum glaubte nicht an eine natürliche Todesursache und ließ für viel Geld eine sehr aufwendige Obduktion durchführen.

So kam die Sache schließlich doch noch ans Licht, und die alte Dame landete im Gefängnis.

Das eigentlich interessante an dem Gift aber war, dass es seine Wirkung immer exakt eine halbe Stunde nach der Einnahme schlagartig entfaltete. Das Opfer bricht ohne Vorwarnung zusammen und stirbt innerhalb kürzester Zeit.

Tappick zog vorsichtig mit einer Spritze die todbringende Flüssigkeit aus dem Gefäß und ersetzte sie durch Leitungswasser. Dann stellte er das Fläschchen wieder ins Regal und schloss die Asservatenkammer ab.

Zurück in seinem Büro rief bei seinem Kollegen Rezbruft in Altötting an, gab sich als Oberpolizeidirektor Huber aus, und erklärte ihm, dass sich die Kollegen Vollmerer und Honkenmöller am nächsten Tag zu einer Ordensverleihung in München einzufinden hätten. Alle weiteren Instruktionen wären an der Pforte des Polizeipräsidiums für sie hinterlegt.

Anschließend setzte er sich an die Schreibmaschine. Er war schlau genug, den Polizeicomputer aus seinem Komplott herauszuhalten. Das Briefpapier mit hochoffiziellem Aussehen und dem Briefkopf eines erfundenen Oberpolizeidirektors Huber hatte er schon im Copyshop angefertigt. Der Text, den er darauf tippte, war ihm ein bisschen peinlich, aber diese zwei Evolutionsbremsen Vollmerer und Honkenmöller würden ihn schon schlucken. Im wahrsten Sinne des Wortes. Mit Honkenmöller fing er an:

Sehr geehrter Kollege Honkenmöller,

ihr großartiger, mutiger und selbstloser Einsatz bei den Geschehnissen von Altötting ist nicht unbemerkt geblieben.
Der israelische Geheimdienst Mossad hat um Amtshilfe gebeten, und angefragt, ob sie zusammen mit ihrem Kollegen Vollmerer einen höchst geheimen und brisanten Einsatz in Nahost leiten könnten?
Als Vollprofis werden sie verstehen, dass die ganze Angelegenheit der höchsten Geheimhaltungsstufe unterliegt. Die angebliche Ordensverleihung für sie war nur ein Trick, um von dieser Mission abzulenken. Bitte folgen sie allen Anweisungen auf diesem Papier ohne Abweichung.
1., Begeben sie sich zusammen mit ihrem Kollegen Vollmerer in ihren Dienstwagen und fahren sie so schnell wie möglich zum Münchner Flughafen.
2., Sobald sie nicht mehr in Sichtweise des Polizeipräsidiums sind, essen sie diesen Brief auf. Er darf auf keinen Fall in die Hände feindlicher Mächte gelangen.
3., Am Flughafen gehen sie in ein Bekleidungsgeschäft und kaufen sich zivile Anzüge. Der Mossad wird ihre Auslagen großzügig ersetzen. Ziehen sie sich auf der Toilette um.
4., Laufen sie zum Schalter von El Al und begeben sie sich in den Sicherheitsbereich am Rollfeld. Zeigen sie niemanden ihren

Ausweis. Die Mission ist höchst geheim. Wenn sie jemand aufhalten will, ziehen sie ihre Waffe und bedrohen sie ihn. Man wird ihnen den Weg freimachen.

5., Der Mossadagent Joshe Blumfeld erwartet sie und wird mit ihnen das weitere Vorgehen besprechen.

Gez.: Oberpolizeidirektor Huber

Tappick las den Brief nochmal durch. So einen Schwachsinn habe ich in meinem ganzen Leben noch nicht geschrieben, dachte er sich, während er vorsichtig die Hälfte des Gifts auf dem Briefbogen verteilte. Mit der Dosis hätte man locker das halbe Oktoberfest vergiften können. Dann wiederholte er die Prozedur mit dem Brief an Vollmerer.

Egal wie der Verkehr in München war, nach einer halben Stunde wären sie auf der Autobahn. Natürlich würden sie mit Vollgas fahren, mit Martinshorn und Blaulicht und alle anderen Verkehrsteilnehmer würden die Fahrbahn freimachen. Der Fahrer würde plötzlich zusammenbrechen, die Kontrolle über das Auto verlieren und die beiden würden am besten gegen einen Betonpfeiler krachen. Aber die Leitplanke war auch gut. Sie hätten kein Reaktionsvermögen mehr. Sie wären tot. Nur das wäre wichtig. Sollten die beiden aber tatsächlich den Brief nicht gegessen haben, würde Plan B greifen. Wenn sie in zivil mit gezogenen Waffen durch den El Al Schalter stürmen würden, würde der Mossad sie erschießen. Darauf war Verlass.

Behutsam steckte Tappick die Briefe in zwei Couverts, schrieb die Namen der Todgeweihten darauf und schickte sie anonym per Rohrpost zur Pforte. Dort würden die beiden sie morgen abholen.

30 Minuten später wären sie tot. Endlich. Tappick lehnte sich entspannt zurück. Ein Lächeln huschte über sein Gesicht. Es schien ihm als würde sein Arm heute weniger stark

schmerzen. Trotz des Wetterumschwungs. Alles würde gut werden. Er war sich ganz sicher.

63

Wie schon erwähnt, war Hauptkomissar Rezbruft seit den Vorfällen beim Altenheim und auf dem Spielplatz im Stadtpark tunlichst darauf bedacht, dass seine beiden Untergebenen Vollmerer und Honkenmöller auf keinen Fall gemeinsam auf Streife geschickt wurden.

Das wäre auch nie mehr geschehen, wenn nicht plötzlich ein Oberpolizeidirektor Huber aus dem Polizeipräsidium in München angerufen hätte, um mitzuteilen, dass die beiden morgen in München zu erscheinen hätten.

Es ging irgendwie um die Terrornacht von Altötting und um eine Ordensverleihung für die beiden. Das Ganze ergab zwar überhaupt keinen Sinn, aber Rezbruft fragte nicht weiter nach dem Sinn, da man bei Anordnungen eines Oberpolizeidirektors nicht nach dem Sinn fragt.

64

Der Tag würde grauenhaft werden. So viel war klar.

Armin war, was sehr selten passierte, ohne Wecker aufgewacht. Das lag vermutlich auch am harten Küchenboden, auf dem er die ganze Nacht lag.

Vorsichtig stand er auf und streckte seine schmerzenden Beine aus. Sissi lag immer noch genauso da, wie am Vorabend. Sie atmete ganz ruhig und schlief. Das beruhigte Armin, der schon Angst hatte, sie würde tot vor ihm liegen.

Er schaltete das Radio an. Wie jeden Morgen Fußballer O-Töne:

„...da ja der Gegner hochmotiviert ist. Das sind sehr wichtige Punkte für uns. In der ersten Halbzeit gelang es uns nicht ganz

den Druck aufzubauen und nach vorne zu spielen. Der Trainer gab die Losung aus, dass wir das Spiel gewinnen sollen. Bei so einem Spiel muss man mindestens 150% geben..."

Armin schaltete nicht ab. Schließlich kamen gleich die Nachrichten, und die waren wichtig.

„...zum Glück gelang es der Mannschaft, in der zweiten Halbzeit besser ins Spiel zu kommen und den Gegner..."

Armin setzte Kaffee auf.

„...und deswegen großen Respekt für die Mannschaft und den Trainer. Jetzt müssen wir nach vorne schauen, weil ja das nächste Spiel wieder ganz wichtige Punkte für..."

Als der Kaffee fertig war, kamen endlich die Nachrichten. Altötting war immer noch der Aufmacher, inzwischen aber unter anderen Gesichtspunkten. Nachdem der Bundesinnenminister zurückgetreten war, forderte die Opposition noch weitere Schritte, da der Innenminister ja nur ein „Bauernopfer" gewesen sei. Erneut wurden Neuwahlen ins Spiel gebracht, aber von der Bundesregierung empört zurückgewiesen.

Auch die türkische Regierung meldete sich wieder zu Wort und verlangte eine Entschuldigung der Bundesrepublik bei der ganzen muslimischen Welt, beim türkischen Volk im Besonderen und erst recht natürlich beim türkischen Präsidenten.

Armin stand am Fenster, trank seinen Kaffee und rauchte eine Zigarette. Er fragte sich, ob Sissi noch leben würde, wenn er zurückkam? Sollte er nicht besser bei ihr bleiben, damit sie nicht alleine sterben musste? Er hätte es ernsthaft in Betracht gezogen, wenn es möglich gewesen wäre. Aber ausgerechnet heute kam eine ganz wichtige Delegation aus China, um die er sich kümmern musste.

Er musste zu BRMPFT gehen, komme was wolle.

Um den Hund den Todeskampf zu erleichtern, schob er die Schüssel mit frischem Wasser und den Napf mit ihrem

Lieblingsfutter direkt vor ihre Schnauze. Er drehte die Heizung etwas höher, deckte Sissi mit seinem Pullover vorsichtig zu und streichelte ihr zum letzten Mal zärtlich über den Kopf.

„Mach's gut alte Dame und halt durch. Ich beeil mich."

Dann verließ er die Wohnung mit einem dicken Kloß im Hals.

Normalerweise ging er gerne zur Arbeit, aber heute war alles anders. Die Chinesen waren anstrengend, das Mittagessen schmeckte nicht, und ihm kam es vor, als wäre alles mit einem trüben Schleier überzogen. Die Sabine vom Marketing traf er auch nicht, was ihm aber ganz recht war, da er ihr so niedergeschlagen nicht unter die Augen treten wollte.

Am frühen Nachmittag hielt er es nicht mehr aus und rief Rony an: „Hey Alter, ich brauch dich heute wirklich. Ich muss den Hund zum Einschläfern bringen, und ich pack das nicht allein. Magst du nicht mitkommen?"

„Naja, „mögen" ist da wohl ein bisschen viel verlangt, oder?" antwortete Rony, um gleich nachzuschieben: „Aber klar, ich lass dich da nicht hängen. Ich hol dich von der Arbeit ab und wir gehen da zusammen hin, OK?"

Armin war froh, als zwei Stunden später Rony vor dem Haupteingang im Nieselregen stand und ihn freundschaftlich umarmte.

„Weißt du was?" fing er gleich an, „du musst das positiv sehen. Der Hund leidet doch nur noch und ist dann endlich von seinem Elend befreit. Außerdem kannst du ihn doch eh nicht leiden. Denk nur mal an seine Blähungen und … "

Armin fiel ihm ins Wort: "Rony halt mal die Klappe bitte. Das ist jetzt nicht witzig und ich kann da auch nix Positives entdecken. Sissi und ich haben uns versöhnt und ich mag sie jetzt sogar ein Bisschen. Ein kleines Bisschen zumindest."

Dass er die halbe Nacht wie ein Kleinkind geheult hatte, musste er ja seinem Freund nicht auf's Brot schmieren. Rony fiel auf, dass Armin den Hund zum ersten Mal beim Namen genannt hatte. Sonst hatte er immer nur von dem widerlichen Dreckköter oder dem stinkenden Scheißvieh geredet, wenn er Sissi Schwarovski meinte.

„OK. Sorry. Ich nehm's zurück. Wollte dich ja nur ein bisschen aufmuntern. Weißt du, ein Hund spürt ja auch, was du fühlst. Und wenn du jetzt so total fertig heimkommst, ist das sicherlich nicht sehr aufbauend für Sissi", versuchte Rony die Sache gerade zu biegen.

„Und damit du nicht mit so einer extrem schlechten Laune heimkommst …" fuhr er fort, „… wäre es doch durchaus sinnvoll vorher noch schnell einen Schnaps oder sowas zu trinken. Vielleicht noch eine Tüte dazu?"

„Rony, dass von dir wieder nur so ein Mist kommt, war eigentlich klar. Du weißt doch ganz genau, dass ich nicht kiffe." Nach einer kurzen Denkpause fuhr er fort:

„Allerdings ist die Idee mit dem Schnaps vielleicht doch nicht so unvernünftig. Das spürt Sissi sicher auch, wenn ich nicht so schlecht drauf bin, und das wird ihr guttun. Also, ausnahmsweise und entgegen meiner sonstigen Gewohnheiten, würde ich deinem Vorschlag zustimmen, noch schnell eine Kleinigkeit trinken zu gehen. Aber nur damit ich etwas lockerer bin und das wäre ja im Sinne von Sissi."

„Das ist eine sehr vernünftige Idee von dir", pflichtete Rony ihm bei. Er überlegte, ob er irgendwann in seinem Leben schon mal so eine absurde Ausrede gehört hatte, sich ein paar Schnäpse einzuverleiben, als ihm bewusst wurde, dass der Vorschlag eigentlich ursprünglich auf seinem Mist gewachsen war.

Als sie aus der U-Bahn kamen, zündete Rony sich sofort seinen Joint an und hielt ihn Armin hin.

„Rony, lass den Scheiß. Ich komm da nur schlecht drauf."

Durch das graue Nieselwetter gingen sie noch zwei Ecken weiter, bis sie in der einzigen Kneipe in der Gegend landeten, die um diese Uhrzeit schon offen hatte.

„Ich versteh echt nicht, wie man am Nachmittag schon mit der Kifferei anfangen kann?" maulte Armin seinen Freund an, während sie auf ihre Biere warteten. „Man muss sich doch nicht dauernd abdichten, oder?"

Rony grinste ihn mit seinen roten Schlitzaugen an und sagte kein Wort.

„Ja, ja schon gut. Sag einfach nichts, OK? Mir geht das mit dem Hund einfach nah, verstehst du? Jetzt heimgehen, ihn zum Arzt bringen, einschläfern lassen ... das ist doch alles nicht in Ordnung. Ich hab' da echt keinen Bock drauf. Ich mag gar nicht hoch in die Wohnung. Anderseits ist es doch auch blöd hier zu saufen, während oben der Hund stirbt. Wobei ich ihm wiederum auch keinen Gefallen tue, wenn ich so schlechtgelaunt ..."

„Jetzt mach mal halblang", unterbrach Rony ihn. „Das Beste für den Hund ist doch, wenn du das ideale Verhältnis findest, zwischen nicht so spät kommen und nicht so schlechte Laune haben. Ich denke mal es ist auf jeden Fall zweckdienlich, schnell zu trinken. Wir sind ja nicht zum Spaß hier."

Nach einer kurzen Besprechung war man sich einig, dass zwei Bier und zwei Schnaps in 20 Minuten möglicherweise ein guter Kompromiss seien und erledigte diese Vorgabe gewissenhaft. Alles im Sinne des armen Hundes natürlich.

Danach ging es etwas besser gelaunt nach Hause.

Im Hof kam ihnen Frau Rettenbacher entgegen. *Die blöde Kuh hat mir ja gerade noch gefehlt*, dachte Armin. Frau Rettenbacher blieb kurz stehen und sah Rony feindselig an. Fremde Menschen konnte sie noch weniger leiden als die Menschen, die sie kannte.

„Ich hoffe, die Kinder, die ich gerade rausgeschickt habe, waren nicht von ihnen. Die dürfen nämlich nicht hier im Hof spielen." Herausfordernd reckte sie ihr Warzenkinn Richtung Rony.

„Nee, die gehören sicher nicht zu mir. Gut, dass sie die rausgeworfen haben. Ich kann Kinder nämlich auch nicht ausstehen. Kinder machen nur Lärm und Dreck. Außerdem kosten sie Geld, stinken und rauben einen den Schlaf."

Armin packte Rony am Arm und zog ihn mit sich.

"Komm, wir haben keine Zeit. Wir müssen uns echt beeilen".

Sie gingen nach oben und ließen eine verdutzte Frau Rettenbacher alleine zurück, die sich nicht ganz sicher war, wie sie auf das gerade gehörte reagieren soll?

Als sie außer Sichtweite waren, grinsten die zwei Freunde sich an. Es war ein kurzer Moment der Freude, der im selben Moment vorbei war, als ihnen bewusst wurde, dass sie gerade einen totkranken Hund holen mussten, um in einschläfern zu lassen.

Als sie vor der Wohnungstür standen, war ihnen äußerst mulmig zumute. Sie sahen sich an. Keiner von beiden hatte Lust auf das, was nun auf sie zu kam.

Also blieb nur noch eine letzte – wenn auch grausame - Hoffnung: Das Sissi einfach schon tot war. Friedlich eingeschlafen, zusammengerollt auf dem Küchenboden. Kein Leid mehr, keine Schmerzen, kein Gang zum Tierarzt.

Sie sahen sich an und mussten schlucken. Armin holte tief Luft, als er den Schlüssel ins Schlüsselloch steckte.

Er drehte ihn leise herum und öffnete vorsichtig die Tür. Ganz langsam machte er sie auf, um Sissi nicht zu erschrecken. Das wollte er vermeiden: Sissi jetzt auch noch einen Schreck einzujagen.

Dann wurde ihnen ein Schreck eingejagt, den sie nie mehr vergessen sollten.

Zuerst verstanden beide nicht, was geschah und glaubten nicht richtig gesehen zu haben. Der Schock machte sie sprachlos und nahm ihnen kurzfristig jede Fähigkeit zu reagieren. Es ging alles viel zu schnell.

Die Wohnungstür war noch nicht ganz offen, als ein Schatten aus der Wohnung sprang, zwischen ihnen hindurch zischte und sich das Treppenhaus hinabstürzte. Die beiden hatten noch nicht mal kapiert was geschehen war, als der Schatten schon fast ein Stockwerk tiefer angekommen war.

„Sag mal, das war doch … " stammelte der völlig verdutzte Rony während Armin sich umdrehte und übers Geländer schaute.

„Los hinterher!" zischte er und rannte die Treppen nach unten.

Sie waren zu langsam und hatten keine Chance. Bis sie unten ankamen, war Sissi schon aus dem Haus gelaufen und auf der Straße in irgendeine Richtung verschwunden.

Armin hatte Sissi noch nie rennen sehen. Er konnte es sich beim besten Willen nicht erklären, wie sie so schnell sein konnte. Selbst gesund hätte er ihr solche Höchstleistungen niemals zugetraut. Erst recht nicht mit der Madonna zwischen den Zähnen.

Er stand vor der Hofeinfahrt und blickte verzweifelt hin und her. Rony kam kurz nach ihm an. „Los du links und ich rechts. Irgendwo muss sie ja sein." Die beiden liefen jeder in eine Richtung und rannten von einer Einfahrt zum nächsten Hinterhof. Weiter durch fremde Hauseingänge, zurück auf die Straße, zwischen parkenden Autos und um Mülltonen herum.

Sie rannten um die Häuser, durch die Straßen und riefen immer wieder Sissis Namen. Sie krochen unter Autos, sprachen Passanten an, liefen zurück und wieder in eine andere Richtung. Die Anstrengung brachte sie ins Schwitzen. Was ihnen aber noch viel mehr Schweiß auf die Stirn trieb, war etwas Anderes: Angst! Abgrundtiefe Angst. Nach 30 Minuten trafen sie sich wieder vor Armins Haustür. Jeder aus einer anderen Richtung kommend, und völlig außer Atem.

Keuchend besprachen sie die Situation. Immer deutlicher wurde ihnen, was das alles für Folgen haben könnte. Die Madonna war weg, ihr wichtigstes Pfand. Gerade noch 10 Millionen wert, der Schlüssel die Kirche in die Knie zu zwingen und sie zu nötigen, endlich mal etwas Vernünftiges mit ihrem Reichtum zu machen, oder aber zumindest gut genug, um Sabine zu beeindrucken.

Was hatten sie nicht alles geplant, organisiert und angestellt, um diesen Coup zu landen? Was waren sie nicht für ein enormes Risiko eingegangen? Und jetzt? Das alles konnte doch nicht umsonst gewesen sein?

Was aber noch viel schlimmer war, und ihnen jetzt erst bewusst wurde, während sie sich nach Luft schnappend am Geländer festhielten: Sie waren in ernsthafter Gefahr! Jeder Knallkopf würde die Madonna in Sissis Maul erkennen. Sie war ja seit Tagen auf allen Titelseiten. Sissi konnte sich ja wohl kaum noch wehren, so krank wie sie war. Armin hatte schon oft gehört, dass Sterbende kurz vor ihrem Tod noch einen letzten Energieschub bekommen. Sie fühlen sich plötzlich gesund, können wieder aufstehen, glauben geheilt zu sein und am nächsten Tag sind sie tot.

So war es bei Sissi sicherlich auch. Ein letztes Aufbäumen und dann ab in den Hundehimmel. Vermutlich lag sie gerade unter einem Auto oder Busch, konnte nur noch vor sich hin röcheln und irgendjemand fand sie. Zusammen mit der Madonna. Durch ihre Hundemarke und die Tätowierung im Ohr war sie leicht zu identifizieren. Man würde sehr schnell auf die beiden Täter kommen. Zumindest auf Armin. Dem wurden die Folgen immer deutlicher bewusst. Der Sachschaden betrug nach letzten Schätzungen etwa 750 Millionen Euro. Wie sollte er das zurückzahlen? Man würde ihn nach Amerika ausliefern, und da war das Ticket nach Guantanamo sicher schon gelöst. Das war's. Da war dann auch nix mehr mit Sabine und Briefe schreiben und so.

Armin lief es heiß und kalt den Rücken runter. Er zitterte am ganzen Körper und war völlig ratlos.

„Wir brauchen jetzt einen klaren Kopf", fand Rony als erstes die Sprache wieder. „Und um einen klaren Kopf zu bekommen, sollten wir versuchen uns zu entspannen, und deswegen zurück in die Kneipe gehen."

Er packte Armin am Arm, und zog ihn hinter sich her, die Straße runter. In der Kneipe setzten sie sich an den Tisch im hintersten Eck, und bestellten gleich mal Bier und Schnaps für den klaren Kopf.

„Verdammt, was machen wir jetzt?" Armin war zum Heulen. „Na, erst mal die Situation analysieren. Wie schaut's aus? Die Madonna ist weg. Das ist schon mal doof. Was können wir tun? Wenn der Hund zusammen mit der Madonna gefunden wird, kommen sie sofort auf uns. Können die uns was beweisen?"

Armin sah in verblüfft an.

„Ich mein, wenn wir einfach behaupten, nix mit der Madonna zu tun zu haben? Die kann ja der Hund auch einfach gefunden haben. Die lag halt unter irgendeinem Auto rum, oder so. Kann doch sein, oder? Da sollen die uns erst mal das Gegenteil beweisen, die Deppen."

Rony lehnte sich zurück, verschränkte die Arme hinter seinem Kopf und machte einen auf total selbstsicher.

„Das wird nur leider nicht so funktionieren du Superhirn!" zischte Armin ihn an. „So einfach ist das nicht. Wenn die Bullen bei uns einlaufen, machen die ein paar DNA-Tests und so Zeug. Die finden dann ein paar Fusseln und Krümel von der Madonna in der Wohnung und das war's dann. Wir haben keine Chance. Außer wir schaffen es Sissi zu finden, und zwar schleunigst."

„Möglicherweise hast du Recht, aber trotzdem: Wir brauchen einen Plan, wie wir weitermachen. Lass uns strategisch vorgehen. Außerdem kommen da gerade die Getränke."
Die beiden fingen an, alle Möglichkeiten und die entsprechenden Reaktionen durchzusprechen.

1., Sissi wurde mit der Madonna gefunden: Einfach behaupten, dass Sissi weggelaufen war und man keine Ahnung hatte, woher die Madonna kommt. Problem: DNA-Tests und so weiter würden sie sofort der Lüge überführen.

2., Die Madonna wurde ohne Sissi gefunden: Dann war halt die Madonna weg. Alle umsonst, aber immerhin kein Knast.

3., Sie selbst würden Sissi mit Madonna finden. Das wäre der Idealfall.

4., Sie würden die Madonna ohne Sissi finden: Auch gut. Dann erst mal die Madonna verstecken und danach weiter nach Sissi suchen.

5., Sie würden nur Sissi finden: Dann den Hund sofort zum Einschläfern bringen, um die Spuren zu sich zu verwischen.

Armin war völlig nervös, und kaute jede Möglichkeit immer wieder durch, um sie auf Schwachstellen zu untersuchen, während Rony völlig bekifft war und auch jede Möglichkeit immer wieder durchkaute, allerdings in erster Linie deshalb, weil er ständig durcheinander brachte, was sie gerade besprochen hatten.

Nachdem sie vor lauter Aufregung weitere Schnäpse und Biere in sich hineingeschüttet hatten, kamen sie plötzlich zu der überraschenden Einsicht, dass die mit Abstand dümmste aller Handlungsweisen darin bestand, in der Kneipe rumzusitzen, anstatt nach dem Hund zu suchen.

Diese Erkenntnis fuhr wie der Blitz in die beiden ein, und so sprangen sie auf und rannten zurück auf die Straße.

„Hey Stop!" rief ihnen der Wirt hinterher. „Ihr habt noch nicht bezahlt!" Er war schon lange genug Wirt, um zu wissen, dass die beiden vermutlich nicht zurückkamen. Er war auch lange genug Wirt, um sich so etwas nicht bieten zu lassen. Außerdem kannte er den einen der beiden vom Sehen. Der musste hier irgendwo ums Eck wohnen.

„Euch schnapp ich mir. Darauf könnt ihr euch verlassen ...", murmelte er vor sich hin, und betrachtete seinen Baseballschläger unter der Theke.

65

Während nun Rony und Armin weiter nach Sissi suchten, überschlugen sich anderswo die Ereignisse.

Die Vollhonks rasten mit Blaulicht und Martinshorn über die fast leere Autobahn nach München. Immer wieder wagte Vollmerer halsbrecherische Manöver. Er blinkte nach links, zog völlig unvermittelt auf die rechte Spur und drückte dabei ununterbrochen auf die Hupe.

„Nur so kann man seine Verfolger abschütteln!", brüllte er seinem Kollegen Honkenmöller zu. „Man muss sie verwirren!" Tatsächlich war sein Fahrstil sehr verwirrend. Allerdings nur für normal denkende Menschen. Honkenmöller konnte die Gedankengänge seines Kollegen nachvollziehen. Auch Scharfschützen, die einen Mordanschlag auf sie planten, hätten auf diese Weise keine Chance mehr. Vollmerer ist ein Genie dachte sich Honkenmöller. Ein Genie wie ich selbst, war sein nächster Gedanke.

Eins war klar: Wenn jemand etwas bewegen konnte, waren es sie beide. Deshalb wurden sie ja auch nach München gerufen. Rezbruft hatte extra den Dienstplan geändert und sie losgeschickt. Zu einer Ordensverleihung. Wegen ihres großartigen Einsatzes in der Terrornacht.

Dass die angebliche Ordensverleihung nichts weiter war als ein feiger Mordkomplott, mit dem Ziel diese beiden Hoffungsträger zu vergiften, konnten sie natürlich nicht ahnen. Im Gegenteil: Sie waren sehr erfreut. Endlich ging es los. Endlich wurden sie wahrgenommen. Sie durften sich nur keine Fehler leisten. Aber Fehler machten sie ohnehin nicht.

In diesem Moment meldete sich ihr Vorgesetzter Hauptkommissar Retzbruft über Funk:

"Kollegen Vollmerer und Honkenmöller bitte melden!"

Honkenmöller drehte das Martinshorn etwas leiser und nahm das Funkgerät zur Hand: „Hier Honkenmöller. Roger."

In Altötting verdrehte Retzbruft genervt die Augen. Dieses schwachsinnige „Roger" konnte er den Vollhonks einfach nicht abgewöhnen.

"Es hat sich eine völlig neue Situation ergeben. Ihr glaubt überhaupt nicht, was gerade passiert ist. Ihr bekommt jetzt einen sehr wichtigen Auftrag und ich muss mich 100% auf euch verlassen können!"

Retzbruft wusste, dass „Vollhonks" und „100% verlassen können" in sich ein Widerspruch war, aber er hatte keine Wahl.

„Ay, Ay Sir, haben verstanden. Roger, Over und Ende", antwortete Honkenmöller und schaltete das Funkgerät aus, ohne nachzufragen, um was es überhaupt ging?

66

Nachdem Armin und Rony zunächst noch wie die Wahnsinnigen in der Gegend rumgelaufen waren, gaben sie die Suche nach Sissi irgendwann auf und gingen zurück zur Wohnung. Und genau vor der Wohnungstür saß der Hund und glotzte den Fußabstreifer an.

Von der Madonna keine Spur. Die beiden wussten was zu tun war. Rony hob den Hund auf und trug ihn vorsichtig nach unten, während Armin schon voraus lief, um das Auto zu holen. Es musste jetzt ganz schnell gehen. Sissi musste möglichst sofort eingeschläfert und entsorgt werden. Schon allein wegen Guantanamo und den Geheimdiensten galt es keine Zeit zu verlieren. Spuren verwischen war die Devise. So schnell sie konnten fuhren sie in die Tierarztpraxis.

„Wollen sie mich verarschen?" Die Tierärztin Frau Dr. Lehmann sah die beiden mit funkelnden Augen an. „Das ist nicht der Hund, mit dem sie letztes Mal hier waren. Wo ist die versteckte Kamera?"

Rony und Armin sahen sich fragend an. Was meinte die Ärztin? Wieso nicht der gleiche Hund? Wenn man Sissi irgendwas zugestehen konnte, war es, dass sie wirklich einmalig war. So etwas gab es nicht nochmal.

„Äh ... ich verstehe nicht ..." stammelte Armin los. Hilfesuchend drehte er sich zu Rony, der aber auch nicht verstand, was die Tierärztin wollte.

„Sie waren vor drei Wochen mit ihrem Hund bei mir. Der Hund war völlig vom Krebs zerfressen und wir haben das Einschläfern nur deshalb noch so lange hinausgezögert, damit ich sein Frauchen informieren kann, und sie es eventuell noch schafft sich von ihrem Hund zu verabschieden. Nur deswegen haben wir das arme Tier nicht sofort eingeschläfert, was eigentlich das Vernünftigste und Humanste gewesen wäre. Und jetzt kommen sie und präsentieren mir einen anderen Hund, den ich einschläfern soll. Ich verstehe ihren Humor nicht."

„Aber das ist kein anderer Hund", widersprach Armin. „Das ist Sissi Schwarovski. Genau wie letztes Mal. Ich kenn das Tier doch." Armin fing an sich zu fragen, wer hier eigentlich wen verarscht?

„Herr B ..." Frau Lehmann beugte sich mit verschränkten Armen nach vorne. Sie sprach ganz langsam und nachdrücklich:"... ich gebe ja zu, dass dieser Hund dem Hund vom letzten Mal sehr ähnlich sieht. Vielleicht sind sie ja geklont, oder was weiß ich. Aber dieser Hund hier ist nicht krank. Im Gegenteil. Ich habe selten so ein putzmunteres Exemplar hier in meiner Tierarztpraxis gehabt."

„Moment Mal! Ich war vor drei Wochen hier, sie haben den Hund mit Ultraschall und Röntgen und allem möglichen untersucht, mir erklärt, dass er todsterbenskrank ist und eingeschläfert werden muss. Jetzt merken sie, dass sie sich getäuscht haben, eine falsche Diagnose abgeliefert haben und unterstellen mir, dass ich sie verarschen will?"

„Ich habe keine falsche Diagnose abgeliefert. Hier ist der Beweis. Alles voller Tumore. Völlig verkrebst das arme Vieh!" Frau Lehmann fuchtelte mit den Röntgenbildern des letzten Besuches vor Armins Gesicht herum. „Und jetzt habe ich gerade den Hund nochmal durchleuchtet, nur weil es mich interessiert hatte, wie stark der Krebs in letzter Zeit gewuchert ist, und plötzlich ist da kein Krebs mehr." Triumphierend hielt sie nun die aktuellen Aufnahmen nach oben.

„Also erzählen sie mir bitte nicht, dass sie mich nicht verarschen wollen. Sehr riskant übrigens, ihr Spielchen. Fast hätte ich den gesunden Hund eingeschläfert. Wo ist die echte Sissi Schwarovski eigentlich? Vermutlich schon verstorben, oder?"

„Nein, nicht verstorben. Sie sitzt vor ihnen auf den Boden."

„Wissen sie was, sie Witzbold? Ich habe jetzt echt keine Lust mehr. Man kann Hunde ja klonen, und dann schauen sie sich täuschend ähnlich. Aber nur der Laie erkennt den Unterschied nicht. Ich wiederum ...", Frau Lehmann zeigte auf sich selbst „... bin nicht so leicht zu täuschen. Denn selbst bei geklonten Tieren ist der Knochenaufbau nie identisch. Die Struktur ist immer ein wenig unterschiedlich, und das kann auch der letzte Depp erkennen, wenn er die Röntgenbilder vergleicht."

Damit schob sie die Röntgenbilder nebeneinander in den Leuchtkasten und winkte die beiden zu sich. Zu dritt standen sie nun davor und Frau Lehmann zeigte mit ihrem Kugelschreiber auf das hintere Hüftgelenk.

„Hier zum Beispiel sieht man ganz deutlich ... äh nein ... also dann halt da ... nein, das gibt's doch nicht ... also gut, dann eben eine andere Stelle ... verdammt... das kann doch nicht ... sowas hab' ich ja in meiner ganzen Laufbahn noch nicht ... irgendwo muss es doch einen Unterschied ... ich glaub's einfach nicht ... also das ist ja ein ... eine medizinische Sensation, wenn das wirklich der gleiche Hund ist. Das muss unbedingt in Fachkreisen veröffentlicht werden. Ich kann es nicht glauben. Es ist ... es ist ... es ist ein Wunder."

Dann brachte sie kein Wort mehr heraus. Frau Lehmann schaute nur noch zwischen den Aufnahmen hin und her, schüttelte den Kopf und bekreuzigte sich.

Armin und Rony starrten sich an. Wenn das wirklich ein medizinisches Wunder war, und Frau Lehmann das alles veröffentlich wollte, hatten sie ein Riesenproblem: Wie konnte es sein, dass der Hund geheilt wurde? Was macht der Hund denn sonst so? Gab es nicht Zeugen, die ihn mit der Madonna im Maul beobachtet hatten? Hier stimmt doch was nicht. Das muss untersucht werden. Am besten gleich das BKA anrufen?

Egal, wie man es drehen und wenden wollte, die beiden waren in höchster Gefahr. Rony handelte zuerst:

„April, April! War nur ein Scherz, haha. Reingefallen! Versteckte Kamera und so. Wir wollten sie nur testen hihihi. Komm Sissi, wir müssen zum nächsten Tierarzt. Weitertesten. Nix verraten, gell, hihihi." Damit schnappte er sich

Sissi, hob sie hoch und rannte zur Tür raus. Frau Lehmann stand ziemlich verdattert da, und merkte nicht was Armin hinter ihrem Rücken machte, bevor auch er aus der Praxis stürmte.

Kaum waren die beiden draußen, kehrte eine gespenstische Ruhe im Behandlungszimmer ein. Frau Lehmann war völlig perplex. Was war da los?

Erst kommt der Typ mit diesem ekligen Hund, der stinkt, dass es der Sau graust, dann knallt er die schwerkranke Kreatur so gegen der PC, dass selbiger kaputtgeht und drei Wochen später kommt er mit einer gesunden geklonten Variante, die nicht mehr stinkt und will diese einschläfern lassen. Erst denkt Frau Lehmann, es ist der kranke Hund, dann stellt sie fest, dass der Hund gesund ist. Weil sie schlau ist, merkt sie, dass da etwas nicht stimmt, will den Betrug entlarven und stellt fest, dass hier scheinbar so etwas wie ein Wunder passiert ist. Und kaum will sie es untersuchen, behauptet der Freund, dass alles nur ein Scherz war und beide rennen wie von der Tarantel gestochen nach draußen. Hier war irgendwas oberfaul. Es gab nur eine Möglichkeit: Sie musste die Röntgenbilder von einem unabhängigen Gutachter untersuchen lassen. Frau Lehmann drehte sich um, und ging zum Leuchtkasten.

Sie wurde kreidebleich, als sie feststellte, dass die Röntgenbilder nicht mehr da waren.

67

Der bayrische Minister für Heimat.- und Sachkunde, Dr.Martin Sümmer war äußerst gutgelaunt. Schließlich ging er gerade seiner Lieblingsbeschäftigung nach: Er weihte einen Mittelpunkt ein. Vor ein paar Jahren hatte ein Amtskollege die Idee, den geographischen Mittelpunkt Bayerns mit einer Gedenktafel zu markieren. Die politische Anerkennung für diese Handlung und das internationale Presseecho waren so enorm, dass er beschloss, weiter Mittelpunkte zu finden und einzuweihen.

Zunächst machte er mit den Mittelpunkten der Bayerischen Regierungsbezirke weiter, und dann kamen alle größeren Städte dran. Sümmer übernahm die Idee und suchte seinerseits nach weiteren Mittelpunkten. Er weihte die Mittelpunkte von allen möglichen Landstrichen und Industriegebieten ein und schließlich kam sogar der Mittelpunkt des nach dem Tschernobyl-Fallout am stärksten radioaktiv belasteten Teils Bayerns an die Reihe.

Heute stand der Mittelpunkt des Starnberger Sees auf dem Programm. Begleitet von seinem Staatssekretär, ein paar Lokalreportern und einem Kamerateam von Bayern TV saß er auf einem Boot und genoss die Situation. Gerade hatte er erfahren, dass sein Lebenstraum in Erfüllung gehen würde und es nur noch eine Frage der Zeit war, bis er das Amt des Ministerpräsidenten bekleiden würde.

Der Kameramann des Fernsehteams wiederum war weniger gutgelaunt. Ihm ging das Ganze komplett auf die Nerven. Er musste höllisch aufpassen, den Moment, in dem Minister Sümmer die Gedenktafel ins Wasser schmiss, mit der Kamera genau einzufangen. Der See war an dieser Stelle über 100 Meter tief, und die Aktion ließ sich somit auf keinen Fall wiederholen.

Was noch schlimmer war: Vorher musste er die Ansprache des Ministers über sich ergehen lassen, und dabei höchst aufmerksam und interessiert dreinschauen. In Ermangelung von wirklich interessierten Zuschauern, richtete der Minister seine Ansprache an die Reporter, seinen Staatssekretär und das Kamerateam. Wohl wissend, dass der Fernsehsender aus den Filmaufnahmen später noch einen spannenden Beitrag für die Bayernschau produzieren würde.

„Schon König Ludwig der Zweite liebte den Starnberger See … " begann Minister Sümmer seine Rede, um danach direkt in die Aneinanderreihung der üblichen Textbausteine überzugehen:

" … Bayerische Landschaft … Natur … Berge und Seen … Hat die CSU gemacht … Heimat … Wir in Bayern … Technik … Zukunft … christlich … Obergrenze … Tradition … Trachten … Wohlstand … Ich … Mittelpunkt … Bayern … CSU … Sicherheit … Spitzenreiter … Bürger … Sorgen ernstnehmen … Bildung … Bescheidenheit … Bayern im Allgemeinen … Prost… und nochmal ich … weihe hiermit feierlich den Mittelpunkt ein."

Daraufhin schmiss er, unter tosendem Applaus seines Staatssekretärs die Gedenktafel über Bord.

Der Kameramann war froh, dass die Prozedur endlich vorbei war und er alles gut im Kasten hatte. Trotzdem wurde seine Laune nicht besser. Ihm ging das Ganze inzwischen einfach nur noch auf den Wecker. Er fragte sich, warum der Minister für Heimat.-und Sachkunde nicht einfach den Mittelpunkt des Universums einweihen könnte? Da bräuchte er sich nur eine Gedenktafel an den Hinterkopf zu schrauben und das Thema wäre ein für alle Mal erledigt, dachte er gerade, als das Handy des Staatssekretärs klingelte.

Dieser hielt es wichtigtuerisch mit abgestrecktem Ellbogen an sein Ohr und meldete sich unwirsch. „Ja!" blaffte er in sein Telefon, dessen Geklingel ihn gerade den erbaulichsten Moment des Tages versaut hatte. Dann nochmal: "Ja." Sein Gesichtsausdruck führte dazu, dass plötzlich alle Gespräche verstummten. Selbst der Minister schenkte ihm seine volle Aufmerksamkeit, als sein Gesicht erst rot dann weiß

und dann wieder rot wurde. Er stammelte nur noch ins Telefon: „Was? ... Wie? ... Sind sie 100% sicher? ... Sofort? ... Ja natürlich ... Warum? ... Wann? ... Jetzt? Selbstverständlich! ... Sagen sie sofort alle Termine des Ministers ab!" Dann legte er auf.
Alle blickten ihn fragend an. Der Staatssekretär war sich noch nie in seinem Leben seiner Wichtigkeit so bewusst wie in diesem Moment. Staatstragend richtete er sein Wort an seinen Vorgesetzten: „Herr Minister, halten sie sich fest: Sie glauben gar nicht was gerade passiert ist."

68

„Herzlich willkommen, einen schönen guten Abend liebes Publikum und liebe Zuschauer daheim an den Fernsehgeräten!"
Ein gutgelaunter, dynamischer Moderator, der offensichtlich vor Kurzem noch auf einer Sonnenbank gelegen hatte, sprang auf die Bühne und freute sich über den tosenden Applaus.
„Wir begrüßen unsere Fachmänner und natürlich auch die Fachfrauen ... hahaha, um gemeinsam zu überlegen, wie man der katholischen Kirche helfen kann, nach diesem furchtbaren Schicksalsschlag wieder auf die Beine zu kommen? Damit sie sich schon bald wieder um die Sache kümmern kann, die ihre eigentliche Aufgabe ist: Gutes tun und Menschen helfen! Hierfür brauchen wir in erster Linie Geld und so hoffen wir doch heute im Laufe des Abends auf ihre Spendenbereitschaft und auf ihre Unterstützung. Denn wir alle wissen doch ganz tief in unseren Herzen: Irgendwo da draußen gibt es jemanden, der meine Hilfe braucht und auf meine Großzügigkeit angewiesen ist."
Erneut tosender Applaus. Die Bildregie blendete Aufnahmen von Zuschauern ein, die sich ein paar Tränen aus den

Augen wischen. Alles wie geplant. Die Spendengala lief gut an und man war voller Hoffnung, dass sie ein großer Erfolg werden würde.

Die Konkurrenzveranstaltungen im Privatfernsehen waren ebenso ein Riesenerfolg. Zumindest für die Fernsehsender. Für die Katholische Kirche wurden sie beinahe zum absoluten Desaster.

Zunächst ging es dort nochmal um die Frage, wie hoch der Sachschaden eigentlich einzuschätzen sei?

Die zugeschalteten Fachmänner waren sich einig, dass der Schaden mindestens doppelt so hoch sei, wie bei der Brandkatastrophe von Notre Dame in Paris. Die bisher veranschlagten 850 Millionen Euro würden also bei weitem nicht ausreichen. Leider waren die Gotteshäuser aber nicht versichert und so stellt sich nun die Frage, wer das denn bitte alles zahlen soll?

Danach wurde ausgiebig darüber diskutiert, wieviel Geld die Katholische Kirche denn nun eigentlich besitzt? Sie selbst konnte darauf keine Antwort geben, da sie es angeblich nicht wisse. Diverse Fachmänner und Journalisten waren sich allerding einig, dass das Gesamtvermögen der katholischen Kirche in Deutschland auf mindestens 200 Milliarden Euro taxiert werden könne. Das sind etwa 10 % des Vermögens der katholischen Kirche weltweit, das auf ca. 2 Billionen geschätzt wird.

Der Sachschaden in Altötting entspräche also weit weniger als 0,05 % des Kirchenbesitzes. Von daher dürfe doch die Frage erlaubt sein, ob die Kirche das nicht einfach „aus der Portokasse" zahlen könne?

Hier musste der anwesende Bischof allerdings mit großem Bedauern widersprechen. Die Gotteshäuser in Altötting seien ja gar keine rein katholischen Einrichtungen, sondern ein Tourismusmagnet, der Menschen aus aller Welt und von allen Konfessionen anzieht.

Von daher ist die katholische Kirche nicht in der Pflicht, für den Sachschaden aufzukommen. Dies sei eine Angelegenheit des Staates und der Öffentlichen Hand. Im Übrigen sei dies auch genau dieselbe Argumentation, warum man für den Wiederaufbau von Notre Dame auch keinen einzigen Cent beigesteuert habe.

Nachdem man in dieser Angelegenheit also keinerlei Kompromiss erlangen konnte, sollte endlich die Frage diskutiert werden, wegen der die ganzen Fernsehshows überhaupt veranstaltet wurden:

Was kann man mit dem Geld der Katholischen Kirche Sinnvolles anstellen?

Noch bevor eine vernünftige Diskussion begann, meldete sich ein hoher geistiger Würdenträger aus dem Bistum Regensburg zu Wort und wurde auf einer Videoleinwand zugeschaltet:

Er gab zu Protokoll, dass der ganze Madonnenraub vermutlich das Werk von Alt-68ern sei, die ja schon für den sexuellen Missbrauch von Kindern durch katholische Geistliche verantwortlich gemacht wurden. Und zwar nicht von irgend jemanden, sondern immerhin vom ehemaligen Papst Benedikt persönlich.

Nun wolle man also die Kirche auch noch finanziell ruinieren. Er sehe darin das Werk des Satans und biete hiermit an, vor laufender Kamera eine Teufelsaustreibung vorzunehmen.

Das war das Stichwort für die Regie der Fernsehshow, die endlich einen Zuspieler senden konnte, den sie vorsichtshalber vorbereitet hatte. Darin ging es um den sexuellen Missbrauch von Kindern und Jugendlichen durch katholische Amtsträger und die anschließenden Vertuschungsversuche seitens der Kirche.

Hatte der Missbrauchsskandal die Kirche nun schon sehr viel Sympathien, Mitglieder und Geld gekostet, wurde die

Diskussion um ihre Finanzen langsam zum Desaster. Der absolute Super-GAU bahnte sich an.

Währenddessen machte im Internet eine Petition die Runde, in der die Kirche aufgefordert wurde, es ihren Mitgliedern freizustellen, ob sie überhaupt noch Kirchensteuer zahlen wollen.

Gegen Ende der Sendung hatten schon mehr als 750.000 Menschen unterzeichnet und die Kirche vor die Wahl gestellt:

Entweder ihr verzichtet künftig auf die Steuereinnahmen von 750.000 Mitgliedern, oder ihr verzichtet künftig auf 750.000 Mitglieder plus deren Steuereinnahmen.

Während der Ausstrahlung durften die Zuschauer online Vorschläge einreichen, was man mit dem Reichtum der Kirche machen könne und auch darüber abstimmen.

Ein heiß diskutierter Vorschlag war folgender:

Laut Unicef leben weltweit 385 Millionen Kinder in extremer Armut. Geht man von 1.-/Kind/Tag aus, um ihm eine Schulausbildung und eine Zukunft zu ermöglichen, käme man etwa auf 1,4 Billionen Euro um 10 Jahre lang so ein Projekt finanzieren.

„Dann blieben der Kirche aber immer noch 600 Milliarden übrig", rechnete der Moderator vor.

„Das ist zwar nicht viel, aber für Franz-Peter Tebartz-van Elst wird's schon reichen", schrieb ein boshafter Mensch in einem Internetkommentar.

Allerdings konnte der Vorschlag nicht zur Abstimmung zugelassen werden, da man ja nur über den Reichtum der Deutschen Katholischen Kirche reden wollte.

Aber mit deren Geld könne man ja immerhin noch 54 Millionen Kindern eine Zukunft finanzieren, erklärte ein Fachmann.

Ein anderer Vorschlag ging noch etwas weiter: Zunächst wurde kritisiert, warum alle immer nur auf der katholischen Kirche herumhacken würden? Die evangelische wäre ja auch nicht arm, und auch hier würden zig Milliarden einfach nur unnütz gehortet, statt etwas Vernünftiges damit anzustellen. Auch dieses Geld möge man doch bitte heranziehen.

Jetzt meldete sich auch noch ein Politiker zu Wort, der folgende Rechnung aufmachte:

Würde man das Privatvermögen der Superreichen in Deutschland auf eine Milliarde (sic!) pro Person oder Familie beschränken und den Rest des Geldes der Öffentlichen Hand zuführen, käme man auf Einnahmen in Höhe von 447 Milliarden Euro. Betroffen wären von dieser Aktion im Übrigen nur 156 Familien oder Einzelpersonen, die dann allerdings mit nur noch je einer Milliarde Euro über die Runden kommen müssten.

Zusammen mit dem Geld der Kirchen käme man also auf ca.850 Milliarden Euro. Alleine in Deutschland.

Damit könne man doch ganz locker die Welt retten.

(Der Vorschlag, doch mal die Superreichen zur Kasse zu bitten, löste bei selbigen eine kurzfristige Panik aus. Plötzlich wurden riesige Spenden angekündigt, um den Wiederaufbau von Altötting zu finanzieren. Die Spendengala im ZDF wurde ein enormer Erfolg.)

Auch dieser Vorschlag wurde disqualifiziert, da ja die Evangelische Kirche gar nicht zur Debatte stand und die Superreichen ihr Geld ja schließlich auch ehrlich verdient und hart erarbeitet hätten. Hier würde nur wieder die typisch deutsche Neiddebatte bedient und im Übrigen zeige ja die Spendenbereitschaft für Altötting, wie großzügig diese Menschen tatsächlich sind.

So blieben am Schluss drei Vorschläge übrig, über die abgestimmt werden sollte:

Der Vorschlag das ganze Geld in Klimaprojekte zu stecken, um die Schöpfung zu bewahren, der Vorschlag für 54 Millionen Kinder eine Patenschaft zu übernehmen und der Vorschlag, den DIE PARTEI eingereicht hatte: Freibier für alle!

Die Fernsehshow war so konzipiert, dass der Gewinnervorschlag am Ende der Sendung offiziell dem Vatikan und der deutschen Bischofskonferenz vorgelegt werden sollte, mit der freundlichen Bitte um eine Stellungnahme.

Noch kurz einen Werbeblock („Bleiben sie dran, gleich wird es spannend") und ... Achtung, gleich erfahren sie es ... die Spannung steigt ins Unermessliche ... genau in diesem Moment kam die Eilmeldung über den Ticker und schlug ein wie eine Bombe:

Die Schwarze Madonna von Altötting ist unversehrt aufgetaucht!

Das warf nicht nur plötzlich gänzlich andere Fragen auf, sondern auch die Sendungsplanung komplett über den Haufen. Nun gab es völlig neue Themenschwerpunkte, die in der Fernsehshow diskutiert werden mussten:

Wie geht es der Madonna? Ist ihr Bein noch dran? Wo ist sie aufgetaucht? Was wissen wir – und was nicht? Ist es ein Zeichen Gottes, dass ausgerechnet Minister Sümmer an ihrer Rettung beteiligt war? Was sagen Daniela Katzenberger und Michael Wendler dazu?

Etliche Vertreter der Kirche, die schön völlig zittrig vor den Fernsehgeräten saßen, atmeten erleichtert auf:

Ein Wunder war geschehen! Maria hat geholfen.

69

Hier ist BR24 mit einer Eilmeldung: Die Schwarze Madonna von Altötting ist unversehrt wieder aufgetaucht. In ganz Bayern sind heute Abend Gottesdienste angekündigt, um sich für die Rückkehr der Marienfigur zu bedanken. Ausführliche Informationen in Kürze hier bei uns im Programm.

70

Während Armin und Rony bei ihrem Versuch Sissi von Schwarovski einschläfern zu lassen kläglich scheiterten, überschlugen sich außerhalb der Tierarztpraxis von Frau Dr. Lehmann die Ereignisse.

Gegen 17 Uhr ging bei der Polizeiinspektion Altötting der Anruf einer Dame ein, die behauptete die Schwarze Madonna gefunden zu haben. Da die Beschreibung des Fundstückes sehr genau und detailliert war, nahm man die Sache ernst und entschied, dass es wohl am besten wäre, die Madonna direkt abzuholen und zurück nach Altötting zu bringen.

Der Altöttinger Polizeichef Ferdinand Rezbruft, rief also widerwillig seine Untergebenen Vollmerer und Honkenkmöller an, die sowieso gerade auf dem Weg zu ihrer angeblichen Ordensverleihung nach München waren, um sie zu beauftragen sich der Sache anzunehmen. Der Auftrag barg zwar die Gefahr, dass die beiden auch hier wieder alles vergeigten, hatte aber den Vorteil, dass sie so nicht bei ihrer eigenen Ordensverleihung erscheinen konnten. Mit dieser hatten sie nämlich inzwischen die ganze Altöttinger Polizeiwache in den Wahnsinn getrieben, da sie von nichts anderem mehr sprachen. Sie hatten sich schon Orden aus Pappe gebastelt, mit denen sie die Verleihung immer wieder probten, und diskutierten ständig darüber, an welcher Stelle der Uniform die Orden wohl am besten zur Geltung kämen.

Die Anordnung, die Madonna abzuholen war leider nicht so einfach zu übermitteln, wie geplant, da Honkenmöller mit einem saudummen „Roger, Over und Ende" den Polizeifunk abgeschaltet hatte, bevor man ihnen genauere Instruktionen geben konnte. Zunächst schien es äußerst problematisch, die private Handynummer von wenigstens einem der beiden herauszufinden, da keiner der Kollegen die Nummern hatte.

Die zwei Vollhonks hatten - zum Leidwesen ihrer Mitmenschen - schon früh erkannt, dass sich die Wichtigkeit einer Person und ihr Stellenwert im allgemeinen sozialen Gefüge dadurch definiert, wie oft das Handy klingelt. Da aber niemand bei den beiden anrief, hatten sie sich angewöhnt, sich abwechselnd mit Privattelefonaten bei Laune zu halten. An guten Tagen riefen sie sich bis zu zehn Mal gegenseitig an, auch wenn sie im gleichen Raum saßen.

In den sozialen Medien wiederum hatten sie es mit 27 Whatsapp-Gruppen, in denen nur sie beide Mitglied waren, vermutlich auf einen weltweiten Rekord gebracht. In 14 Gruppen war Honkenmöller Administrator, während Vollmerer es nur auf 13 Gruppen brachte, was ihn immer wieder in Schwermut stürzte. Damit sie mit den unterschiedlichen Gruppen nicht durcheinandergerieten, wurde hier absolute „Funkdisziplin" vereinbart. Es war strengstens verboten, etwas in eine Gruppe zu posten, das thematisch in eine andere Gruppe gehörte. Die beiden hielten sich penibel daran.

Die Lieblingsgruppen waren „Mittagessen", „Witz des Tages" und „Tatort". Bei der „Witz des Tages"-Gruppe durfte immer abwechselnd einer der beiden einen Witz posten. Heute war Honkenmöller dran:

"Wozu braucht der Polizist eine Schere? Um den Einbrechern den Weg abzuschneiden." Vollmerer klopfte sich mehrmals vor Lachen auf den Oberschenkel und antwortete mit einem Daumen hoch und drei Smilys.

In der „Tatort"-Gruppe hingegen wurde jeden Sonntagabend darüber diskutiert, welche strategischen Fehler die Tatort-Kommissare begangen hatten, wie die beiden selbst den Fall viel schneller gelöst hätten, oder welche Tricks man sich für die zukünftige Polizeiarbeit abschauen konnte.

Der Hauptgrund, warum keiner der anderen Polizisten die Privatnummern der Vollhonks hatte, lag darin, dass keiner sie brauchte.

Aber die Polizei wäre nicht die Polizei, wenn sie nicht in der Lage gewesen wäre eine Telefonnummer herauszubekommen, und so konnte man Honkenmöller auf seinem Handy („Ein echtes i-Phone!" wie er immer wieder stolz betonte) anrufen.

Die Vollhonks fuhren also nach München, gingen nicht zu ihrer eigenen Ordensverleihung, entgingen dadurch einem Mordanschlag, holten die Madonna und die Finderin ab und fuhren zurück nach Altötting.

Zeitgleich wurde der Minister für Heimat.- und Sachkunde informiert, der gerade dabei war, den Mittelpunkt des Starnberger Sees einzuweihen. Dieser erkannte sofort die Wichtigkeit der Situation und der damit verbundenen Möglichkeit, sein Gesicht in die Pressekameras halten zu können, sagte alle restlichen Termine des Tages ab und fuhr – ebenso wie die Polizeibeamten Vollmerer und Honkenmöller – mit Blaulicht und Martinshorn nach Altötting, wo alle gleichzeitig am Kapellplatz eintrafen. Und hier entstand nun ein Foto, dass um die Welt gehen sollte:

In der Mitte des Bildes war eine kleine, ältere Dame zu sehen, die einen braun/orange gemusterten Haushaltskittel trug, und die Madonna mit beiden Armen, wie ein Fußballer einen Pokal, nach oben hielt. Links von ihr stand der Polizeibeamte Vollmerer, der leicht in die Knie ging, seinen Arm um ihre Schultern gelegt hatte und mit der freien Hand ein Daumen-Hoch-Zeichen in die Kamera machte. Seine Lippen waren zu einem großem „O" geformt.

Rechts der Finderin stand Honkenmöller, der auch ein Daumen-Hoch-Zeichen machte, mit der anderen Hand ein Victory Zeichen formte und etwas dämlich in die Kamera grinste. Leider platzierte er das Victory Zeichen so, dass der Eindruck entstand, er würde der Finderin Hasenohren machen. Hinter der alten Dame stand der auffällig große Minister für Heimat.- und Sachkunde, der engelsgleich seine Arme ausbreitete und seine Hände auf den Schultern der beiden Polizeibeamten abgelegt hatte. Auch er grinste bis über beide Ohren, als sich die Vertreter der Presse um sie scharten.

Dieses Foto war nun am nächsten Tag auf allen Titelseiten abgedruckt, und in sämtlichen Überschriften kam entweder das Wort „Wunder" oder das Wort „Helden" vor. Oder beide Wörter.

Auch die Artikel unter den Bildern ähnelten sich in ihrem Inhalt:

„DAS WUNDER VON ALTÖTTING: GESTOHLENE MADONNA KEHRT ZURÜCK!"

Altötting: Die vor Kurzem gestohlene Schwarze Madonna von Altötting ist wieder da. Wie durch ein Wunder wurde sie wohlbehalten gefunden und von zwei heldenhaften Polizisten zurück nach Altötting gebracht. Die Schwarze Madonna ist somit der einzige nennenswerte sakrale Gegenstand von Altötting, der in der sogenannten Terrornacht nicht zu Schaden kam. Wie schon mehrmals berichtet, sind am Samstag vor zwei Wochen in Altötting mehr oder weniger alle wichtigen katholischen Gebäude und Einrichtungen in Schutt und Asche gelegt worden. Nahezu alle Kirchen sind bis auf die Grundmauern niedergebrand und müssen teilweise komplett abgerissen werden. Nach neuesten

Schätzungen beträgt der Gesamtschaden etwa 1,2 Milliarden Euro. Inzwischen laufen die Aufräumarbeiten auf Hochtouren. Wenn alles wiederaufgebaut ist, soll die Schwarze Madonna an ihren angestammten Platz zurückkehren. In vielen bayerischen Städten gibt es heute Dankesgottesdienste und Prozessionen zu Ehren der Heiligen Jungfrau Maria.

„Heldenhafte Polizisten sollen Orden bekommen!"
Die beiden Polizisten Stefan Vollmerer und Oliver Honkenmöller sollen nach Berichten des Bayerischen Rundfunks den Bayerischen Verdienstorden bekommen. Vollmerer und Honkenmöller erlangten weltweite Berühmtheit, als sie mit der Schwarzen Madonna zurück nach Altötting fuhren. Angeblich hatten sie schon in der sogenannten Terrornacht von Altötting Übermenschliches geleistet und noch Schlimmeres verhindert. Ihr heldenhafter Einsatz soll Anerkennung finden, sagte der Bayerische Minister für Heimat.- und Sachkunde Dr.Martin Sümmer.

„Finderin der Schwarzen Madonna rührt Deutschland zu Tränen!"
Frau Rettenbacher, die Finderin der Schwarzen Madonna von Altötting rührt mit ihrer Großzügigkeit Deutschland zu Tränen. Lesen sie hierzu unser Exklusivinterview:

Frau Rettenbacher, sie sind die Heldin der Stunde. Ganz Deutschland, oder besser gesagt die ganze Welt ist ihnen dankbar. Bitte erzählen sie uns, wie sie die Madonna gefunden haben.
Ich ging bei uns wie immer durch den Hof um zu kontrollieren, ob alles in Ordnung ist. Plötzlich sah ich den Hund eines Mieters aus dem Gebüsch hinter dem Komposthaufen kommen. Mir kam das gleich verdächtig vor, und ich wollte nachschauen, was da los ist? Ganz hinten im Eck sah ich dann die Madonna liegen. Ich habe sie sofort erkannt, an

mich genommen und bin zurück ins Haus. Da habe ich dann gleich bei der Polizei in Altötting angerufen und Meldung gemacht, so wie es meine Pflicht ist.

Wie ging es weiter?

Schon kurze Zeit später kamen die zwei Polizisten und holten uns ab. Die beiden Beamten waren übrigens sehr nett und machten auf mich einen äußerst kompetenten Eindruck. Dann ging es mit Blaulicht und Tatütata nach Altötting. Das war ein richtiges Abenteuer.

Und dann?

In Altötting kam dann auch schon der Herr Minister Sümmer zu uns. Ein sehr fescher Mann, muss ich sagen. Leider konnte ich mich nicht länger mit ihm unterhalten. Kaum waren die Pressevertreter weg, musste er auch schon wieder los. Aber ich habe ja ein paar schöne Andenkenfotos mit ihm, und er hat noch zu mir gesagt, dass ich wohl den Bayerischen Verdienstorden bekommen werde. Das macht mich schon ein wenig stolz.

Na, den Orden haben sie ja sicher auch verdient. Nun zu etwas Anderem: Die katholische Kirche hat eine Million Euro Finderlohn auf die Madonna ausgesetzt. Die stehen ihnen offensichtlich zu. Was machen sie mit all dem Geld?

Ach, wissen sie, eigentlich brauche ich das Geld gar nicht, da ich ja schon sehr wohlhabend bin. Mir gehören mehrere Wohnblöcke in München. Da sprudelt das Geld ja nur so heraus (lacht). Aber die Million nehme ich natürlich trotzdem gerne an. Es ist ja heiliges Geld, wenn man so will. Ich werde es anlegen, und wenn ich tot bin, erbt das alles wieder die Kirche. Ich gebe es sozusagen verzinst zurück. Aber nicht nur die eine Million bekommt sie von mir. Nein, ich habe heute den Entschluss gefasst, mein ganzes Vermögen der Kirche zu vermachen. Also, alle Wohnungen, Häuser und so weiter. Ich werd' natürlich noch rechtzeitig den Mietzins anpassen, damit sich das auch lohnt. Ich denke, das ist doch bei der Kirche alles am besten aufgehoben. Der Herrgott wird mir das schon vergelten, oder?

Davon sind wir überzeugt. Nun hat sie ja der Hund auf die Fährte zur Madonna gebracht. Bekommt er auch etwas zur Belohnung?

Ja, ich habe heute ein großes Stück Lachs gekauft, und ihm heimlich gegeben. Es sollte schon etwas Feines sein. Sein Herrchen wird sich wundern, wenn der Hund gar keinen Hunger mehr hat (lacht).

Da ist aber sehr großzügig von ihnen. Haben sie eine Ahnung davon, wie die Madonna hinter ihren Komposthaufen kam?

Ehrlich gesagt nicht. Aber es ist sicher kein Zufall, dass ausgerechnet ich sie gefunden habe. Das hat der Liebe Gott offensichtlich so gewollt. Wirklich verstehen kann man das ja alles nicht. Irgendwie ist es schon ein Wunder, oder?

Da haben sie sicher Recht. Frau Rettenbacher, wir danken ihnen für das Gespräch.

71

„Ja, der Herr Minister für Heimat.-und Sachkunde ruft persönlich bei mir an. Ja, das ist aber eine große Ehre! Womit darf ich denn dienen Herr Dr.Sümmer?"

Rezbruft war sofort auf der Hut, als ihm der Anruf des Ministers angekündigt wurde. Da war auf jeden Fall maximales Rumgeschleime angesagt. Mit Sümmer konnte man nicht spaßen. Es war allgemein bekannt, dass er alles und jeden seiner Kariere unterordnet. Außerdem wurde gemunkelt, dass er zu Schmutzeleien neigt.

„Ja, schönen guten Tag Herr Rezbruft. Ich rufe an, weil ich ihre hochgeschätzte Meinung einholen wollte. Es geht um eine wichtige Entscheidung."

Bei Rezbruft klingelten alle Alarmglocken. Hochgeschätzte Meinung. Wenn er sowas schon aus Sümmers

Mund hörte. Sümmer schätzte nur eine Meinung, und das war seine eigene. Wenn er Rezbruft nach seiner Meinung fragte, wollte er sich bestenfalls absichern, oder Informationen bekommen, die er dann in irgendwelchen Dossiers sammelte.

„Also Herr Minister, es ist mir natürlich eine große Ehre, wenn ich ihnen irgendwo weiterhelfen kann, aber ich kann mir nicht vorstellen ... "

„Es geht um Folgendes", unterbrach Sümmer ihn. „Sie haben ja sicher mitbekommen, dass die beiden Polizeibeamten Vollinger und Hackenmiller sich in dieser Altöttinggeschichte so vorbildlich verhalten haben. Und da dachte ich, sie als ihr Vorgesetzter könnten mir ein wenig über die beiden erzählen. Ich überlege gerade, ihnen den Bayerischer Verdienstorden zu verleihen."

Rezbruft wurde bleich. Egal was er jetzt sagte, es konnte nur in die Hosen gehen. Zunächst mal hatte Sümmer die Namen falsch ausgesprochen. Ihn korrigieren? Besser nicht. Einfach die richtigen Namen öfter wiederholen, bis Sümmer es kapiert. Ordensverleihung? Die sollten doch schon vor ein paar Tagen einen Orden bekommen, oder? Ein Oberpolizeidirektor Huber aus München hatte angerufen. Die Ordensverleihung hatte doch nur deswegen nicht stattgefunden, weil er die beiden zur Finderin der Schwarzen Madonna umgeleitet hatte. Wusste Sümmer davon?

Und dann waren da ja noch diese alte Geschichte, wegen der der Innenminister schon früher angerufen hatte. So eine Sache mit einem Kasperltheater. Ganz zu schweigen von der anderen, nicht ganz so alten Geschichte: Der Vorfall im Erholungspark mit den Kindern und die Sache beim Altenheim. Sümmer durfte nichts davon erfahren. Aber wenn er ihn nicht warnte und später kam alles raus? Er würde ihn grillen. Das war klar. Rezbruft musste Zeit gewinnen.

„Ja natürlich, die zwei Kollegen Vollmerer und Honkenmöller. Die waren ja auf diesem tollen Foto mit ihnen und der Finderin mit der Madonna. Ganz im Vertrauen: Die beiden sind mächtig stolz, mit ihnen auf einem Foto abgebildet zu sein. Und dann noch in allen Zeitungen. Sowas erlebt man höchstens einmal im Leben. Ich gehe davon aus, dass die beiden das Foto einrahmen und in der Dienststelle aufhängen werden. Und daheim im Schlafzimmer sicher auch. Zumindest würde ich das so machen."

„Ach das ist ja wirklich zu viel der Ehre, hahaha. Na dann muss ich wohl mal ihre Dienststelle besuchen kommen und das überprüfen, hahaha". Sümmer war zu Späßen aufgelegt.

„Jaja, hahaha Herr Minister. Eine gute Idee, hahaha. Nein im Ernst, ein Besuch von ihnen würde unsere Dienststelle enorm aufwerten."

Rezbruft fing an, sich vor sich selbst zu ekeln. Das würde ihm gerade noch fehlen, dass dieser vom Ehrgeiz zerfressene Emporkömmling in der Altöttinger Polizeiwache auftauchte. Wahrscheinlich müssten dann der Trachtenverein und die Blaskappelle antreten und den Defiliermarsch spielen, während Sümmer die drei Stufen hochging.

„Aber sie haben ja sicherlich Wichtigeres zu tun, gell? Also zurück zu den beiden Kollegen Vollmerer und Honkenmöller: Womit kann ich dienen?" Puh, gerade noch die Kurve gekriegt.

„Nun, ganz im Vertrauen: - Ich kann mich wohl auf ihre Verschwiegenheit verlassen, ja? – Ich denke, die beiden sind ja momentan so etwas wie Nationalhelden. Vergleichbar mit Franz Beckenbauer vielleicht, oder den Geschwistern Scholl. Auf jeden Fall sollte man doch das kurze Zeitfenster ihres Ruhmes ausnützen und etwas daraus machen. Ich dachte nicht nur an eine Ordensverleihung. Mehr so an was

Größeres. Konkret würde ich vorschlagen, den beiden eine Spezialaufgabe zukommen zu lassen."

Spezialaufgabe? *Was könnte das sein*, fragte sich Rezbruft? Sonderbeauftragte für's Nasenbohren? Staatskommissar für's blöd daherreden? Regierungsbevollmächtigter für Kreuzworträtsel? Oder Sicherheitsbeauftragter für kulturelle Angelegenheiten? Vielleicht mit dem Spezialgebiet Kasperltheater?

„Äh ... an was haben sie denn da so gedacht, Herr Minister?"

„Nun, ich dachte so ein bisschen an was Kulturelles. Vielleicht Sicherheitsbeauftragte für die Richard-Wagner-Festspiele in Bayreuth. So was in der Art. Die beiden könnten da neue Anti-Terror Konzepte entwickeln und gleich testen. Da könnte die restliche Welt bestimmt was davon lernen. Oder man schickt sie auf Tournee. Diavorträge über die Polizeiarbeit. Vielleicht lassen wir die beiden selbständig ein Konzept entwickeln? Was meinen sie?"

„Nun ... ääh ... ääh ..."

„Ja ich verstehe schon. Sie wollen die beiden bei sich behalten. Das sind ja jetzt quasi ihre besten Pferde im Stall, gell? Hahaha. Aber keine Angst, da hab' ich mir schon was überlegt: Wir bringen eine Gedenktafel an ihrer Polizeistation an. Sowas wie: Hier arbeiteten die beiden heldenhaften Polizisten Vollmering und Hankenmilli, die in der Terrornacht von Altötting Schlimmstes verhinderten und unter Einsatz ihres Lebens die heilige Madonna aus ... äh ... Dings ... äh ... irgend sowas halt ... sie wissen schon. Da weihen wir dann die Gedenktafel groß ein, mit ganz viel Presse und Fernsehen und so, und meine Wichtig ... äh ... Wenigkeit ist dann selbstverständlich auch dabei, gell?"

Rezbruft stand der Mund offen. Das wurde ja immer unerträglicher. Erst nochmal einen Orden für diese Deppen, dann Sonderaufgaben und jetzt auch noch eine Gedenktafel. An seiner Polizeistation. Eingeweiht vom Minister für Heimat.- und Sachkunde Dr.Martin Sümmer persönlich. Mit ganz viel Presse. Rezbruft stellte sich vor, wie Busladungen von Pilgern angekarrt wurden, um Selfies von sich mit der Gedenktafel zu machen. Vergleichbar mit dem Geburtshaus des Papstes in Marktl am Inn.

„Äääh ... Herr Minister, das ist jetzt aber zu viel der Ehre. Ich mein, die beiden haben ja nur ihre Pflicht getan, oder? Ich weiß nicht, ob so eine Gedenktafel nicht etwas zu viel Aufsehen erregt. Nicht, dass dann die ganzen Schaulustigen unsere Polizeiarbeit behindern, wenn sie verstehen, was ich meine. Aber das mit den Sonderaufgaben ist sicher eine gute Idee. Natürlich werden wir die beiden hier in Altötting sehr vermissen, aber offensichtlich sind sie einfach zu Höherem berufen. Da will ich nicht im Wege stehen. Aber im Endeffekt, ist das ja auch nicht meine Entscheidung."

„Ja sowieso nicht, Rezbruft! Also, dann machen wir das jetzt so: Ordensverleihung, Sonderaufgaben aber keine Gedenktafel. Zumindest vorläufig nicht. Vielleicht später mal ein Denkmal neben Tilly am Kapellplatz oder sowas. Egal. Wir machen das jetzt einfach. Danke für ihren Ratschlag und auf Wiederhören."

Damit legte er auf.

Rezbruft lehnte sich zurück. Er dachte nach. Natürlich war das Ganze vollkommen wahnsinnig. Diesen beiden Doppeldeppen so viel Ehre und vor allem Öffentlichkeit zukommen zu lassen, konnte nur in einer Katastrophe enden. Immerhin hatte er dem Minister abgeraten die Gedenktafel anzubringen, und sich ansonsten aus allem herausgehalten. Ihm konnte keiner einen Vorwurf machen. Alles bestens im Prinzip. Lediglich, dass er den Minister mit den zwei Vollhonks ins offene Messer laufen ließ, würde früher oder später rauskommen. Und damit wäre sein glückliches Leben bei der Polizei vorbei.

Anderseits: Mit den Vollhonks hatte er auch kein glückliches Leben bei der Polizei, und wenn sie jetzt weg waren, konnte er vielleicht noch ein paar schöne Wochen genießen. Wenn alles gut ging sogar länger. Aber dass die Vollhonks früher oder später wieder Scheiße bauen würden war absehbar.

Rezbruft sollte Recht behalten.

72

Vollmerer ging mit gleichmäßigen Schritten in der Amtsstube auf und ab und blickte vor sich hin. Er kratzte sich am Kinn und dachte nach. Oder, besser gesagt: Er kombinierte.

Die ganzen Geschehnisse der letzten Tage passten nicht wirklich zusammen. Erst ruft ein Polizeiobermeister Huber aus München an und will, dass sie zur Ordensverleihung kommen. Auf dem Weg dorthin werden sie umgeleitet, holen die Madonna ab und treffen in Altötting auf den Minister für Heimat.- und Sachkunde, der plötzlich auch auf die Idee kommt, ihnen einen Orden zu verleihen. Das wären dann ja schon zwei Orden pro Nase.

Prinzipiell natürlich angemessen und lobenswert, aber die Sache hat einen Haken: Vom ersten Orden ist keine Rede mehr. Soll man den nun reklamieren? Warum meldet sich Huber aus München nicht mehr? Gibt es da ein Kompetenzgerangel hinter den Kulissen? All diese Fragen beschäftigten Vollmerer. Aber trotzdem war die Strategie, die er sich mit Honkenmöller ausgedacht hatte die einzig richtige: Erst mal nur den einen Orden empfangen und dann weitersehen. Größe demonstrieren durch herausgestellte Bescheidenheit.

Vollmerer setzte sich gerade wieder an den Schreibtisch als das Telefon klingelte. Sein Kollege nahm ab:

„Polizeiinspektion Altötting, Honkenmöller am Apparat. Wer spricht? ... Bitte wie? ... Nochmal ... also sie heißen tatsächlich Schwester Lucina vom heiligen Orden der gehorsamen Töchter des benedeiten Leiden Jesu Christi zu Altötting ... also, das ist doch kein Name! Abgesehen davon passt das gar nicht in die Formularzeile hinein ... also Entschuldigung, das geht so nicht. Sie müssen doch einen normalen Namen haben, wie jeder andere Mensch auch? Ich kann doch hier nicht ins Formular ... ja das hab' ich mir schon gedacht, dass sie eine Nonne sind. Ordensschwester ... aha ... jaja ... Moment mal kurz bitte ..."

Honkenmöller hält die Sprechmuschel des Telefonhörers zu und blickt zu seinem Kollegen Vollmerer hinüber. Der sitzt wild gestikulierend auf der anderen Seite des Tisches und formt mit seinen Händen immer abwechselnd ein „W" und eine „4".

„Hä? Was meinst du?"

„Die vier W-Regel! Du musst an die vier W-Regel denken!"

„Ach so, ja genau. Danke."

Honkenmöller wendet sich wieder der Anruferin zu:

„Also, das mit ihrem Namen ist schon wichtig. Sie kennen ja die vier W-Regel bei Notrufen, gell? ... kennen sie nicht? Das ist aber wichtig, weil ... ach so, es ist gar kein Notruf. Verstehe. Aber warum rufen sie denn dann bei uns an? ... Zeugenaussage? Sie? ... aber kann denn eine Priest ... äh ... Dings Nonne überhaupt eine Zeugenaussage machen ... ah ja natürlich. Also, worum geht's? ... die Terrornacht? Ja, und was haben sie da gesehen? ... schon vorher? ... wie? ... ach so ... Also nochmal: Sie haben schon etwa zehn Tage vorher zwei verdächtige Personen beobachtet? Und warum haben sie uns da nicht gleich angerufen? ... Ach so, die sind nur rumgelaufen. OK, das ist ja noch erlaubt... Und in der Terrornacht haben sie die wieder weglaufen gesehen ... so so ... aha ... ja und dann? ... ach, sie haben die Autonummer? Das amtliche Kraftfahrzeugkennzeichen meinen sie bestimmt, oder? ... Ja so nennt man das korrekt. Wir sind ja hier nicht im Larifariland ... Also, sie haben da zwei Verdächtige und haben sich das Nummernsch ... äh ... Dings amtliche Kraftfahrzeu ... also, wie? Aha, Moment, ich notiere: M-HG 1489. Und wie können sie sich das so genau merken? Ich mein, ich hab' ja auch schon viele Kennzeichen gelesen, in meinem Leben. Vermutlich mehr als so manch anderer, aber die kann man sich doch nicht alle merken. Nicht mal ich kann das ... Was für eine Eselsbrücke? ... aha und die Ziffern? ... ach jetzt verstehe ich!... also M-HG steht für „Maria hat geholfen" und 1489 war das erste offiziell nachgewiesene Wunder, dass die Schwarze Madonna vollbracht hat? So haben sie sich das gemerkt ... ja, das ist aber einfach. Also, wenn man weiß, wann das erste Wunder war... Ja klar, sie als Pfarrerin ... äh ... Dings ... ja sie wissen schon. Ja, da wird das schon so stimmen ... Ja und das wollten sie jetzt melden bei uns, weil ihnen die Personen verdächtig vorkamen? Ja, dafür sind wir ja da. Genau. Bei uns laufen alle Fäden zusammen, und wir ermitteln dann die Täter. Ja, selbstverständlich ... Ja, darauf können sie sich hundertprozentig verlassen... hundertprozentig ... Wir überprüfen das, und schauen uns die zwei Ganoven mal genauer an. Also, ich hab' ja jetzt ihre Aussage, das Kennzeichen, und bei Rückfragen rufen wir bei ihrem Verein ... äh ... Dings ... Nonnen ... äh wie? Ja genau. Mein ich ja. Bei ihrem Orden rufen wir dann an. Ihre Nummer hab' ich ja hier auf dem Display ... Ja machen sie sich da keine Sorgen. Wir sind ja Profis. Alles notiert ... Ja genau ... Ja ihnen auch ... aber einen komischen Namen haben sie ja schon muss ich sagen ... ja gut ... Danke. Auf Wiederhören."

„Was gibt's?" Vollmerer schaut neugierig zu seinem Kollegen, der leicht genervt der Hörer auf die Gabel geknallt hat.

„Ach, so eine Ordensschwester hat ein Nummernschild gesehen vor drei Wochen."

„Ein Nummernschild?"

„Ja, und weil sie die Zahlen an die Madonna erinnert haben, hat sie sich das jetzt halt gemerkt und bildet sich ein, die Täter gesehen zu haben."

Honkenmöller legt das Formular in das Ablage-Fach und nimmt sich vor, es bei Gelegenheit abzuheften.

„Meinst, da ist was dran?"

„Keine Ahnung. Aber sag mal, was ganz was anderes: Wenn man so einen Orden verliehen bekommen hat, trägt man den dann immer an der Uniform, oder nur bei besonderen Anlässen?"

„Hm. Gute Frage. Ich vermute schon, dass man den immer trägt. Hilft ja auch bei der Arbeit. Stell dir mal vor, du erwischt einen, wie er bei Rot über die Ampel fährt: Die fangen doch immer an, so blöd rumzudiskutieren, dass es noch Gelb war, und da wären sie sich ganz sicher und so. Die üblichen Ausreden. So, und jetzt deutest du einfach nur auf deinen Orden, und dann wissen die Delinquenten gleich, dass sie mit dir nicht spaßen können. Da haben die gleich einen Heidenrespekt vor dir und die Diskussion ist sofort beendet. Ratz-Fatz!"

„Ich glaub du hast Recht. Also tragen wir den Orden am besten immer. Man bekommt den ja auch nicht verliehen, damit man ihn daheim in einer Schuhschachtel aufbewahrt, oder?"

„Ja, seh' ich genauso. Und dann darf man ja auch noch einen anderen Nebenaspekt nicht vergessen:"

„?"

„Na, die Mädels! Die fahren doch voll auf sowas ab! Da geht was!"

Vollmerer muss grinsen, während ihm ein paar schweinische Gedanken durch den Kopf schwirren und sich kleine Schaumbläschen in seinen Mundwinkeln bilden.

„Jetzt fällt mir gerade noch was ein", unterbricht Honkenmöller die versauten Gedanken seines Kollegen.

„Bei der Ordensverleihung: Kniet man sich da eigentlich hin? Die hauen einem doch da mit einem Schwert auf die Schulter, oder?"

Jetzt ist Vollmerer wieder ganz bei der Sache:

„Nein, wirklich zuhauen tun die nicht. Ich glaube, das ist mehr so symbolisch. Die tippen da nur so leicht auf die Schulter. Aber hinknien sollten wir uns schon, wenn der Minister den Raum betritt. Das gehört sich so."

Vollmerer nimmt den Besen und geht auf seinen Kollegen zu, der vor ihm auf die Knie sinkt. Er berührt mit dem Besenstil dessen Schultern und heftet ihm zum x-ten Mal den Papporden an die Uniform. So etwas kann man gar nicht oft genug üben. Da sind sich beide einig.

Ein guter Polizist ist auf jede erdenkliche Situation perfekt vorbereitet.

73

Tappicks saß unrasiert in seinem Büro und starrte vor sich hin. Nur langsam gelang es ihm, seine Gedanken zu ordnen. Es war ein bisschen viel auf einmal. Immer wieder versuchte er, alles zu strukturieren und in einen Zusammenhang zu bringen. Einfach war das nicht.

Zunächst hatte er zwei Polizeischüler mit den Namen Vollmerer und Honkenmöller, die in ihrer Dummheit fast nicht zu überbieten waren. Diesen beiden Vollblutdeppen hatte er die leichteste Aufgabe der Welt anvertraut, nämlich ein Kasperltheater aufzuführen. Das Resultat waren zwei Dutzend traumatisierte Kinder, lebenslang wiederkehrende Schmerzen in seinem damals mehrfach gebrochenem Arm, ein Riesentrara und eine Leiche, die er jetzt gemeinsam mit Dr.Knarfhofer im Keller hatte.

Oberste Priorität war, dass die Geschichte mit dem Kasperltheater niemals an die Öffentlichkeit geriet.

Unmittelbar danach hatte er die beiden nach Altötting strafversetzt und gehofft, nie mehr von ihnen zu hören. Leider meldete sich aber schon bald darauf ihr neuer Vorgesetzter Rezbruft mit der Geschichte vom Altenheim und den Kindern aus dem Erholungspark. Wieder schaltete sich Knarfhofer ein, und erneut wurde die Sache unter den Teppich gekehrt.

Dann kam die Terrornacht von Altötting, an deren Verlauf die beiden wohl nicht ganz unbeteiligt waren, und wieder musste alles vertuscht werden. Schließlich wären sonst die ganzen anderen Dinge ans Licht gekommen.

Und nun stellte sich auch noch heraus, dass die DNA-Spuren auf den Erpresserbriefen und am Tatort von den Vollhonks waren.

Nachdem Tappicks Psyche immer mehr in Mitleidenschaft gezogen war, fasste er den Plan die beiden zu ermorden. Er erfand einen Oberpolizeihauptmann Huber und eine Ordensverleihung, die in einer Geheimkommandoaktion am Münchner Flughafen enden sollte.

Im letzten Moment wurden die beiden aber umgeleitet und waren plötzlich die Helden, die zusammen mit dem Minister für Heimat.- und Sachkunde als die großen Retter dastanden. Damit war klar, dass alles Bisherige noch viel weiter unter den Teppich gekehrt werden musste. Wenn jetzt etwas ans Licht käme, wäre Polen offen, wie man so schön sagt.

Tappick wurde unruhig und bekam Hitzewallungen, als er sich immer wieder all diese Dinge durch den Kopf gehen ließ.

Er schlug sich mehrmals mit der flachen Hand auf den Hinterkopf. Eine neue Angewohnheit, die er endlich mal unter Kontrolle bringen sollte, wie seine Frau meinte.

Egal wie er die Sache auch drehen und wenden wollte, langsam setzte sich die Erkenntnis durch, dass da etwas nicht stimmte:

Zum Zeitpunkt des Madonnenraubes waren die beiden definitiv nicht in der Gnadenkapelle. Das belegten aufgezeichnete Notrufe, die kurz vor und kurz nach dem Überfall bei der Altöttinger Polizeiwache eingegangen waren. Die beiden Täter, die man mit den Überwachungskameras aufgenommen hatte, waren auch viel größer.

Abgesehen davon waren die Vollhonks auch schlicht und einfach intellektuell zu benachteiligt, um so eine Aktion durchzuführen.

Das alles ergab keinen Sinn.

Ein stechender Schmerz durchzuckte Tappicks Arm. So schlimm war es lange nicht mehr. Zumindest seit er in der Vollmondnacht mit den Voodoopuppen hantierte und ums Feuer tanzte. Damals hatte er kurz vor der Einweisung in die Psychatrie gestanden, das wusste er. Jetzt fing es wieder an: Dieser dauerhaft stechende Schmerz im Arm, dieses Herzrasen, diese nervösen Zuckungen im Gesicht. Erneut schlug er sich mit der flachen Hand auf den Hinterkopf.

Er musste aufpassen. Er musste jetzt an sich denken und nicht an die Vollhonks. Tappick setzte sich aufrecht im Schneidersitz auf seinen Schreibtisch, schloss die Augen und begann mit seinen Atemübungen. „Ohmmmm", sagte er leise vor sich hin. „Ohmmm." Erst wurde ihm kalt, dann wieder heiß. Er begann zu schwitzen und zog sein Hemd aus. Seine Hose spannte um seine Hüfte, und er hielt es für

das Beste, auch diese auszuziehen, um eine bequemere Haltung einnehmen zu können. Wieder setzte er sich – nur noch mit seiner Unterhose bekleidet – im Schneidersitz auf seinen Schreibtisch und begann mit seinen Meditationsübungen.
„Ohmmm."
Der Stress baute sich langsam ab und sein Atem wurde ruhiger. Er öffnete den Mund und ließ die Luft gleichmäßig ein.- und ausströmen. Der Schmerz ließ nach. Ein Lächeln umspielte seine Lippen. Seine Augen waren geschlossen. Ein Speichelfaden bildete sich und fing an, langsam an seinem Kinn hinab zu laufen.

Dies war der Anblick, der sich seiner Sekretärin Fräulein Refele bot, als sie sein Zimmer betrat, um ihm mitzuteilen, dass er zur Ordensverleihung der Kollegen Vollmerer und Honkenmöller eingeladen war.

74

„Die Idee von dir, „Die Beatles in Originalbesetzung" dem ZDF anzubieten, hat uns gerettet, Schätzchen. Wir sind wirklich die Größten."
Stolz schritt Jörg Sparklefrosch in seinem Büro auf und ab und schmiedete neue Pläne.
„Wir sollten das Geschäftsmodell ausbauen. Ich denke da an eine kleine Deutschlandtournee für den Anfang. Vielleicht so zwanzig/dreißig Konzerte erstmal. Wenn es gut läuft, machen wir dann eine Welttournee daraus. Der Name Beatles zieht immer noch."
„Meinst du nicht, dass die Fans etwas enttäuscht sind, wenn dann nur wir beide auf der Bühne stehen? Unser Programm ist ja mit genau einem Lied auch eher etwas kurz geraten, würde ich sagen."
„Da hast du möglicherweise Recht, Schätzchen. Was schlägst du vor?"

Jörg Sparklefrosch war von der Scharfsinnigkeit seiner Assistentin immer wieder schwer beeindruckt.

„Ich denke es wäre nicht schlecht, wenn wir noch eine andere Band mit ins Boot holen würden. Eine, die alle super finden und die die Zuschauer dann versöhnlich stimmt, falls sie mit unserer Performance unzufrieden sind."

„So machen wir's!"

Sofort setzte sich der Konzertmogul an seinem Schreibtisch und begann das Plakat zu entwerfen, dass schon drei Wochen später in allen deutschen Großstädten enormes Aufsehen erregen sollte.

„Die Beatles in Originalbesetzung" war in großen Lettern zu lesen. „Lassen sie sich das Konzertereignis des Jahrtausends nicht entgehen", stand etwas kleiner darunter.

Dann wieder in ganz großen Buchstaben:

"Vorband: Nirvana"

75

Armin saß verzweifelt am Küchentisch und zündete sich gerade die fünfte Zigarette innerhalb der letzten halben Stunde an, während Rony nervös eine CD nach der anderen aus dem Regal zog, um dann Rage against the machine aufzulegen.

„Zum Runterkommen und beruhigen", wie er lakonisch bemerkte. Dann setzte auch er sich an den Tisch und sie begannen ihre Situation zu analysieren:

Nahezu sämtliche Ersparnisse von Armin waren aufgebraucht. Sie hatten sich dem Straftatbestand des Terrorismus schuldig gemacht. Des Weiteren dem des bewaffneten Raubüberfalls, dem der räuberischen Erpressung und der Verletzung religiöser Gefühle. Dazu kamen rechtswidriges Führen hoheitlicher Abzeichen, Verstöße gegen die informelle Selbstbestimmung und das Betäubungsmittelgesetz, schwere Sachbeschädigung, Diebstahl, Verwendung falscher KFZ-Kennzeichen, Amtsanmaßung, Brandstiftung, Körperverletzung, Verkehrsgefährdung, Samenraub und einiges mehr.

Das FBI führte sie auf seiner Homepage unter den „Ten most wanted". Allerdings ohne zu wissen, wer sie waren. Sie wurden für den Sachschaden von inzwischen über 1,5 Milliarden Euro verantwortlich gemacht und sowohl die Bundesregierung, die Nato und die EU als auch diverse Polizeieinheiten und etliche Einzelpersonen hatten noch eine „private Rechnung" bei ihnen offen.

Insbesondere die ehemaligen Mitglieder der inzwischen aufgelösten GSG 9 waren nachtragend und unversöhnlich. Der militärische Abschirmdienst fing ein internes Chatprotokoll ab, in dem von einem „grausamen, langsamen und äußerst schmerzhaften Tod" für die beiden gefaselt wurde. Ein öffentlicher Aufschrei der Empörung blieb in diesem Fall allerdings aus. Vermutlich auch, weil sich die BILD-Zeitung mit einer Kampagne („Das wird man ja wohl noch sagen dürfen") auf die Seite der mordlüsternen Beamten schlug.

In nahezu allen Internetforen kam es zu Lynchaufrufen und Morddrohungen gegen die beiden Unbekannten und etliche Administratoren weigerten sich, selbige zu löschen, da diese Beiträge ja im Grunde genommen berechtigt waren, oder?

Als endlich „Killing in the name of" aus den Boxen dröhnte, stand Rony auf und drehte die Anlage lauter. Armin konnte sich trotzdem nicht entspannen. Es war einfach zu schrecklich.

Sie hatten sich so große Mühe gegeben, einen Großteil von Armins Geld und nahezu die gesamte Freizeit der letzten Wochen in die Operation Klingelbeutel investiert. Zunächst lief alles hervorragend, sie waren kurz davor Multimillionäre zu werden und Armin hätte die Sabine erobert. NoNoNo und Anton aus Tirol in Personalunion. Sie hatten es fast geschafft. Sie waren so nah dran. Sogar Sissi wäre inzwischen schon entsorgt gewesen.

Und stattdessen? Pleite, gejagt und Sissi immer noch an der Backe. Immerhin sollte sie demnächst zu ihrem Frauchen zurückkommen. Ein kleiner Trost in Anbetracht dessen, dass sie seit kurzem wieder entsetzlichen Durchfall und Blähungen hatte. Armin konnte sich das nicht erklären. Es half nichts. Er musste ständig mit ihr vor die Tür gehen.

Das war gar nicht so einfach, da im ganzen Haus ständig Polizisten von der Spurensicherung unterwegs waren und alles haarklein untersuchten. Schließlich war im Innenhof des Anwesens die Schwarze Madonna gefunden worden.

Um Armins Wohnung und um Sissi im Speziellen machten die Spürhunde allerdings einen möglichst großen Bogen, und so wurde Armin nicht weiter behelligt. Trotzdem waren die kurzen Ausflüge nach draußen jedes Mal eine enorme Belastung.

Aber all das war nichts gegen den größten Tiefschlag, den Armin je abbekommen hatte: Er hätte die Sabine vom Marketing küssen können und hat es nicht getan. Er war ein Looser! Eine Null! Der Bruchteil eines Nichts!

„Rony, wir haben es vergeigt. Wir haben versagt. Wir sind ganz unten angekommen. Tiefer geht es nicht. Unsere Situation könnte nicht schlimmer sein."

„Naja, das stimmt so nicht ganz …", Rony versuchte ihn zu trösten „… ich hätte ja auch Xavier Neidoo auflegen können."

Vermutlich wäre einiges anders verlaufen, wenn der Minister für Heimat.-und Sachkunde persönlich zur Ordensverleihung für die Vollhonks erschienen wäre. Ursprünglich war geplant, dass er ihnen selbst die Orden überreicht, eine kleine Rede hielt und den beiden eröffnet, dass sie ab sofort mit neuen Aufgabengebieten betraut würden.

Nun war es aber so, dass ausgerechnet an diesem Tag Sümmer zu einer Talkshow eingeladen wurde, und eine kurze Abwägung, welcher Event mehr Öffentlichkeit verspräche, dazu führte, dass er den Akt der Ordensverleihung an seinen Staatssekretär übertrug.

Ohnehin stand die ganze Zeremonie unter einen schlechten Stern. Was genau ein paar Tage vorher im Münchner Polizeipräsidium geschehen war, ließ sich nur noch lückenhaft rekonstruieren. Offensichtlich fand die Sekretärin Fräulein Refele Oberinspektor Tappick in einer sehr peinlichen Situation vor.

Er saß sabbernd in Unterhosen auf seinem Schreibtisch und schien zu meditieren. Als sie ihm von der Ordensverleihung für die Vollhonks und seiner Einladung dazu erzählte, bildete sich plötzlich Schaum vor Tappicks Mund und er begann zu lachen. Erst leise, dann immer lauter. Das Lachen wurde immer hysterischer und Tappick sprang in Unterhosen durch sein Büro. Was dann genau geschah ist unklar.

Klar hingegen ist, dass Tappick kurze Zeit später - immer noch nur in Unterhose – durch das Polizeipräsidium rannte und Unzusammenhängendes schrie. „Vollhonks!" brüllte er immer wieder, oder auch „Madonna gerettet! ... Kasperl bumst Gretel! ... Honkenmöller töten, töten! ... Vollmerer töten! ... Ordensverleihung hihihihi Ordensverleihung!"

Als er anfing immer wieder mit seinem Kopf gegen den Kaffeeautomaten zu schlagen und zu rufen: "Sperma! Sperma! Überall Sperma!" wurde es endgültig zu viel. Man rief professionelle Hilfe und Tappick wurde ins Bezirkskrankenhaus eingeliefert.

Als nun also ein paar Tage später die Ordensverleihung im Münchner Polizeipräsidium stattfinden sollte, war wegen der dramatischen Vorfälle um den allseits beliebten Oberinspektor Tappick, die allgemeine Stimmung ziemlich getrübt.

Nicht so bei den Vollhonks. Sie schlenderten bestens gelaunt und pfeifend durch die Gänge und freuten sich auf ihren großen Auftritt. Da sie in der Nacht vorher vor lauter Aufregung sowieso nicht schlafen konnten, hatten sie verabredet, schon vor 6 Uhr im Polizeipräsidium zu sein. So trafen sie noch zusätzlich die Kollegen der Nachtschicht an, und konnten auch diesen von ihrer Ordensverleihung erzählen. Stolz schritten sie durchs Präsidium, putzten immer wieder ihre extra dunklen Ray Benn Sonnenbrillen, die sie sich speziell für diesen Anlass gekauft hatten, und gingen ausnahmslos jeden auf die Nerven.

Lediglich der kaputte Kaffeeautomat trübte ihre Hochstimmung ein wenig. Er war ziemlich zerbeult und auf einem großen Pappschild stand: „Vorübergehen außer Betrieb"

Die Vollhonks nahmen sich vor, unmittelbar nach der Verleihung dem nächstbesten Kollegen die Orden unter die Nase zu halten und den Befehl zu erteilen, den Kaffeeautomaten umgehend reparieren zu lassen.

Die Ordensverleihung selbst verlief zunächst enttäuschend: Weder war die erwartete Delegation mit Vertretern aus Politik, Wirtschaft und Kultur angereist, noch spielte eine Kapelle oder wurden wenigstens Blumen gestreut.

Vom roten Teppich ganz zu schweigen. Kein einziges Fernsehteam war erschienen und nicht mal der Minister persönlich war anwesend. Er ließ sich entschuldigen und übertrug die Zeremonie lediglich seinem Staatssekretär.

Vollmerer wurde als erstes gebeten vorzutreten und kniete sich in Erwartung des Ritterschlages vor den Staatssekretär. Voll Ehrfurcht schloss er die Augen, und aus einem alten Reflex heraus – er war als Kind Ministrant – bekreuzigte er sich, öffnete den Mund und streckte die Zunge heraus.

Der Staatssekretär sah ihn verdutzt an und blickte dann hilfesuchend im Raum umher. Neben Honkenmöller waren nur Fräulein Refele sowie ein Pressefotograf des Werbespiegels anwesend. Dieser drückte geistesgegenwärtig auf den Auslöser und hielt den historischen Moment für die Nachwelt fest.

Fräulein Refele ergriff die Initiative, da sie inzwischen mit peinlichen Situationen bestens vertraut, und nicht Willens war, selbige weiterhin tatenlos über sich ergehen zu lassen.

„Herr Vollmerer, sie können aufstehen. Orden werden in der Regel stehend verliehen."

Vollmerer sah sie erschrocken an, blickte hilflos zwischen dem Staatssekretär und Honkenmöller hin und her und entschied sich dann doch, dem Ratschlag von Fräulein Refele zu folgen.

Der Staatssekretär blickte dankbar zu ihr hinüber, weil ihm die Situation inzwischen auch schon unangenehm wurde. Das war insofern bemerkenswert, weil dem Staatssekretär normalerweise überhaupt nichts peinlich war.

Dann begann er mit seiner Rede:

„Sehr geehrter Herr Volmerer, ich habe die große Ehre im Auftrag des Ministers ... bla bla bla ... besondere Verdienste ... bla bla bla ... Dankbarkeit der Öffentlichkeit bla bla bla ... und deswegen eben nicht nur dieser Orden, sondern ich darf ihnen mitteilen, dass sie von jetzt an der persönliche Leibwächter des Ministers für Heimat.- und Sachkunde sind. Des Weiteren wurde beschlossen, ihnen ab sofort die Leitung des Personenschutzes und damit auch die komplette Verantwortung für die Sicherheit der Bayerischen Staatsregierung zu übertragen. Ich gratuliere ihnen von ganzem Herzen."

Vollmerer stand der Mund offen, als er die Hand ergriff, die ihm der Staatssekretär entgegenstreckte. Nach einem kurzen Schütteln übergab der Staatssekretär Vollmerer die Schachtel mit dem Orden und drehte sich zu Honkenmöller.

Dieser nahm sofort Haltung an und salutierte als die Ansprache begann:

„Sehr geehrter Herr Honkenmöller, ich habe die große Ehre im Auftrag des Ministers ... bla bla bla ... besondere Verdienste ... bla bla bla ... Dankbarkeit der Öffentlichkeit bla bla bla ... und deswegen eben nicht nur dieser Orden, sondern ich darf ihnen mitteilen, dass sie von jetzt an für die Ausbildung unserer Polizeischüler verantwortlich sind. Leider ist ja unser allseits beliebter Kollege Tappick nicht mehr in der Lage, diese Aufgabe wahrzunehmen, und deswegen übertragen wir ihnen jetzt die Leitung der Schulung unserer Anwärter. Sie allein sind ab sofort für die Ausbildung und damit auch für die Zukunft der Bayerischen Polizei verantwortlich. Ich gratuliere ihnen von ganzem Herzen und möchte ihnen viel Glück und alles Gute für ihre Zukunft wünschen."

Auch Honkenmöller brachte kein Wort heraus, als er die Hand des Staatssekretärs schütteln durfte und den Orden entgegnen nahm.

„So meine Herren, leider muss ich jetzt schnell weiter – sie wissen schon, wichtige Termine und so. Alles Weitere erfahren sie in den nächsten Tagen. Wir melden uns bei ihnen.

Auf Wiedersehen und alles Gute nochmal für ihre Zukunft."

Damit verschwand er durch die Tür.

Der Pressefotograf und Fräulein Refele, die nicht mehr aufhören konnte den Kopf zu schütteln, folgten ihm.

Vollmerer und Honkenmöller blieben allein zurück. Keiner sagte ein Wort. Ganz langsam wurde ihnen bewusst, was gerade geschehen war: Man hatte endlich ihr Genie erkannt. Man hatte ihnen endlich Aufgaben übertragen, die ihren Fähigkeiten entsprachen. Jetzt ging es los. Nun konnten sie der Welt zeigen, zu was sie fähig waren. Sie würden neue Sicherheitskonzepte entwickeln und neue Lehrmethoden ausarbeiten. Den alten verstaubten Apparat komplett umkrempeln und wieder in ein zukunftsfähiges Fahrwasser bringen. Den Kampf gegen das Böse aufnehmen. Sie waren bereit diese Schlacht zu schlagen.

Honkenmöller fand als erstes die Sprache wieder:

„Jetzt geht's los. Die Macht ist mit uns."

„Der Drache ist aus seinem Schlaf erwacht!" raunte Vollmerer.

Sie hefteten sich ihre Orden an, setzten die Sonnenbrillen auf und schritten hinaus in die Gänge des Polizeipräsidiums.

Die Sonne schien durch ein Dachfenster in ihre Gesichter und beide waren sich bewusst, dass dies ein Schlüsselmoment ihres Daseins war. Würde später Netflix ihr Leben verfilmen, wäre dies der Höhepunkt der ersten Staffel. Die Kamera von unten, während sie hinaus schritten. Gleichzeitig Licht von hinten, so dass ihre Körper klare Schatten in den Kunstnebel schneiden, der sie umgibt. Dazu Musik. Fanfaren. Irgendwas von Beethoven oder Richard Wagner. Oder vielleicht doch besser Karl Moik? Egal. Auf jeden Fall sehr dramatisch. Ein Gänsehautmoment.

„Du bist echt a oide Fischhaut", raunte Vollmerer.

Sie standen am Geländer des Treppenhauses und blickten hinab.

Dies war ihr neues Reich. Hier sollten sie ab sofort herrschen.

Die Zukunft begann jetzt. Es war das Erwachen der Macht.

77

„Ich muss dir jetzt unbedingt was zeigen." Rony ließ nicht locker.

„Was denn?"

„Mann, jetzt sei kein Linsenfrosch sondern komm endlich. Es ist total wichtig."

Armin fragte sich, was um drei Uhr in der Früh so total wichtig sein könnte, dass man dafür die Kneipe verlassen musste?

Aber heute würde er eh nicht mehr in gute Stimmung kommen, und da konnte er sich auch mit Rony nach draußen begeben.

„Also was jetzt?"

„Gleich. Du musst dich gedulden. Aber es lohnt sich. Folge mir."

Sie gingen zum Wiener Platz und dann Richtung Deutsches Museum die Innere Wiener Straße runter.

Armin war genervt und traurig. Alles war umsonst gewesen. Sie wollten die ganz große Nummer abziehen. Anton aus Tirol hoch zehn. Fett im Geld schwimmen und all das.

Als das nichts wurde, wollten sie wenigstens die Welt verbessern. Wirklich was verändern, etwas Gutes tun.

Und stattdessen?

Sie hatten nichts erreicht. Überhaupt nichts!

Die blöde Rettenbacherin hatte die Kohle kassiert, war die Heldin und kam womöglich sogar noch in den Himmel, während er dastand wie der letzte Depp, der einen gesunden Hund einschläfern lassen wollte.

Und dann auch noch die Sache mit der Sabine vom Marketing. Er hatte es versemmelt. Sie hat es ihm ins Gesicht gesagt. Er hätte sie küssen können, damals am Fischbrunnen.

Ich hätte sie küssen können, sagte er immer wieder zu sich selbst. *Ich hätte sie küssen können.*

Aber du hast es nicht, echote es in seinem Hirn. *Du hast es nicht. Du hättest sie küssen können und du hast es nicht. Du hast es vergeigt. Weil du alles vergeigst. Du schaffst es nicht mal den Sack zu zumachen, wenn er vor dir steht. Ihr hattet doch die Chance mit der Madonna aus Altötting.*

Aber auch hier: Armin B. du Looser! Du hast es vergeigt!

Es war drei Uhr in der Früh, ihn fröstelte und er dackelte hinter Rony her, der ihm irgendwas zeigen wollte.

„Schau mal, ich habe uns was mitgebracht!" Triumphierend hielt Rony einen Joint hoch.

„Toll. Du weißt doch, dass ich nicht kiffe. Mir bekommt das nicht. Ich mag nicht."

„Du solltest aber. Das wird dir helfen." Rony ließ nicht locker und fuchtelte mit der Tüte vor Armins Gesicht rum.

„Nee, rauch deinen Scheiß allein."

Sie gingen den Berg runter Richtung Isar und Armin verspürte wieder dieses komische Kribbeln im Bauch. Wie neulich, als er mit Sissi auf der anderen Seite hochgelaufen war.

Gegenüber vom Deutschen Museum machte Rony plötzlich halt und bedeutete Armin, sich auf die Lehne einer Bank zu setzen.

„Können wir uns nicht richtig herum setzen? Das ist bequemer."

„Nein, du musst dich genauso hinsetzen wie ich gestern, als ich meine Erleuchtung hatte."

Armin schien sich verhört zu haben „Deine was?"

„Er-leuch-tung" Rony wurde deutlich und sah Armin bedeutungsschwanger an.

„Da hab' ich ja noch gar nichts davon mitgekriegt, dass du seit gestern erleuchtet bist." Armin wurde wütend. Er war eh schon übelgelaunt, es wurde bald hell, und er war seinem bekifften Freund hierher gefolgt, um zu erfahren, dass der seit Neuestem erleuchtet ist. Er wäre jetzt gerne daheim in seinem Bett.

„Hör zu …", fing Rony an, „… ich gebe zu, dass es jetzt erst mal kompliziert wird, aber du musst versuchen mir zu folgen. Wenn du es schaffst meine Erkenntnisse nachzuvollziehen, wirst du alles verstehen."

„Bin ich dann auch erleuchtet?"

„Gleich verarschst du mich nicht mehr, mein Lieber. Jetzt hör mir ganz gut zu und konzentrier dich: Ich war gestern hier an der Stelle und da ist mir was aufgefallen:

Die große Schiffsschraube da drüben wurde blau angemalt. Das war sie bei meinem letzten Besuch noch nicht. Dir fällt so was natürlich nicht auf, aber mir schon, weil es totaler Schwachsinn ist, eine Schiffsschraube blau anzumalen, die in echt nie blau war. So was machen Künstler, aber keine Museen.

„Aha." Armin war mäßig begeistert.

Er war doch nicht hierhergekommen, um sich mit Leuten zu unterhalten, die der Meinung waren, erleuchtet zu sein, weil ihnen auffiel, dass Schiffsschrauben in echt nicht blau sind.

"Rony, ich geh jetzt heim. Du nervst." Armin stand auf.

„Halt! Stop! Bleib da! Ich habe gesagt es ist wichtig und du sollst zuhören. Also hör zu, zefix!"

Rony sah Armin flehend an. Irgendwie schien es wirklich wichtig zu sein.

„Also gut. Red' weiter."

„Jetzt pass einfach auf, sonst kapierst du es nicht. Also, ich sitze hier und mir fällt auf, dass hier etwas komisch ist. Da will uns jemand sagen: „Denke nach! Geh nicht einfach vorüber", und ich fange an nachzudenken:

Also, München wurde doch von Mönchen gegründet. Daher der Name. Andere Städte wurden von Kelten, Römern oder Kaufleuten gegründet. Aber nur München von Mönchen. Und nun zum Gründungsmythos. Heinrich der Löwe zündet die Isarbrücke in Freising an, um die Fuhrwerke, die Salz aus den Alpen bringen, zu zwingen, hier über seine neue Brücke zu fahren. Die Brücke in Freising gehörte aber dem Bischof von Freising. Ganz schön gewagt in der damaligen Zeit, findest du nicht?"

„Rony, du erzählst mir gerade Dinge, die ich schon in der Grundschule gelernt habe. Mich langweilt das hier wirklich total."

„Ja, ich weiß, aber gleich wird es spannend: Genau hier am Gasteig war das Isarhochufer nicht so steil wie sonst überall, sondern es ging schräg zur Isar runter, und genau hier ist in der Isar eine Insel, so dass man eine Brücke bauen kann. Komischer Zufall, nebenbei bemerkt. Wir haben also den einzig möglichen Ort, an dem man die Isar überqueren kann, und da zündet einer die Brücke vom Bischof an, um diesen Ort hier zu beleben. Die Stadt München wird größer. Gegründet wurde sie offiziell 1158, also in der zweiten Hälfte das 12 Jahrhunderts. Und jetzt halt dich fest: Genau aus der Zeit haben wir die ersten Berichte von der Suche nach dem heiligen Gral. Den gab es ja schon viel länger, logischerweise, aber genau, wenn München gegründet wird, verschwindet der heilige Gral. Kannst du bei Wikipedia nachlesen. Und jetzt ist München ja nicht irgendeine Stadt, sondern möglicherweise die wichtigste der Welt."

„Rony, du redest totalen Schwachsinn. Schon mal von New York, Paris oder Peking gehört?"

„Unterbrich mich nicht. Ich mein das anders. Also, man kann es ja so sehen, dass Deutschland das wichtigste Land der Welt ist. Wir haben immerhin sämtliche Weltkriege angefangen und grandios verloren, durch Deutschland ging die Teilung der Welt, aus Deutschland kommen die meisten Erfindungen, die besten Komponisten, Einstein und das Auto.

Deutschland war das verhassteste Land der Welt und ist jetzt das beliebteste. Und immer war München im Mittelpunkt. Wer war denn die Hauptstadt der Bewegung? Hä? München! Von hier kam doch die ganze Nazischeiße. Hitlers Lieblingsstadt. Ich meine, der Zweite Weltkrieg, Die Nazis, Auschwitz: Das war das Schlimmste was die Menschheit je gemacht hat. Alles kam aus München.

Und jetzt? Deutschland ist das beliebteste Land der Welt. Sogar bei den jungen Israelis. Und welche Stadt ist am beliebtesten in Deutschland? München!"

„Ach, deswegen muss ich so viel Miete zahlen, weil vor knapp 900 Jahren der heilige Gral ... "

„Unterbrich mich nicht ständig!" Rony wurde sauer. „Ich bin doch noch ganz am Anfang. Also, wir halten fest: München entstand in der Zeit als der heilige Gral verschwand. Die Entstehung der Stadt wurde mit Feuer erzwungen. München hat eine ganz spezielle Energie. Im Guten wie im Bösen. Ich nenne das „Das Dualistische Pradoxum". Und München hat diesen Weg hier, runter von der Rosenheimer Straße zur Isarbrücke." Rony deutete mit großer Geste hinter sich.

„So weiter geht's: Dieser Weg hier runter ist ein ganz spezieller: Hier marschierten 1923 die Nazis beim sogenannten Hitlerputsch herunter. Vom Bürgerbräukeller kommend, durch das alte Rathaus, weiter zum Odeonsplatz. Am 9.November. Da wurde der Putsch niedergeschlagen. Genau unterhalb der Statue von Tilly! Tilly aus Altötting!

Was war noch am 9. November? Der Anschlag auf Hitler. Oben im Bürgerbräukeller.
Und was war noch am 9. November? Reichspogromnacht! Beschlossen im alten Rathaus.
Und was war noch am 9. November? Mauerfall!
Das Ende des Kommunismus. Behalte das bitte im Hinterkopf."
Armin nickte. Langsam wurde es wirklich wirr.
„So, wir haben jetzt einerseits Hitler als prägende Gestalt in München und anderseits König Ludwig den Zweiten. Immer noch hochverehrt und beliebt bei allen Bayern. Und was verbindet die beiden? Richard Wagner! Und um was geht es bei Wagners Parzival? Um den heiligen Gral, verstehst du?"
„Sag mal Rony, wieviel muss man eigentlich kiffen, um solche Zusammenhänge zu erkennen?"
Rony dozierte weiter:
„Nochmal zu den Daten: Das hat eine große Bedeutung, wann was passiert. Zum Beispiel die Marienerscheinung in Fatima. Am 13.Mai 1917. Dann immer am 13. weitere Erscheinungen. Am 13.Mai 1982: Anschlag auf Papst Johannes Paul den Zweiten. Wurde in den Weissagungen von Fatima sogar angekündigt. Fatima ist jetzt genau 100 Jahre her. Die Reformation genau 500 Jahre. Wann wurde Ludwig der Zweite geboren? 1845. Genau hundert Jahre vor Hitlers Tod. Wann wurde Hitler geboren? 1889 genau hundert Jahre vor dem Mauerfall. Der aber war exakt 500 Jahre nach dem ersten Wunder von Altötting. Das Ende des Kommunismus wiederum wurde auch in Fatima prophezeit. Kapierst du nicht, wie alles mit allem zusammenhängt?"
„Und das war jetzt deine große Erleuchtung? Rony, lass uns ins Bett gehen."

„Ich bin doch noch gar nicht zum eigentlichen Punkt gekommen. Jetzt wird's doch erst richtig spannend". Rony war völlig aufgedreht.

„Weißt du was? ...", fragte Armin „... ich glaub ich will jetzt auch was rauchen. Sonst kann ich dir nicht folgen."

Das ließ sich Rony nicht zweimal sagen, und begann sofort eine Tüte zu rollen.

„Also, ich fasse mal kurz zusammen, was wir bis jetzt haben: Der Gral verschwindet, München entsteht, Hitler, König Ludwig, Wagner, der heilige Gral, Die Prophezeiungen von Fatima, das Ende des Kommunismus, der Anschlag auf den Papst, und das alte Rathaus. Auffällige Überschneidungen von wichtigen Daten. Alles hängt zusammen."

Rony reichte den Joint rüber. Armin zog gierig daran. Soviel Erkenntnisgewinn auf einmal war ja nüchtern wirklich nicht zu verarbeiten.

„So, und jetzt zu diesem Ort: Der Name Gasteig kommt von "gacher Steig", ein alter Ausdruck für "steiler Weg". Hier mussten alle rauf und runter, die nach München oder auch nur durch wollten. Damals war ja Augsburg noch viel wichtiger. Und jetzt denke nach: Wenn du etwas vergraben willst, um es zu verstecken, wo machst du das? Da, wo niemand gräbt. Und wo gräbt niemand? Da, wo man nicht graben kann, weil es der einzig befahrbare Weg ist. Es war schon vor 1000 Jahren klar, dass niemals ein Haus auf diesen steilen Weg gebaut werden kann. Zur Sicherheit wurde ja auch noch oben das Pest.- und Leprosenhaus hingestellt. Da wo jetzt die Kirche steht."

Rony zeigte zur Kirche St.Nikolai.

„Da will eh keiner bauen. Kapierst du es nicht? Hier liegt der heilige Gral vergraben! Und er will gefunden werden. Deswegen die blaue Schiffsschraube. München ist doch die Stadt der Illuminaten und ..."

Armin unterbrach ihn: „Stimmt ich hab' da mal so eine mystische Stadtführung gemacht. München ist irgendwie ganz wichtig bei diesen ganzen Freimaurer-Illuminaten Zeug. Da war was. Ich glaube die haben auch das Hofbräuhaus gebaut, oder so ähnlich, gell? Außerdem sind am alten Rathaus die Figuren von Heinrich dem Löwen und Ludwig dem Bayern angebracht. Und der wiederum war ja - laut Ludwig dem Zweiten - ein Gralsritter."

„Also gibst du mir Recht mit meiner Theorie?" Rony schöpfte Hoffnung, nicht wie der letzte Idiot dazustehen.

„Keine Ahnung. Lass uns morgen nüchtern darüber diskutieren und jetzt noch ein bisschen rumlaufen. Fischtreppe?"

„Klingt gut. Lass uns etwas bewegen." Schweigend gingen sie Richtung Kabelsteg und weiter zur Praterinsel.

Rony vorne, Armin hinten. Wie immer.

Armins Gedanken kreisten. Das Gras haute unglaublich rein und er hatte Probleme sich zu konzentrieren. Das Beste war jetzt wohl an die Sabine vom Marketing zu denken. Wie es wohl wäre sie zu küssen? Ein schöner Gedanke.

Und dann geschah es: Es kam so plötzlich und unerwartet, dass es Armin weder sich noch irgendjemand anderen später erklären konnte. Die Erkenntnis war schlagartig in seinem Kopf. Es waren nicht Gedanken, die nacheinander gefasst wurden und aufeinander aufbauten. Es war schlicht und einfach eine Erleuchtung im Bruchteil einer Sekunde. Alles fügte sich zusammen. Alles.

Die Gründung von München, der Gral, Fatima und Altötting, Hitler, Ludwig, Wagner, die Schiffsschraube, der Nicht-Kuss am Fischbrunnen, die Ritter der Tafelrunde, Er und Rony, die Sabine vom Marketing, der Gasteig und die brennende Brücke, das alte Rathaus und die Tatsache, dass sie jetzt hier waren. Das alles war das Dualistische Paradoxum!

Sie überquerten gerade die Maximilianstraße als Armin anfing zu reden:

„Rony, ist dir schon aufgefallen, dass die Schiffsschraube von oben aussieht wie ein Kreuz? Das ist doch kein Zufall, oder?"

Rony nickte wissend, sagte aber nichts.

Armin durchströmte ein warmes Gefühl, als er seine Gedanken ordnete:

Der heilige Gral war tatsächlich am Gasteig vergraben. München wurde gegründet, um ihn zu schützen. Er hatte es ja schon vorher gespürt. Als er plötzlich Hemmungen hatte, Sissi in die Isar zu werfen und als sie dann hochgingen. Dieses Kribbeln überall.

Das Schicksal wollte, dass er Sissi bekommt. Damit die Madonna ein Wunder bewirken konnte. Ein echtes Wunder ohne Placeboeffekt. Die ganze Nummer mit der entführten Madonna war nur ein Test. Ein Vorspiel zur ganz großen Tat.

Sie hatten alles richtig gemacht. Sie hatten sich nicht bereichert aber viel bewirkt. Das war kein vergeigtes „Anton aus Tirol". Das war ein völlig gelungenes „NoNoNo". Nur ohne Schulterklopfen.

Der Gral lag da und wollte geborgen werden. Vorhin, als sie am Gasteig runtergingen, war ja auch wieder das Kribbeln da. Das alte Rathaus war der Bezugspunkt. Hier lief alles zusammen. Die Figuren waren nicht nur Ludwig der Bayer und Heinrich der Löwe.

Armin verstand jetzt endlich:

Es waren in erster Linie Gralsritter. Hinter dem Rathaus war der Fischbrunnen. Durch die Figur von Ludwig dem Bayern blickte König Artus genau auf den Teil vom Fischbrunnen, an dem sie damals saßen. Er durfte die Sabine nicht küssen, weil König Artus es nicht wollte. Weil

Gralsritter rein und unbefleckt sind, und Artus ihn brauchte. Deswegen klappte ja auch der Zebrastreifentrick nicht. Damals mit den hübschen Mädels vor dem Johannis Cafe.

Ronys Aufgabe war, zu erkennen, dass der Gral da war.

Armins Aufgabe war, zu erkennen, dass sie Gralsritter sind. Sie hatten eine heilige Mission. Sie mussten den Gral finden. Wenn der heilige Gral geborgen war, war ihre Mission erfüllt. Dann wäre die Sabine vom Marketing frei für ihn. Noch war sie eine unbefleckte, holde Jungfrau, aber dann würde er sie küssen dürfen. Und dafür würde er alles tun. Jetzt wusste er, dass sich ihre Liebe erfüllen würde.

„Rony, ich glaube, dass wir Gralsritter sind und eine Mission haben..." flüsterte Armin aufgeregt.

„Ich weiß. Ich wollte nur, dass du selber darauf kommst."

Inzwischen waren sie unten an der Fischtreppe angekommen. Sie setzten sich auf die Landzunge und schauten Richtung Maximilianeum.

Ganz hinten im Osten ging die Sonne auf.

Oben am Isarhochufer stand König Ludwig II auf seinem Sockel und blickte auf die beiden herab. Wohlwollend und doch voll Sorge.

„So schön war's überhaupt noch nie."

„Erst ist es schön, und dann ist auf einmal alles vorbei."

Armin war glücklich. Er wusste, dass jetzt alles gut werden würde. Das Leben und die Sabine warteten auf ihn. Er hatte eine Mission.

Die Vögel fingen an zu zwitschern, während das Wasser an ihnen vorbeirauschte. Die ersten Sonnenstrahlen flimmerten in der Isar. Das Leben war unfassbar schön!

In diesem Moment fiel Armin ein, dass er vergessen hatte mit Sissi rauszugehen.

Dichtung & Wahrheit

Ähnlichkeiten der Figuren aus diesem Roman mit lebenden oder verstorbenen Personen sind rein zufällig.
Alle Angaben über historische Personen und geschichtliche Ereignisse entsprechen den Tatsachen.
Alle Angaben über das Vermögen der katholischen Kirche und der reichsten Deutschen entsprechen den Zahlen, die man bei Recherchen im Internet findet.
Alle Beschreibungen von architektonischen Begebenheiten oder geographischen Zusammenhängen entsprechen den Tatsachen.
Lediglich der Sankt-Florians-Brunnen, die Maria-Woelki-Allee und die Schenkelpresse in Altötting entsprangen meiner Phantasie.

Ein paar Tage nachdem ich einen ersten Entwurf des Buches per Mail verschickt hatte, wurde die blaue Schiffschraube vor dem Deutschen Museum abtransportiert. Sie stand dort 114 Jahre. Jetzt befindet sie sich im Außengelände der Flugwerft Schleißheim und soll frühestens 2025 wieder an ihren angestammten Platz zurückgebracht werden. Kurz nach dem Abtransport der Schiffschraube begannen auffällige Grabungsarbeiten im Bereich Ludwigsbrücke/Rosenheimer Straße.
Ob hinter dem Abtransport und den Grabungen ein inländischer oder sogar ausländischer Geheimdienst steckt, kann ich momentan noch nicht beurteilen. Auch die Theorie, dass eine NGO wie die Piusbrüder, die Illuminaten oder sogar die Gralsritter mit der Vertuschungsaktion zu tun haben, konnte bisher nicht verifiziert werden.
Das sind unseriöse Spekulationen, an denen ich mich nicht beteiligen möchte.

Danksagung

Ich möchte mich (in chronologischer Reihenfolge) bedanken:
- Bei der wunderbaren Autorin und Sprecherin Julia Fischer, die mich überredet hat, dieses Buch zu schreiben.
- Bei meiner geliebten Schwester Ati, die meine erste Leserin war und mir mit Rat und Tat (wie schon in meinem ganzen bisherigen Leben) zur Seite stand.
- Beim großartigen Autor Oliver Pötzsch, der mir half, aus der wirren Ansammlung von Textfragmenten ein Manuskript zu machen. Danke Oli!!
- Bei seiner wirklich schlauen Frau Katrin, die mich auf eklatante Fehler im Manuskript hinwies.
- Bei meiner Buchhändlerin Wilma Horne, die mir seit über 20 Jahren immer die richtigen Bücher empfiehlt und das erste Lektorat übernahm.
- Bei Heidi Triska (Plastikfrei und Unverpackt in der Fraunhoferstraße) für ihre Unterstützung.
- Ganz besonders bei meiner Familie, die es ertragen hat, dass ich mich mit diesem Buch beschäftigt habe, anstatt in meiner Freizeit etwas Sinnvolles zu machen. Danke!!

www.maria-hat-geholfen.de